彭道富

/

著

渐修

顿悟

Gradual Cultivation
and Sudden
Enlightenment

对投资战略
与战术的思考

中国出版集团有限公司
China Publishing Group Co., Ltd.

研究出版社

图书在版编目（CIP）数据

顿悟渐修：对投资战略与战术的思考 / 彭道富著
. -- 北京：研究出版社，2023.11
ISBN 978-7-5199-1520-9

Ⅰ.①顿… Ⅱ.①彭… Ⅲ.①股票投资—基本知识
Ⅳ.① F830.91

中国国家版本馆 CIP 数据核字 (2023) 第 107282 号

出　品　人：赵卜慧
出版统筹：丁　波
责任编辑：安玉霞

顿悟渐修：对投资战略与战术的思考

DUNWU JIANXIU: DUI TOUZI ZHANLUE YU ZHANSHU DE SIKAO

彭道富　著

研究出版社 出版发行

（100006　北京市东城区灯市口大街 100 号华腾商务楼）

北京中科印刷有限公司印刷　新华书店经销

2023 年 11 月第 1 版　2023 年 11 月第 1 次印刷

开本：880 毫米 × 1230 毫米　1/32　印张：20

字数：496 千字

ISBN 978-7-5199-1520-9　定价：139.00 元

电话（010）64217619　64217612（发行部）

假如你不能成为别人生命中的礼物，就不要走进别人的生活；假如有人进入我的生活，我有能力认出这份礼物。

希望本书能成为你悟道路上遇到最特别的礼物！

目　录

—— 序：大道至简

每当有朋友问我怎么做交易、怎么做龙头，我都会告诉他们——用婴儿般的眼光去看! 涉及具体的一些细节上的问题，无法用三言两语说清楚的时候，我会向他们推荐本书作者的相关书籍或公众号（股市的逻辑）文章，说："彭道富的文章可以好好看看，里面有不少案例分析，有助于加强对于龙头的理解。"

并不是溢美之词，而是因为彭总一直潜心钻研关于市场某个阶段的龙头以及龙头战法的种种演变情形，并通过自身或者朋友的实战案例分享，不断淬炼提升，及时进行总结、思考、沉淀，然后转化为通俗易懂的文字分享给大家。这对于经验比较欠缺、理解不够深刻的朋友而言，无疑是一本很好的入门、提升教材。

没有什么比来自实战检验第一线、第一时间的分析总结报道，更能让人身临其境，感同身受。能不能触类旁通、活学活用，能不能有振聋发聩、醍醐灌顶的效果，取决于每个人的天赋和努力。

很多东西，不亲身参与，或者不通过深入的采访和交流、不深入思考揣摩是无法还原、无法从本质上抓到问题的关键所在的。比如：为什么这只股票是龙头? 你是什么时候发现它是龙头的?

近年来，龙头战法得到大范围、水平参差不齐、多维度的宣传之后，逐渐"烂大街化"。在注册制开始全面实行，量化开始越来越活跃，监管或监控日趋严格的当下，龙头会以什么样的方式呈现在大家的面前? 龙头战法是否需要迭代升级或进一步优化呢?

答案是毋庸置疑的。

所以我认为，本书作者持之以恒不间断的思考与总结，是与时俱进、贴近最真实的市场博弈和变化的。理论不仅仅来自纸面，而且来自实战经验总结，并且有很多思维火花上的闪光点，让我读罢有一种原来如此，"于我心有戚戚焉"的感觉。

传统的龙头战法以情绪或筹码博弈为主要载体，可以没有任何基本面逻辑支撑，散户说你有就有，没有也是有，就是当时最广为流传的一种调侃。

而现在的龙头，必然伴随着基本面逻辑的支撑——其潜在蕴含的内在价值尚未被大众认可或发掘，而这个对于基本面逻辑或者价值的认知差，将会成为一段时期内对龙头最好的佐证与支撑。即：我之所以能成为龙头，不再仅仅是单纯依托情绪或筹码博弈；我之所以为龙头，是因为我真的有价值，只是你还没有认可我的价值，或没有发现我的价值而已！

这就是新时期龙头在表现形式上与传统纯情绪化与筹码博弈的龙头战法分庭抗礼的分界线所在。即作者文中所述"龙头有两种，价值型与情绪型""龙头的新变化，离投机很远，离价值很近"。

这些观点，在某种程度上又与赵老哥所说的"不少纯打板战法，过分看重分时板的质量，打的是分时板，而不是日线板"有异曲同工之妙——流水不争先，争的是滔滔不绝！

比如新能源时期的龙头代表小康股份；比如新冠疫情时期的龙头代表九安医疗、中远海控、英科医疗等等；比如2023年上半年的大主流人工智能炒作过程中出现的龙头代表剑桥科技、中际旭创、工业富联、联特科技、中国科传、鸿博股份等等；它们的日线结构上经常出现震荡以及大跌的阴线，短时间内的表现确实会让人觉得这不是龙头，但是不可否认的一点就是它们韧性十足，后劲十足。

这就是新时期新阶段的龙头具有的独特气质——不再以日内分时的强弱为判断强弱的依据，而是以日线结构上的强弱为判断强弱的依据。这就脱离了分时上的桎梏，跃升到了另一个阶层。

而能够维系这种走势的龙头，其自身的基本面逻辑必定过硬，才经得起市场分歧检验。于是又回到了彭总所说的"龙头，本质上是一段势的载体与表达""高手谋势不谋子，俗手谋子不谋势""龙头就在众目睽睽之下；龙头就在大摇大摆之中；龙头就在街谈巷议之间；龙头就在口口相传之畔"。你只需要用婴儿般的眼光看就可以了。

见山是山，见山不是山，见山还是山！大道至简，殊途同归！

成百上千的支流如果找不到汇入江河主流的口子，那么它们将永远无法奔流入海；想要到达千里之外的目的地，不找到正确的主干道，走小路或者岔路，哪怕你星夜兼程，很有可能事倍功半甚至事与愿违；不找准方向，迷失方向后可能绕来绕去在原地打转，甚至南辕北辙。

这就是为什么要坚持在主流里面寻找机会的原因之一；而日后能被人提及的龙头，必然来自主流板块，主流才是孕育超级大龙头的温床。

所以从龙头入手研究市场，就是从市场主流入手研究市场，可以尽快解决非主流操作恶习的问题；用龙头战法去参与市场博弈，就是在培养自己的交易模式和审美，可以尽快解决模式外和情绪化操作的致命问题。

众所周知，非主流、模式外、情绪化操作是普通投资者亏损的三大主要源泉。不断研究学习龙头背后的主流板块，不断提升自己交易标的的审美条件，不断优化完善自己的交易模式，假以时日能大大缩短走弯路、盲人摸象的时间。正如笔者在龙头宪法里面说的："强制自己与龙头发生关系。你的自选股里，应该只放龙头""未定龙时，人找龙；定龙之后，龙找人。"

龙头来自主流，主流孕育出龙头。当下一个大主流、大龙头出现的时候，你是否准备好、也具备了"龙找你"的基础呢？

此次适逢彭总邀请本人作序，有心于龙头战法的朋友，不妨试试沉下心好好研读一下书中的精彩篇章。相信书中的理念以及方法论，会带给你不一样的启示和收获！

数字哥

2023 年 7 月 11 日于深圳

自序：礼物

一

《天道》里，芮小丹说过这样一句话：

> 只要不是我觉到悟到的，你给不了我，给了我也拿不住。只有我自己
> 觉到悟到，我才有可能做到，能做到的才是我的。

这句话从结果和终极意义层面上来讲是对的，但如果我们再追问一句：如何才能做到"让我自己觉到悟到"？

这一问，就会突然发现，很多人对芮小丹这句话的理解肤浅了，包括电视剧的编剧，也包括经常引用这句话的人，断章取义，把深刻的哲理心灵鸡汤化。

如果只追求"我"的觉到悟到，那么，唐僧还去西天取经干吗？还要聆听佛陀的真经和教诲干吗？自己觉自己悟不就行了？

那么，科学家还去学习牛顿、爱因斯坦干吗？还去接受微积分和相对论干吗？直接去觉去悟不就行了？

所以，我说芮小丹的话是从终极意义上来说的。什么是终极意义？就是说"最终"是对的。你要让一个东西彻底变成自己的，最终你自己要彻底领会和理解它，而不是一直靠别人。

但"最终"之前，需要站在别人的肩膀上，需要先吸收别人已经

"觉到悟到"的成果，需要有个"过程"，需要"外缘"来启发和触动。

就是芮小丹本人，其最终之所以有那么高的境界，不也是与遇到丁元英有极大的关系吗？

如果把觉到悟到当成悟道或者顿悟的话，它必须有一个相当长的渐修之旅。

在这一过程中，需要各种各样的外在因缘：

或是一场交流对话，

或是一段视频，

或是一场报告会，

或是一本书、一篇文章、一段话、甚至是三言两语，

或是一种思想、一套理论、一个学说，乃至一种方法，

再或是遇到某个人，

……

这些外缘

或者刺激、或者启发、或者触动，总之是叩开了你的思考和感悟的大门，才有最后的觉到悟到。

所以，千万不要把芮小丹的话当成简单的"靠自己""向内求""自力更生"，更不能当成"闭门造车"。觉到悟到并非一个人关起门来突然某一天的心血来潮，也并非某个清晨或者某个黄昏突然降临的东西，而是受到过无数个"垫脚石"的启发，站在无数个别人成果肩膀上的结果。

这些当中，书和各种文章、帖子无疑是最常见的载体，也是最方便、成本最低、最唾手可得的"外缘"。试问自己，你的人脉圈和朋友圈，能见到多少"世外高人"？能听到多少高维的报告会？能跟多少个

真正厉害的人对话和激荡交流?

所以,幸好有书这个载体可以作为"外缘"。

二

经常有人问:

读书有用吗?

读书对炒股有帮助吗?

那要看你怎么理解"用",怎么去"用"。

如果把一劳永逸地解决炒股问题当成"有用",那么读书没有"用"。这个世界上没有任何一本书能起到这样的"用"。不但书,其他几乎所有的东西,也都没有这样的"用",包括任何一种学习研讨会议、交流会、报告会、电话会议、视频会议、抖音直播等,也包括去跟顶级大佬请教,甚至是现场学习。否则,股神的孩子不早就成股神了?

但,如果把启发思考、点燃自我当成"用",那么读书肯定有用,而且大有用处。

因为书是最大的"外缘",它能启发我们继续思考,最终达到让我们"觉到悟到"。

这就涉及对书的态度了。

有些人看书,希望书能提供"圣杯"和立竿见影的"标准答案""终极结论",希望书能直接让他"悟道",希望书能够直接告诉他下一步应该马上怎么做。这怎么可能?

如果是其他领域的书,也许可以,比如烹饪、剪裁,但股票书不行。因为投资几乎是这个世界上最复杂、最具有博弈性、最变化无常的领域，这个领域的任何经验和规律总结，无论是以书的形式，还是以语录、文章、报告会、学习班、清华北大投资课、各种战法、视频讲座、音频、课程等的形式，都没有办法直接做到"给你"（芮小丹语），直接让你"觉到悟到"，都只能是以"外缘"的形式去启发你。都需要你继续"加工"，继续修、继续悟。换句话说，投资领域的任何经验和规律，都是"半成品"，都需要经过你多次思考和反复渐修，才能成为"成品"。否则，就如芮小丹所说，"给了也拿不住"。

这也体现了股票这个领域的复杂性和残酷性。没有任何一本书、任何一个已经悟道的大佬，能让你直接成为专家和高手。

那么么说，读书和学习就没用了？

当然不是！

还是回到"用"这个话题。如果我们把启发思考当用、把开启一个全新维度当用、把外缘当用，那么读书不但有用，而且大有其用，甚至，没有任何领域比股票这个领域更需要读书和学习。如果我们不读书，我们就永远在自己的维度和经验里打转。

不是有这样一句话吗：

你不是有 5 年的工作经验，而是一个经验用了 5 年。

这句话说得太一针见血了。很多人炒股很多年，自以为经验很丰富，殊不知他只是一个经验耗了很多年。

其实，每个人都有一个死角，自己走不出来，别人也闯不进去。这个时候，只有外缘的"当头棒喝"，才能真正改变这种局面。而读书、读别人，正好可以起到这种作用。

有的人可能说，现在股票市场变化快，能写在书上的东西都过时了，书上哪里有答案?

这种看法很有害:

其一，现象常变，规律不变。股票市场常变和过时的，是一些现象层面的东西，而规律层面的东西，往往亘古不变，比如人性的东西，比如底层逻辑的东西，以及涉及交易的一些战略和心法的东西，等等。这也是为什么说"华尔街没有新鲜事，因为投机像群山一样古老，股市今天发生的事，过去曾经发生过，将来也必然再次发生"。

其二，书没有直接答案，但书会带着你进行一场思维和逻辑的"旅行"。任何书，只要是作者用心创作，里面都会有一套系统化而非碎片式的看问题的角度和思维，它能给继续思考提供"养料"、"燃料"和"触点"。这些东西，也许平时沉睡在你的大脑深处，而书恰恰能够唤醒它，燃烧你、激荡你，重新启发你思考。也许这种思考，能够打破你的"死角"。

其三，投资中，小的进步靠知识的增加，而质的革命性的进步，靠的是认知突破和维度的升级。那些花样繁多的战法和绝招，很多是在同一个维度里打转。人类对股市的认知，往往需要很多年才有一个维度的更新。而书，因其是系统化的思考和总结，而不是快餐式的灵感，更容易帮人完成维度的升级和改造，实现质的进步。这也是越是投资大佬，越是乐此不疲地热爱阅读的原因。

所以，书不但有用，而且有大用。

再退一步讲，一本书哪怕里面只有一章、一段话、一个认知或者一个观点，能够震撼和启发到我们，就够了，就超值了。投资路上，很难有人给你所需要的全面的100%的东西。有人哪怕只给一两句话，甚至一个词，如果真能启发到你，就已经受益无穷了。

我自己从事投资很多年，深感投资是一辈子都需要为之努力的事情，我觉得我比任何人都喜欢读书，投资的书，非投资的书，包括很多在一些人看来没有用的杂书，我都喜欢。但凡这些书里有只言片语能让我有所悟、有所想，我都会感恩、都会默默感谢。即使自己今后超越了那些文字的内容，甚至觉得它们过时落后了，但只要想起当时阅读时的情景、想起曾经给我带来的启发，我都会深深地感动。因为这些阅读毕竟在当年唤醒过我深度思考，燃烧过我，启发过我，也为我厚积薄发、多维度思考打下最扎实基础。

三

《楞严经》云：理可顿悟，事须渐修。

本书以这句话为书名来源，从"顿悟"和"渐修"两个层面来思考投资。顿悟和渐修，是人类认知和修行的两个法门。佛教中有顿悟派与渐修派之争。慧能和神秀的故事，其实就是顿悟和渐修一较高下的故事。虽然最终慧能一派大行天下，但从修行的角度上来说，大多人更适合渐修而非顿悟，只不过顿悟迎合了大多数人的内心企盼。

投资何尝不是？我们经常艳羡别人的一朝顿悟，也常用顿悟表达已经"得道"，足以说明顿悟更能迎合大多数人的内心企盼。而真实的情况呢？如果没有数年如一日的渐修，顿悟就是空中楼阁。我听过太多顿悟的故事，到头来只不过是渐修路上的一个"驿站"而已。宋朝杨万里有一首诗写得好：

> 莫言下岭便无难，赚得行人错喜欢。
> 正入万山围子里，一山放过一山拦。

很多人自以为顿悟了，后来却发现还有另外一层"山"在前面挡着，真是"一山放过一山拦"。所以，一次次的顿悟，事后看都是一层层的渐修。而离开这一层层的渐修，是无法达到最后的顿悟的。

从认知论层面上，顿悟和渐修不可分离。而在实践中，顿悟也不是万事大吉，它仍然还须渐修。

我们经常发现这种情况，某个理已经悟到，但就是做不到，或者一做就走样。为何？因为理是认识层面，实践是做事层面。认知层面的东西或许可以在外界的启发下突然"灵光一闪"顿悟，但是要把这个顿悟的成果落地，却绝非一朝一夕，它必须要在"事上磨"，这个磨就是渐修。没有渐修层面的修成正果，仅仅是顿悟上的灵光一闪，不算真正意义上的悟到，心到手未必能到，只有心手合一才是真正的悟到。

当然，我们不能走到问题的反面，过于在渐修上天天拉车，而不看路。股市上做得好的人，都是悟性极高的人，都是能够从经验中悟出一套超出常人认知的东西。这些东西或许可以用语言表达，或许无法用语言表达，但一定都是超出简单现象和经验层面的东西。这个东西是每个人最宝贵的东西，它是一个人日日夜夜反复思考、辛劳总结与突然灵感迸发、豁然开朗的结晶。即使它不是终极意义上的悟道，但也足以打开某个死角，解决某个问题。这样的死角打开多了，问题解决多了，也就慢慢真的全面顿悟了。

我辈不才，喜欢思考总结，也有缘结识、有幸请教一些天赋异禀、成就卓越的投资高人，其间，有突然顿悟的成果，也有渐修点滴的总结。这些东西，很多都收录在本书中。因为对顿悟和渐修有切身体会，所以把书名冠以《顿悟渐修》。在这里，我把它们分享给大家，希望我的思考，能够给大家不一样的启发。

本书与以前我曾经写过的几本书最大的区别在于，顿悟部分更充满哲思，形而上部分更加形而上；而渐修部分更充满细节，形而下部分更加形而下。在本书，我不仅仅提供一些硬知识，更希望对人类的投资知识体系有所贡献，希望我的一些思考能够拓宽人类关于投资的认知边界。力求能够为一些人提供新思考、新思维和新思想。

四

书和书不一样，出书和出书也不一样。有的人出书就是为了职称或者名利，而有的人出书是为了情怀和理想。平心而论，我是一个已经出版过好几本畅销书的人了，书能带给我的荣誉（东西）我都有了，按理说，多出一本少出一本，对我意义真的不是很大。如果单纯为了稿酬，一本书的收入远远不如搞一场网络直播来得多、来得快、来得轻松，何苦呢? 但是，为了阐明一些道理，我还是决定把过去几年的思考和文章整理成书。

其实写书并不是只有会表达的人才有的专利。我在《龙头、价值与赛道》的序里，就曾表述过:

可以想象，大多数投资者也都应该有"书写"的习惯，比如把平时的经验和小秘密写下来，把一些新发现和新规律记在小本子里，等等。其实，这与我写的书没有本质的区别，只不过我在因缘巧合的情况下，把我的"小本子"出版了、公布出来了，而很多人的"小本子"一直藏着而已。

我一直觉得，任何一个勤于总结的人，也都在默默"写书"。我之所以连续公开了几本自己写的书，其很大的缘由就是"不知轻重"地写了第一本书，一不小心把"龙头"这个词经我手变成了股市里一个非常热门的词汇，飞入寻常百姓家，被广泛引用和流传。但，很多人只是打着龙头的旗号，用龙头这个好听的词来装自己瓶里的酒，结果把龙头战法搞得鱼龙混杂，龙头一词早已偏离我最初要表达的意思。为了归醇纠偏、为了阐明龙头股和龙头战法的思想要义，我不得不多写几本书，于是有了其他几本书，当然，也包括本书。

但本书跟前面几本又有些不一样，这本书是由我前几年创作的一些文章按照一定的逻辑重新整理而成。本来我不计划把它们出版，因为它们早已经发表在互联网世界里。但，当我自己回头看这些文章，着实喜欢。特别是关于战略、战术、原教旨龙头和归因的文章，我自己都有把它们打印出来反复翻看的想法。因为每次重读这些文章，我自己都能再次触动，有的甚至看得我自己热泪盈眶：那个时候的我该有多拼，才能写出这样的东西。后来想想，与其在网上来回翻看，不如把它们变成书，翻看起来更方便。于是，我决定把它们出版。

所以，从自私的角度上说，这首先是一本为自己写的书。

当然，书一经问世，就是社会的产品，我也希望它能够启发、照亮其他人。

忘记在哪里，我曾经看过这样的话：

有时候我们看遍浩如烟海的东西，也无法成长，而有时突然遇到三言
两语，却恍然大悟。

关键是你不知道那两句话藏在哪里？事实上没有人专门给你准备那两三句话。也许机缘巧合，在某个正确的时间、在某个该有的火候点、在某个契机里，你在某本书上遇到这两三句话。

有时候我想，也许在我的书和文章里，能让某个读者遇到这两三句话呢？如果真的如此，那我也算是一个对他人有意义的人。

当然，我也不知道我的思考和文字能不能给别人带来这种契机、有没有这样的两三句话，但，万一带来了呢？如此则功莫大焉。如果没有带来，对读者也没有任何损失呀。

这就是我最终决定出版本书的起心动念。

记得有这样一句话：

假如你不能成为别人生命中的礼物，就不要走进别人的生活；
假如有人进入我的生活，我有能力认出这份礼物。

希望，本书能成为你喜欢的礼物，特此献给你！

以此：不枉你我相识一场！

谢谢！

第一章

战略性思考

—— 你有战略吗？

战略是什么？

其实战略并不复杂，它主要是解决两个问题：

1. 大的先对；
2. 敢于取舍。

所谓大的先对，就是先解决整体问题，先解决大概率问题。如果大的对了，那么局部的精彩才能被放大。如果大的不对，局部越努力，越容易遭遇黑天鹅。

正是因为有第一个问题，所以就引出了第二个话题，那就是敢于取舍。如果大的不对小的对，怎么办？战略要求我们，舍弃它。

最害怕的是，顾及局部的精彩，舍不得个别战术的华丽，而置战略于不顾。

取舍是很难的。因为你舍弃掉的，也许是有肉的，是有价值的，是可惜的，甚至事后看是金光闪闪的。

但，为了战略，必须舍弃。

具体到股市上，我们就会发现，机会其实时时刻刻都有。但，有的机会同时符合战略的要求，而有的机会只是孤单的机会。很多人面对后者，就舍不得，因为它也是机会呀。于是就经常去头铁，慢慢地就成了有勇无谋者。

所以，今天我们的标题是"你有战略吗？"，其实是在问：你愿意为了战略放弃很多战术性机会吗？

我想这是一个灵魂拷问。

因为太多的人，只是疲于奔命，见招拆招，看到哪里有拉升、哪里有人气、哪里有涨停，就喜欢去哪里。

殊不知，这些东西如果不在"大的先对"的前提下，是没有任何意义的。

战术的勤奋永远弥补不了战略的缺失。

所以，我们一定要有战略。

所谓有战略，就是我们思考市场的时候，先去思考大的，再去思考小的，先去追求大概率，然后再去博弈奇迹。

大的是什么呢？就是整体的赚钱效应，就是整个板块发力，就是风起云涌，而不是孤零零的个股表演。

同时，板块内部没有老鼠屎。什么是老鼠屎？就是放哨股，就是核按钮股。特别是，至少总龙头不能跌停。如果总龙头跌停了，你还在那个板块耕耘，你觉得你有战略吗？

所以，战略并不是虚的东西，它很实。

正是因为它实，它才管用，我们每个人做投资，必须要有战略。

只有你有战略了，你的投资才不是逮住谁算谁，逮哪儿算哪儿，而是谋定而后动，十步一杀。

—— 绝不在非战略机会上消耗战略性资源

对我们而言，什么是战略性资源?

答：是重重的仓位。

但，还有一种资源比仓位还重要，那就是我们的注意力和心力。

或者这样说，仓位只是表象，注意力资源和心力倾向才是最根本的战略性资源。

那么应该如何分配我们的战略性资源呢? 任正非给了最好的答案：

绝不在非战略机会点上，消耗战略性资源!

换句话说，战略性资源只倾注在砸战略性机会点上。

我们的仓位和注意力，应该只放在具有战略性的股票上。那么，什么是战略性的股票?

就是龙头，

就是核心股，

就是主线、主赛道。

比如，2020 年下半年，整个 A 股的战略性机会在价值白马，如果没有把资金配置在白马上，就是忽略了战略性机会。

比如，2021年上半年主线是碳中和和医美，夹杂一些白酒妖股，如果资金和注意力没有放在这个地方，就忽略了战略性机会。

比如，2021年中战略性的机会就是鸿蒙带来的一系列投资机会，如果对它视而不见，那就是在消耗战略性资源。

很多人迷恋技术和模式，看到一只股票符合模式，就喜欢下仓交易。其实这是战略性短视。因为技术的对，只能保证不亏，如果要大赚，必须是战略的对。

股市发展到今天，经历那么多技术牛人的努力，发明了无数的技术和技巧，其中指标和工具也千千万万。战术性的、华丽性的东西太多了，很容易让一些智商高超的人陷入其中，皓首穷经。但，如果没有战略性的扬弃和取舍，很容易在非战略上疲于奔命。

那么，怎么提高战略性呢？必须从赛道和选股上努力。

就拿最近一两年，牛股辈出，独立妖股也无数，但绝大多数超级大牛股，都是诞生在一个大的赛道上。离开赛道的加持独自成为龙头的，有，但很少。而通过赛道加持成为龙头的，却非常多。

比如，仁东控股没有任何赛道加持，也能成妖。但它与长源电力、润和软件这种有赛道加持的股，绝对不是一个战略考量。

赛道的张力和底蕴，能够赋予一个股无限的可能性。在一个正确的赛道内，一旦买对一个股，很容易获得连板性机会，而非赛道的战术性买对，面临着第二天第三天就要换股的痛苦，很难持续对。

我认识一个顶级游资，他跟我说过这样一句话：

我讨厌卖股，如果能买到一个好股不用卖，一直拿着最好，比来回换来换去爽很多。

是呀，不用卖的股票才是最好的股票。

从长线看是如此，从相对短线看来也是如此。短线也不是天天换股。

那怎么能做到不用卖?

答：战略正确，而不仅仅是战术正确。

或者说，当买股的时候，想到的先是战略量级，而不是战术量级。

其实，今天这篇文章有感而发，不仅是写给大家，更是写给我自己的。我也经常在这个地方犯错误。每当犯个错误，我也会一拍大腿，学胡林翼一样骂一句：笨人下棋!

经历这么多龙头走来走去，我最大的感慨是，如果只在已经证明的龙头上找战术性的机会，要比优化任何战术好很多。

今后我的自选股里，应该只放战略性的股票，起心动念，应该只为战略性的机会而动。

注

当我们在思考战术对的时候，是否想过，也许正在犯着战略性的错误。这种错误是容易以正确和高超的面目出现的。记得美国有位高人说过一句话："笨蛋，问题在战略。"我深以为然。

选择把思考放在心里，还是写出来鞭策自己，也是一种战略。我选择与诸君共享我的思考。因为分享的过程，也是难得的整理自己思考的过程。而分享出去之后，很多具有战略思维的朋友，也会跟我交流碰撞，大家都会因此而进步。

　　这，何尝不是战略？

——利出一孔，将最有限的资金， 集中在最核心的股票上

　　我认识一个牛人，最让我佩服的不是他的"炒"股能力，也不是他的技巧和高招，而是他在关键时刻集中仓位干大事的能力。

　　这位高人大多数时候仓位比较分散，有时候甚至"开超市"，但一旦让他发现大机会，他就迅速把其他仓位腾出来，合兵一处，重仓攻击。

　　他是我知道的在 2020 年的白酒上赚的最多的人之一，也是 2021 年在顺控发展上赚钱最多的人之一。更让我佩服的是，他也是在小康股份上重仓赚大钱的人。

　　很多时候我以为我跟他差在技巧，后来我才知道，我跟他差在战略——集中力量办大事的战略上。就是将资金优先集中在最能出活的股票上。

　　这句话看似简单，背后却承载着无限魄力和战略高度。苏世民曾说过：

　　做大事和做小事的难易程度是一样的，

　　那就给自己一个远大的目标，尽量做大事。

　　同样，在仓位上，我认为：重仓一个股票和轻仓一个股票，对一个人注意力的占据有时候是一样的。10% 的仓位和 50% 的仓位，都

需要差不多的精力去关照。

既然如此，为什么不把大部分仓位放在最确定的仓位上，然后用100%的精力去关照？

这就是今天要讨论的战略思想：一旦我们在某个具有生产力的股票上拥有最大的确定性，就应该给它配置最大的仓位。合兵一处，力出一孔。

其实这个思想，在我读任正非文章的时候也经常看到。任正非把这种思想叫压强原则：

将有限的资源集中于一点，在配置强度上大大超过竞争对手，以求重点突破，然后迅速扩大战果，最终达到系统领先。

为了把这一点说明仔细，任正非曾经写过这样的文字：

坦克重达几十吨，却可以在沙漠中行驶，原因是宽阔的履带分散了加在单位面积上的重量；钉子质量虽小，却可以穿透硬物，是因为它将冲击力集中在小小的尖上。二者的差别就在于后者的压强更大。同样的道理应用到企业战略上，就有了"压强原则"。

同样的道理用在股市上，就是确定性集中原则，调集兵力集中围攻一个确定性的股票。

当然，这个前提是出现"出活"的股票，即具有战略性、方向性的股票。

或者是龙头股，

或者是核心趋势股，

或者是最确定预期差的股票，

或者是最能代表市场方向的股票。

一旦市场上出现这种股，就要以百倍的精力和全部的注意力倾注在上面。

我很佩服的一个大佬，为了集中精力做好小康股份，把所有的群都解散，以免受到任何杂音的影响，全心全意做小康股份。

无独有偶，2020 年的时候，同样是一个大佬，他锁定要做光大证券，然后自己主动闭关，不参加任何活动。

这就是全部精力和注意力的倾注。这也是压强原则。

军事上有个词叫范弗里特弹药量，源自美国的一位中将。他极力主张以猛烈火力消灭敌方有生力量，减少己方的损失。有一次，范弗里特问参谋打赢那一场战役需要多少弹药。当时，参谋告诉他一个数字，然后范弗里特说，那就打出去 5 倍的弹药量。这个军事术语背后，其实是一种加大赢面的竞争策略，把有限的资源，聚焦在特定的领域，投入压倒性的资源。

"范弗里特弹药量"也是任正非常用的一个词语。用其话说：我们的资源和技术有限，一切都是有限的。如果把资源搞得太分散，我们就没有办法成功。

这些虽然是军事上、企业战略上的说法，但是我觉得和股市投资很相似。

很多时候，我们不是缺乏发现好股的能力，而是不能在一个好股上使用尽我们的"范弗里特弹药量"，倾注足够的仓位和注意力。

这种思维和做法，就是战略能力，而非术的能力。

对级别的识别，远远比对术的识别重要。而给级别配备足够的仓位，集中足够的资源，又比"炒"股本身重要。

正如索罗斯所言，看对看错不重要，关键是看对的时候你赚了多少！

当然，这一切是建立在一个基础上，那就是方向对。至于方向，我们后面会重点谈到，并把它定义为最大的战略。我们的战略性思考环环相扣，应该结合起来看。

一旦解决了方向问题，确定了战略性的股票，就要敢于合兵一处，利出一孔。

—— 战略股与战术股：聚是一团火，散是满天星

在上面的战略文章中，我写道：

遇到好的战略机会，要敢于利出一孔，集中力量办大事。

不同的人，对其解读是不一样的。就像同一个电影、同一部小说，不同阅历的人看完感受不一样，有人哭有人笑。

境界和段位不同，从文中读出的感觉不同。

有人说，这不就号召全仓 all in 吗？

我不知道为什么，我的文章重点写的是战略级别的识别和注意力集中倾注，而有些人读到的是全仓。

那篇文章精髓其实就是下面的一段话：

做大事和做小事的难易程度是一样的，那就给自己一个远大的目标，尽量做大事。同样，在仓位上，我认为：重仓一个股票和轻仓一个股票，对一个人注意力的占据有时候是一样的。10% 的仓位和50% 的仓位，都是需要差不多的精力去关照。

既然如此，为什么不把大部分仓位放在最确定的仓位上，然后用100% 的精力去关照？

这就是今天要讨论的战略思想：一旦我们在某个具有生产力的股票上拥有最大的确定性，就应该给它配置最大的仓位。合兵一处，力

出一孔。

集中力量办大事，是多么痛的领悟。

这句话有两个关键词：

集中力量

办大事

很多人只看到"集中力量"，而没有看到"办大事"。

其实，我的文章并非表达一买股就全仓，而是表达资源与战略量级相匹配，如果是大机会，就集中力量，如果是小机会，不要分散太多战略力量。

最佳状态应该是：聚是一团火，散是满天星。

当战略机会来的时候，那就是凝聚成一团火，集中攻击。如果是战术性机会的时候，就分散仓位，散满星空。这样可聚可散，既敢于打大仗，又能做好平时的小仗。

大仗就是战略性机会，小仗就是战术性机会。

好，这里我们引出两个概念：战略股、战术股。

什么是战略股？有巨大基本面和预期差驱动，一旦被挖掘，就可以翻倍，甚至 5 到 10 倍的股。

什么是战术股？仅仅符合信号或者买点，而没有强大的基本面驱动，没有预期差的股票。

我们知道，很多股票没有基本面动力，没有预期差，也能大涨，有的也能成为龙头，但拥有基本面预期差的股票，成为龙头的确定性和级别性更高，更具有战略价值。

比如，中金公司、九号公司、沪硅产业、小康股份、王府井、道恩股份、英科医疗这样的股票，都是因为基本面的驱动力和强大的预期差走出来的。

当然，有基本面预期差的股，不一定能被资金认识，并不一定能成为龙头。它一旦被资金相中，就很容易成为龙头；一旦成为龙头，就具有战略价值。

既然战略股这么好，为什么还提战术股？

因为：第一，战略股稀缺；第二，纵使战略股不稀缺，但每个人识别战略股的能力无法无缝对接，所以不可能时时刻刻都能做到战略股。

那么这个时候，战术性的机会，还是要做一做的。

毕竟，人非圣贤，孰能不手痒？

或者说，做战略性股票，有依赖平时做战术性股票所积累的盘感和状态。就像拳击，狠狠一拳，有赖于多次试拳。

但，一定要区分清楚，哪一笔是为了战略出手，哪一笔是为了战术出手。

一旦是为了战略，就要调集绝大部分兵力，投入全部注意力，力出一孔，并尽量承受震荡和波动，格局大一点。

如果是为了战术性出手，可以分散兵力，见好就收，不需要什么格局。

千万不要胡子眉毛一把抓，把任何股和任何信号都平等对待。同样是突破新高，同样是仙人指路，同样是打个板，同样是低吸一个股票，在不同的股票上，其意义能一样吗？

在战略股上，是为了抓住一次千载难逢的机会；在战术股上，仅仅是套个利。

这种战略意识和对机会的级别区分，才是我最想分享给大家的。

—— 战略性机会出现时，我们去哪儿了？

前几天，听马未都讲一个故事，故事是这样的：

20世纪80年代末期，我去上海。上海当时有一种商店叫"友谊商店"，主要赚外国人的钱，但是中国人也能买。

我在那儿看到一个碗，很漂亮。当时，商店也认为这个碗是民国时期的仿制品，所以可以卖。碗底贴着一张口取纸，写着编号"55-1964"，大概是1964年进的库。标价多少呢？

外汇人民币3万元。

那时候提倡争当"万元户"，1万元都少见，何况3万元，还是外汇人民币。

虽然我拿不出3万块钱，但架不住喜欢啊，每回到上海，先奔友谊商店那个柜台，把这碗要出来，翻来覆去地看，看完再还给店员。

魂牵梦绕了半年，终于，这碗被别人买走了。

那是1988年，我又去上海，到了友谊商店，一看碗没了，心就凉了。感觉像是漂亮的"校花"被"校草"牵走了。

第二年，香港苏富比拍卖会，这个碗——乾隆时期的珐琅彩黄地开光胭脂红山水纹碗——拍了792万元，是被日本人买走的。

从3万到792万，短短半年之间。

看到这个消息，我何止心凉了，连脚心都凉了。早知道是这个结局，当初借钱也得把它买下来啊。

又隔了9年，到了1997年，这个碗重新上拍。那时候日本经济下滑嘛，把碗拿出来变点儿现。拍了多少钱呢？

2147 万元。几乎是它买进价的三倍。

今天如果再把这个碗拿出来拍卖，最低估价一个亿。

一个亿啊，曾经就摆在我的面前，让我捧了无数遍，那么多次机会我都没有把握住。

我不知道诸位听完这个故事是怎样一个感受，于我而言，主要有两点：

1. 识货能力；

2. 决策能力，下狠手。

故事中，马未都后悔的原因既有下手不够狠，又有遗憾自己当时没有足够的识货能力。

他很喜欢，凭直觉知道那是个好东西，肯定不止 3 万块，他其实也能买得起。为什么没有下狠手？最主要的就是不知道事后拍卖出来的价值那么高。

套用我们投资领域的话来说，就是不知道"预期差"那么大！

这个故事引起我对投资的极大思考，那些平凡的思考我就不在这里分享了，主要分享一个最大的感触：

当惊天动地的"稀世珍宝"出现时，不能用平凡的态度去对待。

国宝级的东西出现时，不能当成普通机会，应该理解为千年等一回的机会。

我们的投资实践中会遇到很多机会，大多数都是普普通通的，是平凡的，但偶有一些惊天动地的机会。

对于机会，我们不能按照"兵来将挡，水来土掩"的统一策略去应对，而应该对每个机会先进行定性判断和级别分析，一旦发现某个机会具有惊为天人的气质，应立即调动战略性资金去倾注。

千万不要对所有的机会等而视之。

马未都之所以在宝碗面前迟迟不下手，最主要的原因就是他把它当成一件普通的文物，没有真正意识到它的"惊天动地"性。

我也常常思考，其实在前面的文章中也提出过，一定要把机会分为战略性和战术性的。

也许我们平时的交易，绝大多数都是战术性的，一旦战略性的机会来临时，则必须倾注我们最大的心力。

所谓聚是冰千丈，散是漫天雪；聚是一团火，散是满天星。

但，对于大部分人来说，漫天雪和满天星的时候多，冰千丈和一团火的时候少。

我们最需要反思的，不是战术性的机会我们不会去应对，而是那些战略性的机会出现时，我们去哪儿了。

我们是不是太喜欢用同一种态度去对待所有的机会，结果当惊为天人的机会出现时，我们依然"按部就班"。

或者在我们的意识里，压根就没有想过：还有惊天动地的机会？

或者压根就没有想过去迎接那些"关键几笔的交易"。

因为太喜欢应对平凡了，太疲于应战了。

而当惊天动地的机会出现时，反复讨价还价，为了计较尺寸之利而与重大机会失之交臂，同样也是一种大的遗憾。

股和股不一样，有的股必须斤斤计较其买点，因为这种股平凡，失去一个，马上还有一堆，急着追高买干吗？

而有的股，一旦错过，也许要等好久，这种股，你去计较高几个点低几个点干吗？

我想马未都最大的遗憾也应该是在这里。

当重大战略性机会出现时，我们既不要困在平凡的见识里，也不要困在蜗牛角上的买点里。

战略之所以是战略，是因为它可以放宽战术的要求让我们去追求。

你说呢？

—— 战略方向一错，0分！

战略，通常是指方向性、全局性、长远性的东西。

后两个一个是空间，一个是时间，都很重要。

但我认为，最主要的还是第一个——方向。因为它是定性、原则和是非问题。

方向的对错，是战略的根基，其对结局的影响是根本的。

举个大家都熟悉的例子，二战中的苏德战场，德国纳粹曾一度势如破竹，为什么最终战败了？

朱可夫认为最大问题就是希特勒的战略方向失误。希特勒分兵多处，而不是集中朝着一个方向毕其功于一役。德军在列宁格勒、莫斯科、基辅之间分兵，在斯大林格勒和高加索之间也分兵。这种分兵让后勤补给线漫长的德军无法集中战争资源拿下任何一个目标，最终失败。

姑且不论朱可夫观点的对错，就朱可夫看问题的方式而言，明显的是战略式思维，特别强调战略方向的重要性。

我曾听过一个军事家的演讲，他的观点更极端：战略方向一错，0分！

没错，只要战略错了，直接被判定0分。

他曾举日本偷袭珍珠港的例子。我们熟知，轰炸珍珠港之后，山本五十六感觉战略错了，不该惊醒美国这头雄狮。但山本五十六受不了战术完美和赌性的刺激，还是在战略方向上犯了大错。其实不但偷袭珍珠港的大战略是错的，就连轰炸珍珠港的小战略也是错的。因为轰炸珍珠港的南云忠一没有搞明白最应该轰炸的地方，把轰炸的核心方向搞错了。如果按照战略原则，他最应该去轰炸的是航母、油库和船坞，结果南云忠一在其他地方乱轰炸，就是没有轰炸这三个地方。如果说航母没有轰炸到情有可原，但油库和船坞也没有轰炸，这样的轰炸是表面风光，实则毫无战略意义。

方向是根本，如果不在方向上取得成绩，任何战术的收获都不值一提。

对方向的把握，不但在战争中如此，投资也是如此。投资是没有硝烟的战争。

当然，投资有时候战略方向没有那么清晰，需要不断试探，甚至试错。一旦战略方向清晰了，就应该立即投放战略资源，押重我们的仓位。

下面我以润和软件为例，来分析这个问题。

2021 年 6 月上半旬，市场的热点其实很多，但几乎很多热点都短命。曾经有段子手这样写道：

本周 A 股股民经历了三胎一日游、鸿蒙一日游、传媒一日游、旅游一日游、浦东一日游、次新一日游、印花税一小时游 。

其实当时并看不出鸿蒙就是方向。因为鸿蒙诞生之初很多人不看好它的持续性，股价涨上去之后，又跌下来了。大家都认为见光死。

这种情况下，我们应该怎么办？

如果从战术出发，应该是找一个形态和盘口都很好的股票。但我觉得，这不够战略。

因为我深知，没有方向加持的股票，无法走远。于是我一直观察谁会代表方向。

当时我相对看好上海概念，上海概念的核心是陆家嘴。很多人说上海的优惠政策是伪造的，是造谣，是假的，但我不这样认为。因为我觉得没有人敢在这个问题上造谣造假，更没有人造假造得那么专业。于是，我觉得上海的股票可能是方向，就积极备战上海的热点。

但，上海后面公布一个消息，我觉得这个方向值得怀疑了。什么消息呢？我们看原文：

全国人大常委会拟授权上海市人大制定浦东新区法规

中新网北京 6 月 7 日电（梁晓辉 李京泽）十三届全国人大常委会第二十九次会议 7 日开幕。记者从会上获悉，为建立完善与支持浦东大胆试、大胆闯、自主改相适应的法治保障体系，推动浦东新区高水平改革开放，打造社会主义现代化建设引领区，全国人大常委会拟授权上海市人民代表大会及其常务委员会根据浦东改革创新实践需要，遵循宪法规定以及法律和行政法规基本原则，制定浦东新区法规，在浦东新区实施。（完）

【编辑：刘湃】

这个消息利好性不够，无法引起资金形成一个方向性运动。其实，从另外一个角度也能验证，如果上海的股票能形成方向性运动，陆家嘴应该一字板才对，结果陆家嘴开盘竞价才 +3.66%，折腾了 20 分钟左右才冲到涨停。这说明，上海这个方向可以战术正确，但无法战略正确。

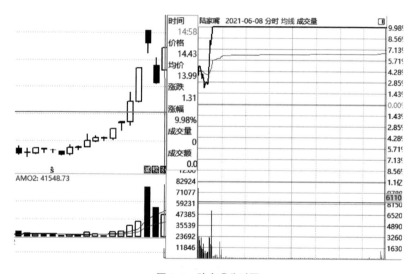

图 1-1　陆家嘴分时图

于是，我就再去想其他方向。

当时，明确证伪的是医美，医美因为朗姿的减持和暴跌，虽然无法说明这个赛道完蛋，但至少说明这个赛道内伤严重，短期无法恢复元气。

朗姿股份于 6 月 4 日晚间披露股东减持计划。根据公告，公司实控人的一致行动人申炳云（实控人申东日和申今花的父亲）拟通过集中竞价交易或大宗交易等方式清仓减持其持有的 1987.69 万股公司股份，占公司总股本的 4.49%。按照朗姿股份公告日收盘价 63.65 元 / 股进行测算，此次减持的市值上限达到约 12.65 亿元。

对于减持的原因，公司表示：申炳云先生年事已高，本次减持系其本人生活安排和资产规划的需要。

医美方向被暂时放弃后，我又想到碳中和，但是碳中和的后起之秀以及最有潜力的新秀扑街，又让我犯嘀咕。后起之秀是福建金森，见图 1-2，它以核按钮结束了自己的命运，最有潜力的新秀浙江新能居然连个连板都无法做到。

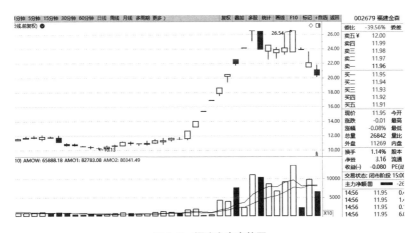

图 1-2　福建金森走势图

碳中和这个局面，也不像方向性的运动。剩下的是谁，我看到了另外一个股，那就是柘中股份，它超预期的走势，说明它的赛道值得关注。其中的核心就是它与华为若明若暗的题材关系，突然让我觉得华为和科技，也许是方向。这个时候，我就密切关注华为。

而华为作为今年的暗赛道，曾经成功加持了小康这个大牛股，那么鸿蒙会诞生下一个小康吗？

沿着这种思维，我把鸿蒙的核心股放在自选股了。当时一个走势反复在我脑海里浮现，见润和软件走势图：

图 1-3 是鸿蒙代表股润和软件的走势，当时虽然浮现它的影子，但对它是否代表方向，我还不是很确定。

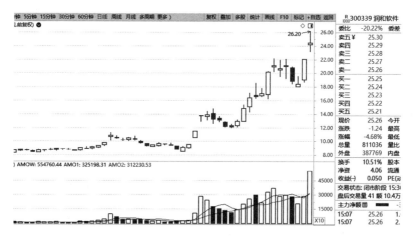

图 1-3　润和软件走势图

因为，鸿蒙这个概念，多次被炒作，有点"老"。不过，除了"老"，它没有任何缺点。

于是我就把它放在自选股，只是放着，并没有战略重视。因为我还不确定它就是方向。

什么时候确定它是方向呢? 是周三, 当时的分时图如图 1-4:

其实在上午的时候, 我也没有定性它是战略股, 甚至到下午拉升的时候, 我还没有清晰地反应过来。直到它冲击涨停的过程中, 其他软件股已经风起云涌了, 我才突然意识了, 这是集体运动: 软件股票, 不是个股性机会, 而是战略性机会。这不是一个股的交易, 这是一个方向。

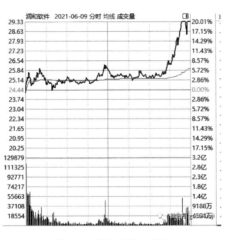

图 1-4　润和软件分时图

在我做出这个判断的一刹那, 重仓直接迎着润和软件就扑面而来。那一刹那, 我确信, 我是在为战略开仓。

当天晚上, 天降祥瑞, 出现了一个新闻, 原文如下:

【华为鸿蒙 OS 升级用户一周突破 1000 万】财联社 6 月 9 日讯, 今日,

从华为内部人士处获悉，截至目前，HarmonyOS 升级用户已经突破
1000 万。(澎湃新闻)(来自财联社 APP)

我一看，会心一笑。第二天还是加仓机会。因为方向对了！

后来呢，后来就是现在了，它长成了下面的样子，如图 1-5：

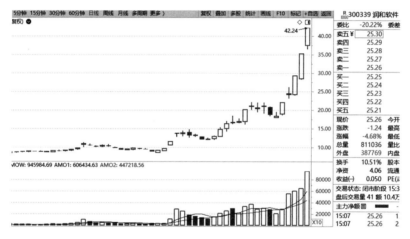

图 1-5　润和软件走势图

这就是我从方向上去思考润和软件的全过程。其实战略并不虚，
就是多从方向上去思考问题。这种思考不是不要术，而是把术置于战
略的统辖下，在战略量级对的基础上，把自己的力量打出来。

绝不在非战略机会点上，消耗战略性资源！这句话换种说法就
是：一旦市场出现战略性机会点，必须倾注战略性资源。

什么是战略性资源？

就是你的仓位，以及你的心力和心念。

—— 主航道

龙头离不开主线。

那什么是主线?

答:主线就是主攻方向、主赛道、主流。

龙头大多数都诞生在主线,如果没有主线的支持,龙头是难以走远的。那些夭折的、半途而废的龙头,大多数就是在非主线上折腾。

就拿 2022 年后来看,诞生了三个超级大龙头:浙江建投、中国医药、天保基建。这三个龙头分别隶属于基建、新冠治疗与房地产,无不是 2022 年的超级航道。

基建是 2022 春节后第一天启动的航道,新冠治疗是在节后的事件驱动中发酵的板块,房地产则在最近如火如荼的逆境反转航道。

如果不在这三个赛道上,可能会成为一个小龙,但是成为超级大龙头的可能性比较低。

比如,锂电池、白酒股中也想诞生龙头,怎奈赛道不支持,所以,顶多走出趋势小龙。

再比如,次新股、光伏股、氢能源、5G 也曾跃跃欲试,复又归于平静,主要原因也是没有来自赛道的支持。

赛道的主线性,类似于一个人的努力具有家族背书和组织支持,其力量会连绵不绝，其靠山会无限强大，其小弟会风起云涌，其走势当然也会不断超预期，于是就成了超级大龙。

所以，我们选择龙头的时候，不能只见树木不见森林，一定要问问自己选的股是哪个赛道，在不在主线上，有没有偏离航道。只要在这个地方思考清楚了，你的交易才具有战略性。

而你选的股才能扎根于最广袤的土壤，翱翔在最无限的天空！

——— 最大的溢价来自主线

股市最大的溢价，不是来自信息，也不是来自图形趋势，而是来自主线。

如果你买的股票所在的细分子行业能够成为未来一段时间的主线，那它的生产力将超过任何东西。

或者直接说，主线本身才是最有生产力的东西。

这与很多人的认知可能不同。我见过太多的机构或者游资，它们把最大的时间和精力放在对信息的搜集上，也有放在对图形好坏的好恶上。

但，我们经常发现，无论你收集的信息多么劲爆，如果股票不在主线上，那些信息往往都容易成为哑炮，甚至成为套住你的东西。

每天我们可以发现无数电话会议、无数公告和新闻、无数小作文，它们挖掘和分享到的基本面消息不可谓不独家和深刻，但是能驱动股价持续上涨的，往往不多。

即使有，也是与主线吻合的那部分基本面消息起作用，而不是信息本身。或者这样说，起作用的表面看是信息劲爆，但本质还是主线的加持。

凡是不发生在主线上的利好、信息，都难以持续发力，而发生在主线上的任何风吹草动，都容易掀起浪涛。

主线内、主线发力，在主线内挖掘信息和寻找趋势加强股，才是享受溢价最好的做法。

所以，我们每搜集和挖掘一个新的、让我们激动难眠的东西，都要问问自己，它是在主线内吗？

如果是，恭喜自己，放手干吧；

如果不是，悠着点，也许是空欢喜一场。

所以，我们操盘者，最敏感和最重要的任务，就是要保证自己的操作紧紧锁定在主线上，不出圈，不跑偏，不离开主线去单干。

当然，如果你是超级长线投资者，可以不管这个，因为超级长线的溢价一定来自企业本身的持续盈利能力。

但，凡是你的持股不超过一个月的，都要把对主线的思考放在第一位。

主线在哪里？

主线级别有多大？

主线还能不能持续？

主线在机构和游资那里的认可度如何？

主线背后是否获得国家政策的支持？

反复去思考和揣摩这些东西，把它们凌驾在个股的信息面和技术面之上，才是最智慧的做法。

—— 风格溢价：主线之外最大的溢价的秘密

前面我们分享过一个观点：最大的溢价来自主线。

今天，我们再来分享一个关于溢价的观点，这回我们谈的是风格。对，风格也会产生很大的溢价，不过这种溢价跟主线产生的溢价不一样。

主线的溢价属于内因，属于内容和本质，而风格的溢价属于外在，属于市场参与者的集体行为特征。

二者是有内外之别的，但都是溢价的源泉。

那么什么是风格呢？

风格就是最近的市场流行以什么"形式"来完成赚钱效应。通常，可以从以下角度去看：

20 厘米还是 10 厘米

连板还是趋势

大盘股还是小盘股

第一波还是第二春

领涨股赚钱为主还是补涨股赚钱为主

价值类股赚钱为主还是股性股赚钱为主

……

这些就是风格。

如果说主线的溢价是回答在哪里赚钱，那么风格就是回答以什么形式赚钱。

一旦市场形成赚钱的风格，风格具有独立性，这种独立性自己就会带来溢价。

比如：

市场总是奖励 20 厘米的股票，那么资金就倾向于在 20 厘米那里战斗；

如果市场奖励大盘股，市场总是去发动大盘；

如果市场奖励妖股，那么市场就是妖股辈出；

如果市场奖励 ST，ST 也能飞上天。

这就是风格的溢价逻辑。

懂得了风格溢价，我们就可以把这个溢价叠加在主线溢价上。

某个主线，一旦成为市场的核心，我们就在里面去找最符合市场风格的股票，而不是符合自己好恶的股。这样的溢价和效率，远远大于自己的我执。

这就是我们的溢价思想。

—— 高手谋势不谋子，俗手谋子不谋势

曾经有很长一段时间，我沉迷过模型招式，那段岁月"充实而激动人心"，几乎每一天都能发现新的模型。但，那段岁月也是在走最弯的路，花费了好大的精力也不能说完全跳出。

也有很多朋友经常问我：怎么看盘口？怎么看分时图？怎么看竞价？

遇到这些问题，我经常哭笑不得。

说其不重要吧，肯定是矫情。说其重要吧，绝对会把人推向一个很大的弯路上去。

分时和盘口，是一个比招式模型更加短、更加微观的东西。它和招式模型一样，都属于微观战术的内容。这个东西，只有解决了"大级别的正确"之后，才变得重要而迫切。

如果大级别的东西没有搞定，微观的战术越多，越会陷入疲于应战的境地。

经常有很多朋友跟我说，明明一个浩浩荡荡的股票，为什么总是卖飞？原因当然很多，不过一个重要的原因就是把一个"整体宏观"的股票，拆开割裂成若干段来看。而拆开割裂的工具，就是各种模型和招式。

有的人嫌拆开得还不够，还要从分时图上去拆得更零碎。

拆开本身也许没有错，但陷入拆的执拗而无法"整回来"，问题就大了。

一个东西，本来是一个整体，如果你从旮旯里去分段拆解，肯定会得出很多华丽的东西。这些东西本身具有魔力，你拆着拆着就喜欢上它们，会上瘾，而忘记它们是一个整体。眼里只有片段，而无全段。

思维也容易陷进去，遇到任何标的，都先从片段去思考，而不是从气势上去思考。

这种情况，古人早就有告诫。

先人有云：善弈者谋势，不善弈者谋子。

势就是浩浩荡荡的整体布局，子就是其中的具体招式。

我们要做高手，就必须把最大的情感和精力，用在谋势上，而不是在子上一惊一乍。

一会烂板，一会高潮，一会弱转强，一会放量，让微观牵着鼻子走，累不累呀！

谋好势，守住势，让它折腾去吧。

—— 何谓势, 何谓子

关于势和子, 我们要通透地理解。

同样一句话, 不同的段位, 理解不一样。

何谓谋势? 何谓谋子? 不同的人, 就有不同的理解。我的理解如下:

凡是日内东西, 容易沦为子, 而拉长的东西才可能成为势。

凡是孤立的个体的东西, 容易沦为子, 而关联起来的东西才可能成为势。

越是智者, 越喜欢从势上寻求解决方案, 而普通凡人, 则喜欢从子上寻求解决方案。

此即为智者谋势不谋子, 愚者谋子不谋势。

这并非说子一点不重要, 而是说, 谋好势的子, 才具有考量意义。否则, 容易因小失大。

举个例子:

当一个板块纷纷核按钮的时候, 你非要去用盘口分时图的强弱去看个股, 则容易陷入只谋子而不谋势的狭隘。

当你看到整个板块都在同一方向上运动, 然后你的个股符合大势, 此时的细节和盘口, 才是真的具有细节和盘口的意义。

再比如, 纵向浩浩荡荡, 没有加速、没有放量、没有板块颓势的个股, 即使盘口和分时出现某种洗盘, 此子亦难以撼动整体之势。

反之，疯狂过、加速过、所有该来的都来过，甚至板块指数也动摇过，此时哪怕分时和盘口很躁动，势已经不能保护子了，个股再强又如何？

谋子永远在谋势之后，保证大的先对，再去思考小的。此种战略关照，方为智者思维。

举个过往不远的例子：光大证券，如图1-6所示。

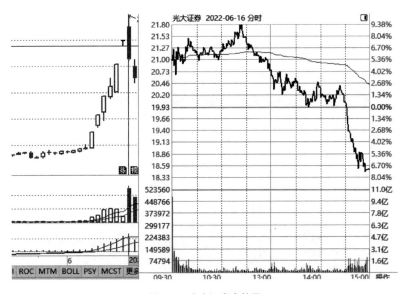

图1-6　光大证券走势图

光大证券的这一天，是一个名副其实的分歧。到底能不能低吸？能不能做 T ？

如果仅仅从模型和战术上，也许你能找到好几个理由做它。诸如首阴啦，人气股分歧低吸啦，龙回头啦，等等。

但，这些都是谋子。如果从谋势上看，一句话就够了：

这一天，证券板块没有一个活着的，势无孤成。

我不管盘口和模型如何，我仅仅从谋势上看，它没有一点可以再谋的了。而此时，再多的绝活，还有什么用呢?

无势可谋，谋子枉然呀!

除非，第二天势来了，我再做它的反包。比如，带金融和证券的，如果有人敢于集结成势反扑，那么我再去顺势反攻它，如此才能更安全。

这才是势的思维，而不是子的思维。

跳出局看局，才能看清楚局。

谋子者，如果不谋势，哪怕穷尽天下招式，也容易落入下流。

—— 势

股价为什么涨？

也许是基本面，也许是技术面，也许是博弈面，只要你愿意，你可以找到无数个解释。

每个解释，并没有对错，只有维度差异和价值观差异。

我的观点是，股价涨的最大动力是势。当然，我不否定基本面，也不否认什么指标之类，但如果要选出"最大"动力，我觉得势得票最高。

这里的势不仅仅是趋势，还包括赛道景气度所凝聚的势，也包括整个市场周期所构成的氛围。

这个势，是我最看中的东西。

当一个股票势在的时候，任何利空都不怕，任何洗盘也不怕，量化机器人捣乱也不怕。而势不在的时候，再多的利好也是枉然。甚至，利好会加剧亏钱。

利好，只有势在的时候，才会显现它的价值。但很多人忘记势，单独记住信息。于是，用利好信息套其他股，一套一个亏，然后又埋怨其他。

其实，本质上是利好是否与势合。

如果按照这个思路找股票，我们要先得势，然后再去找利好。否则，容易一堆利好，越跌越深。

这其实也是股价运动规律的探讨，这个问题很深刻，这里我也不一定能全部用文字解释清楚。

但是"势"，怎么强调都不为过。

无势之利好，是很多人亏损的根源。有势之利好，才是我们真正应该重视的。

有些时候，某些人越努力越亏钱，本质原因就是在没有势的时候，去找可以证明做多的蛛丝马迹。

结果，凭运作赚的钱，凭本事亏回去。

如果要说运气，得势就是最大的运气！

力胜战略：有力不用艺

很多朋友炒股，喜欢追求术：

最准的指标，
最好的技术，
最巧的买点，
最炫的绝招……

以前我也是这样，现在我还残留其中的某些成分，但，这些东西必须超越才能获得股市的本质和究竟。

因为一个成熟的交易者，境界越到最后，越应该感觉到：重剑无锋的势远远大于巧夺天工的术。

一个好的股票，一个好的买点，应该是要超越术的，或者说不是用术去买，而是感受其力道去买。所谓的力，就是它的力量和动力，而非它的指标和巧点。

或许我没有说清楚，我要表达的是：

- 一个横冲直撞、浩浩荡荡的股票，比一个形态完美、指标精致的股票好一百倍；
- 一个力量型的股票，比一个技巧型的股票，好一百倍；
- 一个敢冲的、头铁的股票，比一个精心策划、巧妙拉板的股票，好一百倍；

- 一个向你呼啸而来的股票，比一个什么都完美但就是不敢呼啸的股票，好一百倍。

我突然记得《红楼梦》上有一句话：机关算尽太聪明，反误了卿卿性命。用术，就是机关算尽，用力就是天纵英才。

我现在越来越喜欢那种策马扬鞭的股票，越来越讨厌那种机关算尽的股票。

褪去所有技巧，还原龙头的最本质——力量!

一力降十会。

而术者，艺也。

当一个股票需要反复用艺才能搞定，我认为已经没有什么意思了。好的股票，用力不用艺。

这句话我认为很重要，多强调几次：

用力不用艺!

用力不用艺!

用力不用艺!

力胜战略：何谓力，何谓艺？

学武术的时候，师父经常爱说一句话：用意不用力。

这里的意，是意念，意识。

比如，"练拳之时如有人，交手之时如无人"，就是在平时练拳的时候，哪怕是一个人对着空气打拳，也感觉在跟对手交战，假想有个敌人。而当真正面临敌人的时候，要感觉如无人，视对手如无物，蔑视他，该怎么出手就怎么出手。

此为用意。

当然，用意不止这么多，还包括内视、内观。

"意"和"艺"不一样。我说的"艺"是指技巧、招式。武术上的用意不用力，是指化境之后如入无人之境，而我把这句话改变为"用力不用艺"是指

顺应力道而不是着迷于艺道。

前几天我公众号写了"用力不用艺"之后，很多朋友就联想起武术上的"用意不用力"，仿佛觉得我说错话了，其实没有。

我当然知道"拳打千招无定式，技到无心方为真"，我并不是反对术和艺。相反，我觉得艺高人胆大，炒股也是一门艺术。

但这里艺术和过于用"艺"和"巧"是两回事。

怎么说呢，我给大家讲讲孙子兵法吧。我曾经看过北大教授李

零讲的孙子兵法。他说他曾经看外国的军事著作，也跟外国的军事研究者交流，他说外国人对中国的兵法有看法，什么看法呢？就是：

中国的兵法崇尚的是"巧""诈"，所以孙子兵法有个特别强调："兵以诈立""兵者，诡道也"。其实就是喜欢声东击西、围城打援、虚者实之实者虚之。

而外国的兵法多崇尚"力"，崇尚对抗，无论武器还是军事力量，讲究力胜。

这个观点对不对呢？我也不是很懂得兵法，所以无法给予评论，但曾记得当我读到这一段的时候，内心受到很大的震动。

从那一刻开始，我内心就崇拜力量。

当力量不够的时候，我觉得人才去崇拜技巧。

也恰如一句话：才不足则多谋。

其实这句话原文出自清代名臣陈宏谋的《养正遗规》，完整版如下：

才不足则多谋，

识不足则多虑，

威不足则多怒，

信不足则多言，

勇不足则多劳，

明不足则多察，

理不足则多辩，

情不足则多仪。

当一个人有大才情大智慧的时候，用不着雕虫小技；当一个人大富大贵的时候，用不着一些砍价的技巧；当一个人力大无穷内功深厚的时候，用不着四两拨千斤。而天天纠结于技巧者，必是力不足也。

股市也是这个道理。

如果市场好，如果某个股正在浩浩荡荡地走主升浪，不需要天天讲究一些指标和技巧，不需要看着分时图一惊一乍，顺着力道就可以了。而当行情衰弱，个股进入调整，已经没有上冲的力量和势能的时候，哪怕你斗智斗勇，穷尽你所有懂得的招式，也不是好的投资。

也就是说，好的投资，不需要你用太多的艺，当你用太多的艺的时候，它一定不是好的投资。

好的股票、好的投资时机，应该是力量型的，其走势如高山滚石、如泰山压顶、如长江大河一般，节节贯通，滔滔不绝。

好的股票，应该是力量的顺势奔腾，而不是指标的四两拨千斤。

当需要用各种指标才能搞明白的股票，不做也罢。

多去感受力道强弱来交易，而不是过于依赖技巧去买股。

此即用力不用艺。

也即"重力不重艺"！

—— 纷纷万事，直道而行

有个朋友是超级大佬，是做龙头股的泰山北斗。前几天他把我送他的新书《龙头、价值与赛道》给他还在上高二的女儿看。他女儿周末看完后，昨天给她爸爸选出两个股：九安医疗、雅本化学。

当他把整个事情跟我说后，我内心一惊：天赋异禀！

孩子用最纯粹的眼光去感受市场的最强阵眼在哪里，往往最能做到"所见即所得"。

今天下午跟一个朋友聊天，他也说了一句让我感慨的话：那帮人今天才知道九安医疗是龙头。

为什么说今天才知道？

因为很多人数板数惯了，一会九子夺嫡，一会谁晋级谁卡位，一会弱转强，在术的世界里流浪太久，对眼前最强的事物大摇大摆浑然不觉，以至于到今天才知道九安是龙头。

龙头是什么？如果我们忘记所有的术，用内心去感受，就像前面的孩子一样，一定能感受到最近这些天，A股有一个股票：它鹤立鸡群很久了！

它用精气神儿，而不是用指标告诉市场，它才是龙头。

九安医疗成功PK下一群股票成为龙头，靠的就是精气神儿。换句话来说，九安医疗是用力不用艺。

什么叫艺？

就是骚操作、骚动作，比如尾盘回首掏，盘中玩惊险，分时图玩怪异，等等。

我们可以看看九安医疗过去的所有走势，完全不玩这一套：

它靠的是赛道面和基本面的加持，

靠的是每日资金硬打硬进无遮拦，

靠的是势大力沉，香象渡河，截流而过！

它几乎没有一日靠四两拨千斤，

几乎没有一日非要去卡谁，

几乎没有一日非要去跟谁比板数多。

九安前进的路上，完全是"结硬寨、打呆仗"，不走捷径，没有小动作。

其实，最近这二三十个交易日，几乎是龙头战法教科书式的演绎，竞争龙头者多如牛毛，被选为龙头接班人者也是熙熙攘攘，而市场最终选择了没有任何华丽动作的九安，恰恰说明了一个最大的道理：

龙头，

靠势不靠巧！

靠直不靠曲！

靠力不靠艺！

恰如一位老革命军人（他13岁从军，参加过抗日战争、解放战争和抗美援朝）教育他的孙女的一句话。故事是这样的，这位老人的孙女想从事演艺事业，他知道后，给她写了八个大字：

纷纷万事，直道而行！

这个八个大字看得我差点流泪，不愧是老革命！在这里我们共同记住这八个字，与诸君共勉。

注

本文写于2021年12月27日。有个朋友看完这篇文章后感慨道他去年刚做股票遇到情绪好，很轻松就可以找到龙头，因为不懂，所以纯粹，没有杂念，现在他反而没有这个能力了。因为懂了一些，反而失去这个能力了。

太沉迷细节，反而忘记龙头。

大部分交易者都是如此，走着走着就成了技巧的研究者和发烧友，其实龙头用心感受才容易走入最高境界，用术容易入下流。

明牌战略：最好的牌往往是"打明牌"

所谓"明牌"，就是利好信息公开之后、秘密大白于天下的股票。

所谓"打明牌"，就是去做已经大白于天下的股票。

很多人对于暗牌情有独钟，但对明牌重视不足，认为明牌已经众人皆知，没有意义了。其实，这是很大的误解。

相对于暗牌，我认为一个交易者更应该培养打明牌的能力。

为什么？

其一，暗牌含信息差，它奖励的是挖掘和获取信息的领先性，奖励的是信息差的价值。但明牌含理解力差，它奖励的是一个人对信息的解读能力，它奖励认知价值。作为一个交易者，最大的价值不在于你时时刻刻都掌握比别人领先的信息，而在于面对一个已经公开的信息，你知道该怎么用，该怎么让这个信息在你那里的价值远远大于你的对手。

交易者很多时候像个厨师。对于大厨来说，最大的价值在于烹饪。烹饪的原料，即食材，很多时候大厨无法决定。但衡量一个大厨好坏，在于同样的食材你要做得比别人好吃。交易者也是如此，交易者的信息基础就类似大厨的食材，衡量交易者水平高低，在于面对同样的信息，交易出不同的境界。

这就靠理解力了。而理解力，是交易者的核心能力。

对于一个交易者来说，获取领先信息的能力固然重要，但最重要的是处理信息和解读信息的能力。

其二，龙头战法的本质就是明牌战法，因为龙头需要人气和市场地位。而人气和市场地位的获得，需要把信息公开，接受群众检阅。群众和市场认可的，才能成为龙头。

正是基于这种认识，我曾经常在小范围内说一句口头禅：

龙头就在众目睽睽之下；

龙头就在大摇大摆之中；

龙头就在街谈巷议之间；

龙头就在口口相传之畔。

其三，从历史上重大事件和重大牛股的回溯来看，最大涨幅都是其明牌阶段，而不是暗牌阶段。也就是说，一个股的利好和信息公之于众之后，其涨幅往往比之前还要大、还要猛。这一条是我强调打明牌的最大、最核心理由。

这个地方是本文的最重要的内容，为了说明这一点，我们来多举几个例子。

案例一：中国南车，后改名中国中车。如图 1-7 所示，第一条竖线之前的暴涨，在于暗牌，即中国南车和中国北车合并，停牌之后直接翻倍。这个暗牌，很少有人能赚大钱，因为知道信息的人很少。但，如果你认为错过暗牌就错过这个股票，就大错特错了。事实上，在这个股票上赚到大钱的人，很多是在之后才入场的人。明牌参与者，才是中国中车的最大获利者。后面的涨幅，远远大于之前。即使后面的上涨之中，也有明牌和暗牌之分。第二条竖线当日，中国南车和北车公告合并通过，提前知道这个暗牌的，获得三个涨停板。但该股涨幅最大的是打开涨停之后，市场自发地根据对这个消息解读，又让它涨了 6 个涨停板。我相信，凡是把这 6 个涨停板拿到手（赵老哥曾经在该次战役中，一战封神）者，一定不是信息差大师，而是理解力大师。拥有信息差的，往往公告后几个涨停板就卖了，而拥有明牌理解力者，能够一直把后面的主升浪吃掉。

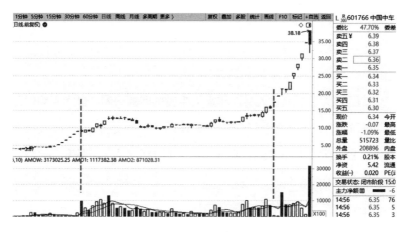

图 1-7　中国中车走势图

案例二：王府井，如图 1-8 所示。很多人没有在王府井上赚到大钱，归咎于没有提前知道免税牌照的信息。但这种认知很不负责任，因为王府井大涨是在已经公开其申请免税牌照之后。我们看第一条竖线之处，那一天晚上王府井公告说自己申请免税牌照，关键是这一天上涨才刚刚开始，该股最大的涨幅是信息公开之后。其实，我也认识一些朋友，他们拥有信息优势，但他们很多就是赚一两个板就走了，后面的大钱没有赚到。而我有一个朋友，一点信息优势也没有，却在这个股上赚了很多，原因在于他"理解"了这个股。

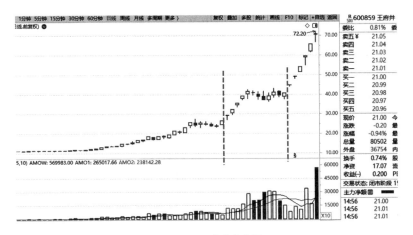

图 1-8 王府井走势图

案例三：小康股份。如果上面两个例子离我们还比较远，那我举一个刚刚过去不久、对我们冲击比较近的例子——小康股份。这个股我本人也深度参与，所以我很有发言权。如图 1-9 所示，该股的信息公开之处就是图中画竖线的地方。当时，余承东亲自站台，小康和华为深度捆绑的消息被公开。提前拥有这个"暗牌"的人，一般都能拿到连续两个涨停板。但大阴线跌停当日，很多人下车了。他们认为利好出尽，炒作结束。

但，这个股票真正的上涨是大阴线之后的那一段。很多在这个股票上赚大钱的人，是重仓参与消息公开之后的那拨人。

那拨人的核心能力在于对小康与华为合作事件深刻理解，在于对该股股性的深刻理解。也就是这个股，更深刻地坚定了我的投资哲学：

基于公开信息分析来获得自己的投资优势；基于对股性的分析来获得投资优势。

图1-9　小康股份走势图

案例四：润和软件，见图1-10，这个案例离我们更近，也更有冲击力。润和软件依托鸿蒙而涨，其真正的大涨是从华为把鸿蒙开源并捐献给国家那天开始，但那是公开信息，之后该股才开启主升浪。也就是说，这个股的大涨是信息明牌之后，大家对信息理解的深化。通过这么多案例，我们可以清楚地看到，历史上很多大牛股，其最大涨幅和最精彩的部分，都是在明牌之后，而不在明牌之前。

所以，当你无法获得最先信息的时候，不需要怨天尤人，也不要气馁和悲观。只要你的信息解读能力够强，你不会错过最气壮山河的那一段。

与此同时，即使你有信息优势，也不要太乐观。如果你没有深度理解信息的能力，很有可能把一副好牌打得稀巴烂。

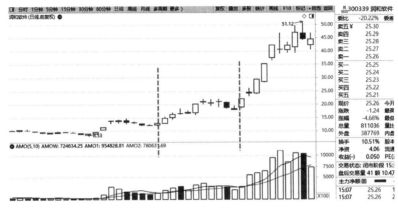

图 1-10　润和软件走势图

我写这篇文章并不是否认信息的价值和资讯的优势。事实上，我本人也非常在乎最领先的信息。为了获得信息，我每天会阅读海量的资料，也与北上广深很多资讯最前沿的朋友广泛交流。

但，我必须提醒大家，最好的信息不一定是别人不知道的信息，而是那些已经公开的、已经被大家知道的信息。

这样说可能很多人不认可，但我依然坚持我的独立思考。

很多人花费过多时间去打听别人不知道的信息，而对已经公开的信息重视不够。甚至有些朋友直接把已经公开的信息当垃圾来处理，觉得消息见光了，就没有价值了。

事实上，这是对交易的不尊重。

从对历史牛股的回顾来看，很多大牛股最精彩的一段、最美丽的风景、最鲜衣怒马的旅程，恰恰是出现在它们变成明牌之后的时光里。

正因如此，我们今后再遇到任何一个已经公开的新闻和消息，都不要因为它已经变成明牌，就对其熟视无睹，恰恰相反，要从战略上高度留意一切已经公开的消息。因为宝藏，往往就藏在里面。

作为一个交易者，大部分时间和精力应该花费在消息公开之后，去研究它如何影响事物的性质和级别，去研究它如何与市场共振，而不是把大量的时间和精力花费在押宝和猜测下一个尚未公开的暗牌上。

阳谋战略：好股多"阳谋"，坏股多"阴谋"

越来越感觉到，真正的好股票，大多是"阳谋"。而那些你知、我不知，天知、地不知的"阴谋"股，是最难炒的。

但，世人最想打探的就是那些尚不为人所知的各种隐秘消息，也就是阴谋。其实，这往往容易浪费很多精力和时间，且效果未必有做阳谋类的股票好。

上文我就分析过，最好的牌，其实是"明牌"，也就是阳谋。

为什么阳谋股往往是好股？

第一，阳谋股没有消息地雷。

因为它的上涨和炒作，不是基于一个别人不知道的消息，而是基于稍微看下公告就能了解到的逻辑和基本面。既然不把股价上涨寄托在一个未公开或者别人不知道的消息上，那么就不存在消息证伪和踩空的风险。

第二，阳谋股靠的是力胜，而不是谋胜。

所谓力胜，就是用压倒性的力量去取胜。而谋胜，则是靠"三十六计"去取胜。这么几句话：

才不足则多谋，

识不足则多虑，

威不足则多怒，

信不足则多言……

当一个大人要跟一个三岁的小孩打架时，完全用不着躲闪腾挪、声东击西。我们古代谋略文化过于发达，反而让人忽略了力胜的价值观。

当力量对比悬殊的时候，绝对不会用阴谋；只有力量差不多，求胜心切，才会用阴谋。

对于股票，我喜欢以拳击的心态去看。两市几千个股票，我把它们当成几千个拳击手。力量强大到不需要四两拨千斤的拳击手，才是我最想押注的拳击手。

这种思路，就是阳谋的思路。

第三，聚焦。

市场上好的阳谋股很清楚，就那么几个。如果你的交易风格是做阳谋类的股票，其实选股范围很窄，也很聚焦。这比天天听各种消息更省力。

阳谋股属于力量型，属于杀鸡偏用牛刀型。这类悬殊力量对比的股票不多，如果热衷做这类的股票，其实会让自己的交易风格更加聚焦。交易机会也更少。

第四，阳谋股是市场经过多种力量对比后的综合选择，阴谋股往往容易陷入自我意淫。

这一点我认为最重要。为什么阳谋股好？因为阳谋股是市场的选择，而阴谋股往往是自我的选择。

市场是终极裁判，阳谋股是市场屏蔽各种偏见和我执之后，做出的最终选择。这种选择考虑了基本面、技术面、情绪和各种伎俩。

阳谋股还代表取胜之后的胜利者的姿态。只有在同赛道竞争取胜的股，才敢以阳谋的姿态出现在市场上。

总之，阳谋类的股不确定性最少。在阳谋类的股票上做，我们不用再考虑选股问题，不用再考虑各种雷，只要考虑介入和兑现的节奏就可以了。

前段时间，很多人跟我聊起美股，说美股最好的几个股票都是阳谋，比如苹果、亚马逊、微软和谷歌，而中国股市多阴谋，各种消息提前布局，各种内幕。

但，我发现，A股也在越来越奖励阳谋者。最近，无论是价值的牛股还是情绪的牛股，往往也是在打明牌，走阳谋。比如2020年的茅台、爱美客、道恩股份和豫能控股，2021年的江特电机、北方稀土、顺控发展和三峡能源，都是逻辑和基本面大白于天下，按照阳谋的套路去炒的。

可能有人问：为什么别人宁愿花那么多时间去找阴谋股，也不做阳谋股？

因为认知和价值观的问题。很多人认识不到，或者根本不相信阳谋股有生产力。他们总是相信信息优势才能产生生产力。

其实，阳谋股不但有生产力，而且往往最有生产力的股票就是阳谋股。回顾一下历史，那些曾经让我震惊的股票，现在回想起来，就是在用阳谋，比如万科、深发展、茅台、方大炭素、中国中车、顺控发展。

而那些历史上最大的坑，往往就是阴谋和套路搞的鬼。

所以，今后选股，我们要尽量选择阳谋股，让自己的股票：

天知、地知，你知、我知，大家也都知！

多做"敲锣打鼓"类型的股票

股票和股票不一样。

有的股票，你需要挖地三尺才知道它炒什么；有的股票，你读无数页的研究报告还不知道它到底能不能成；有的股票，你压根就不知道它为什么炒、为什么涨。

相对于这些，还有一种股票可谓另类，因为它"敲锣打鼓"地向你述说它为什么涨，它最近发生了什么，它的一切几乎都明明白白地告诉你。

它不需要你去勾兑，不需要你去打探内幕，去做擦边球式的调研，也不需要有多年研究功底才能搞明白，它简单、直白，上涨的逻辑一清二楚。

最关键的，它的一切不仅你知道，天下所有的人都知道。它不遮遮掩掩，不藏藏躲躲，它几乎明牌地告诉所有人。

这类股，我把它称为"敲锣打鼓"类型的股。（我也把这类的股称为"阳谋股"）

我们炒股，要尽量多去炒这类股。

因为这类股，不考验"内幕消息"，不考验"人际关系"，它只考验你的理解力。

换句话说，它公平。

你只要水平到了，只需要看最公开的新闻就可以了，不需要担心被内幕消息黑。

这类股把最大的逻辑和炒作点敞开给你看，你可以明明白白地知道它为什么涨。而且，你不需要名牌大学的学历，初中生的水平就能看明白。

这类股的一举一动都有无数媒体跟踪报道，任何小作文都无法单独藏私，这类股敞开牌跟你打。

这类股不玩高大上的词汇，不玩英语单词，不玩化学名，不玩物理名，这类股妇孺皆知，你对这类股的产品和逻辑的熟悉度跟那些博士研究生相差无几。

这类股不在"阴谋处"为难你，只需要你理解它"阳谋化"的市场行为。

这类股，比的是阳光下的力量，比的是趋势下的交易能力。

当然，这类股也有尽头，也不可能永远涨下去，可这类股一旦成为市场的风眼，就会反复给你带来公开的机会，而且这种机会不藏不躲，敲锣打鼓地告诉所有人。

即使这类股见顶，它也是以敲锣打鼓的方式，有自己标志性的见顶信号，不会让你去猜测和幻想，不会浪费你的时间。

句话，这类股，清澈见底，至性至情！

多做这类股，少做躲躲藏藏的股。

人渣、药渣与股渣

遇到人渣后，你是跟他理论，还是绕开他？

如果你跟他理论，哪怕你赢了，你也是输了，因为你输了时间，更输了"不值得"。遇到人渣最好的处理方式就是绕开他。

狗咬你了，你难道还会去咬狗吗？

并非你理论不赢他，而是没有必要把时间和精力浪费在不值得的事物上。

渣这个东西，一般是指精华或汁流干后剩下的东西。比如药渣，就是指药物有效成分熬尽后剩下的东西。哪怕是人参、鹿茸，一旦变成药渣，意义也就不大了。我忘记是在哪部电影里看到一个段子，有些人被当成药，后来成了药渣，面黄肌瘦，形容枯槁。

当然，这种叫药渣，不是人渣。因为人渣是指品德败坏的人。但无论如何，带上渣总归不好，比如渣男。

其实，看股有时候跟看人差不多。

有的股票表里如一，涨跌有序，这种股我们叫好股，无论低吸和追高，都有章可循。而有的股跟渣男差不多，喜怒无常，涨跌无序。

如果让我们选择，我们会选择哪类股做？肯定是前者。

选择后一类股票，哪怕你赚钱了，你也亏了。因为你把时间和精力都放在跟"渣类物种"斗智斗勇上。这与本文开始提出的问题"遇到人渣，你是跟他理论还是绕开他"是一个道理。

股性如人性，谁都喜欢跟敦厚、耿直的人打交道，谁都不喜欢跟三头六臂七十二心眼的人去斗法。

　　人生中，最大的幸运是遇良人；股市上，最大的幸运是遇良股。

　　而良股，多在阳谋中，多在排山倒海的阶段。

　　我们尽量用最多的时间和精力，去选择那种排山倒海、表里如一的股，而回避飘忽不定、喜怒无常的股。

资金深度介入

我把市场群体资金重点围攻的行为称为资金深度介入，具体到赛道和个股，称为资金深度介入的赛道和股票

有人可能会问，这与放量有什么不一样？

当然不一样。放量行为一般是量柱或者量比的增大，但资金深度介入不仅仅指这个，它至少还包括以下特征：

资金持续介入；

资金反复介入。

资金深度介入；

资金大量介入。

注意到没有，我把资金大量介入放在最后一项，而把持续、反复、深入的资金介入放在前面。

资金深度介入和放量的区别还是非常大的。放量仅仅是孤立的行为，或者偶尔几次的行为，而资金深度介入是持续不断的行为。

就像打仗，资金深度介入是指多次冲锋，反复争夺，重兵把守，屯兵百万。

回到股市，资金深度介入的股票，就是市场最在乎的地方。这个地方一般是最容易产生大牛股的地方。

需要说明的是，这里的"资金"是指主导资金。所谓主导资金就是一段时间内最活跃的资金。

这个最活跃的资金在不同的时候是不同的。有时候公募最活跃，那么它们的风格就是市场的风格；有时候产业资金最活跃，产业思维的股票就成了市场的风口；还有一些时候，为了引导资金行为，国家队最活跃；还有另一些时候，山中无老虎，猴子称大王，大资金平稳，游资揭竿而起。

但无论什么时候，都要用心感受市场上最兴风作浪的资金，然后重点知道它们深入介入的股票。

其实这类股票不需多，只要发现，反复在上面操作就可以了。辗转腾挪，波段操作，反复介入，补射围攻。

也许这样说不够具体，那我就用具体的例子来诠释我认为资金最深度介入的股票。

它们分别是：省广集团、诚迈科技、盛和资源、晶方科技、方大炭素。见下图 1-11 到图 1-15。

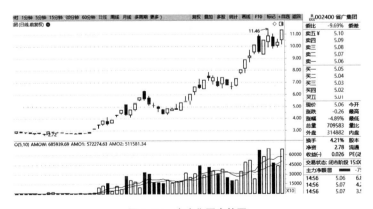

图 1-11 省广集团走势图

图 1-12　诚迈科技走势图

图 1-13　盛和资源走势图

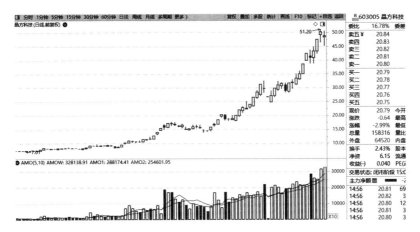

图 1-14　晶方科技走势图

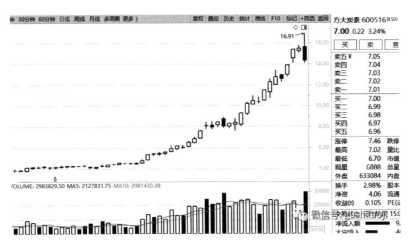

图 1-15　方大炭素走势图

这类股票一个重要特点就是反复、多次，而且代表当时最主流的赛道。

这类股票其实也是一种抱团，是大资金抱团核心股，而不是各自为战。大家思考股市不要机械，不要一提起抱团就想起必须是茅台，难道抱团其他股票不是抱团？

其实抱团的本质是资金在某个赛道某个股票上深度介入，力出一孔，利出一孔。

其实，任何时候，各自为战都难以产生超额收益，大家必须枪口往一处打，力量往一个地方使，才能产生所谓的龙头股、核心股。

总之，永远不要做乌合之众。

如果抱团结束了，下一步市场的机会在哪里？

答：换一个地方，换一个故事，休整一段时间，继续抱。

山的那一边，其实还是山。

—— 那些曾经帮助过你的人，
会比你帮助过的人更愿意再帮你一次

前段时间看到这么一个故事。

二战前夕，一对犹太兄弟逃难。由于逃难过程复杂且惊险，需要人帮忙。这兄弟俩就合计着谁能帮他们。在几百个朋友中，他们选出最有可能帮助他们的两个人：

一个是他们曾经帮助过的人，这个人因为他们的帮助发了财，还成了银行家。另一个是曾经帮助过他们的木材商。

大哥建议，去找第一个人，因为毕竟他们对他有恩，这次轮到他们逃难，他应该会帮一把。弟弟的意见则相反，弟弟觉得木材商更可能帮他们，理由是木材商毕竟帮过他们一次。

兄弟俩谁也说服不了谁，于是分头行动。大哥去找银行家帮忙，实行逃难计划。弟弟则找木材商帮忙，也实行逃难计划。

多年以后，由木材商冒死相救的弟弟安然无恙地回到故土，急不可耐地去寻找哥哥的消息。结果从档案中得知，哥哥已经遇害。口口声声要报恩的、那个曾受过他们帮助而发了财的银行家，并没有对哥哥施以援手。

第一次看到这个故事，我唏嘘不已。

想想看，你帮助过的人，在你遇到苦难的时候未必会帮你，而帮助过你的人，在你遇到苦难的时候，往往会愿意再次帮你。

这说明什么?

当然，每个人有各自不同的人生经历，看到上述故事会有不同的感触。我看到上述故事的时候，最大的感触是：

乐善好施是一种习惯，那种帮助过你的人，事实已经证明了他们有助人为乐的习惯和品质，这种人值得再次相信。

而那种从来没有帮助过你的人，无论你给他的帮助有多大，你都无法确定他是否具有知恩图报和乐于助人的品性。

有的东西不能用交换的思路来看，什么我对你好，你就一定会对我好。有的人注定是白眼狼。

帮助这个东西，我们不否认也有"礼尚往来"的成分，你敬我一尺，我敬你一丈，但它更多的是与一个人的内在禀性有关。

有的人就是喜欢急人所急，痛人所痛。而有的人，当别人遇到困难时，总是觉得"这与我有什么关系"，不幸灾乐祸就算不错了。

我就见过一些圈内大佬，也见过一些大领导，郑州的、上海的、深圳的、广州的、成都的、北京的……他们骨子里就是有侠义之风，只要他们能帮得上忙的，他们一定会帮。他们帮助过的人，自己也不知道有多少。他们帮忙并不是图你感恩，也不是图你报答，而是他们就是那种品格的人。他们也有遇到那种刚帮完就背后诋毁他们的人，但依然无法阻止他们帮下一个人。

跟他们在一起，如沐春风；能在今生与这种人相遇，简直是一种福报！

我们交朋友就要交这种人，我们自己，也要尽量做这种人。

有人可能会说，你喜欢写投资，怎么突然写了人？

其实，我写人，就是在写股票。只不过，我把人性写明白了，股票就简单了。下面，我只需要几句话，就可以把我要表达的关于股票的东西表达明白，这段话正如上面写人的道理一样：

那些曾经让你赚过钱的股票，往往会让你再赚一次。而那些一直让你亏钱的股、那些你反复抄底也赚不到钱的股票，往往会让你再次亏钱。

要多与那些曾经让你赚过钱的股票打交道，少与那些从来没有让你赚过钱的股票谈回报。

股票如人，曾经回报过你的股票，会比从来没有回报过你的股票，更容易再次给你回报！

人有人缘，股有股缘。

人有人性，股有股性。

不是吗？

不要轻易"出圈"

一段时间内，资金会有自己深度介入的赛道和主线。在其内，称为"圈内"，在其外，称为"出圈"。

很多人有个冲动，就是总想去圈外看看，我把这种现象称为"出圈"。

事实上，出圈是很危险的。

因为最大的安全，是来自资金深度介入行为，并非所谓的"新轮动""新切换"和一些刺激感、新鲜感。

为什么很多人总想出圈呢？

主要原因：

其一，踏空某个赛道和热点，要么没有买，要么提前下车；

其二，总念叨切换，世界观和行为偏好里总是喜欢切换；

其三，追求刺激感，喜新厌旧，总觉得"新鲜"才是股市的生产力；

其四，看短不喜欢看长。喜欢在不同赛道之间来回穿梭，而不喜欢坚守核心赛道。

可是，事实未必就奖励出圈。因为圈内往往代表最核心的资金行为、最被看好的赛道、最符合当下社会趋势的行业。

很多人不明白这个道理，待在圈内不知圈内的好，总想去圈外搞点"野味"，以为越新鲜、越刺激、越不被人知道的赛道越好，结果一出圈就伤痕累累。

从白酒、碳中和、医美到锂电池、光伏、储能，我们都可以发现一个现象，只要一个赛道成为主流赛道，它至少要霸占 1~3 个月的时间周期，有的甚至长达一年乃至几年。比如白酒赛道、猪肉赛道、新能源产业链赛道。

当然，任何一个主赛道都会有分歧和调整，但它之所以成为主赛道，就是因为它可以穿越各种分歧和迷茫，并最终浩浩荡荡。

当遇到分歧和调整的时候，其实是介入该赛道、坚守其中龙头最好的机会，而很多人却恰恰相反，一看到分歧和调整，就高呼切换、转移、出圈。

可是等出圈之后再回头看，大机会还是在原有圈内。

后来方明白，一段时间有一段时间的主流。你可以出圈，但机会不会跟着你出圈。

是不是绝对不能出圈？也并非如此，只是出圈需要条件。

那什么时候才能出圈呢？

答：（1）原有圈内已经没有油水了；

（2）新来一个圈，这个圈产生势力了。

否则，就不要轻易出圈。

追求新鲜刺激我们都能理解，喜新厌旧也确实是股市的一种现象。但陌生未必代表善意，圈内熟悉的东西远远比圈外陌生的东西安全，圈内的机会也比圈外的多。

在黑暗中行走，不离开主力和大部队，才是最大的生存智慧！

A股的二元结构：机构与游资

上篇

A股主要有两种力量：机构和游资。

有人可能会说，还有散户呢?

答：散户是乌合之众，无法定义为一种风格。

所以，A股真正能引领风格的是机构和游资。

当然，二者之间有交集，比如机构中也有参与做游资票的，或者按照游资打法来做题材热点股的；游资也有皈依机构的，与机构勾兑，或者加入机构趋势股中。

但，这并不影响我们把市场划分为机构与游资的二元结构。因为主要矛盾以及矛盾的主要方，就是机构和游资。

机构与游资的二元结构，主要包括两种划分和认定方法：

第一种是力量的二元。资金量大，对市场有影响，行动有组织且投资水平高的，就是机构和游资。它们是市场风格和走向的引领者和定义者。

第二种是思维的二元。划分是机构还是游资，不是看出身和所在工作单位，而是看投资价值观和哲学，也就是交易思维。凡是以基本面和估值为交易核心的，无论其是基金还是个人，都是机构思维，属于机构的一元。凡是以情绪、热点和技术为交易核心，无论是散户、游资还是某些所谓的基金，都是游资的一元。

特别需要强调的是，这种划分不涉及褒贬和高下，仅仅是为了我们更好地交易服务。

为什么要做这种划分？

因为这更有利于我们观察和俯瞰市场。

第一，我们要清晰地认识到，无论谁怎么去呼唤和号召，或者去打击和强制，A 股永远摆脱不了二元。特别是，随着机构的壮大和某些媒体的鼓吹，仿佛情绪或者游资玩法就一去不复返了。但，情绪的或者游资的一元，在相当长的一段时间内，并不会消失。

本人浸淫股市超过 20 年，经历多次媒体的宣布：今后是机构市场，价值为主，游资和炒作一去不复返了。可事实上，每当这种声音最强大的时候，游资的一元就携带情绪而来。

最近的一次是 2020 年年底，机构抱团，很多人，包括某些游资自己也很悲观，觉得只有跟着机构才能投资，其他方式结束了。可事实上呢？2021 年春节之后，随着机构票的暴跌，游资和情绪的炒作如平地惊雷，如火如荼，诞生了像顺控发展这样的妖股品种。

另一个方面，我们也要清醒地看到，机构的一元也存在上述境遇。比如，随着 2021 年春节后茅台的暴跌，以及一些行业龙头的见顶下跌，很多人突然觉得所谓价值投资、所谓机构票都是骗人的。于是骂天骂地，说价值和赛道都是骗人的。可半年之后，也就是 2021 年下半年，大家不是清晰地感觉到，机构一元又重新夺回市场风格的主动权了吗？

所以，A 股的二元结构在相当长一段时间内的并存和交替现象不会改变。无论是多大权威和股神去宣判，无论经历多少次怀疑和犹豫，我们都要相信：机构之后，会是游资，游资腻了会是机构，就像夏冬之轮回一样。

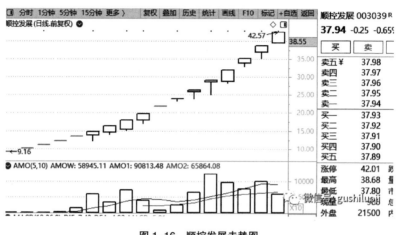

图 1-16　顺控发展走势图

第二，因变而变。

投资风格有时候不是自己说了算，而是看"天"吃饭。如果一段时间内主流票都是机构票，那我们必须加强对基本面的研究，多跟研究员去沟通，多看研究报告，多尊重产业、赛道和估值的逻辑。而如果市场在走情绪的逻辑，就喜欢炒概念和题材，流行空间身段卡位，那我们必须顺应游资的套路。

这种转变从理论上仿佛容易明白，但现实中容易糊涂。比如2020 年，很多游资放弃自己熟悉的风格，全面拥抱机构逻辑，结果机构票出货，但一些游资上瘾了，入戏太深，还是按照研究员给你的基本面思路去做，结果深套在某些"茅"上。

如果要做一个深刻的灵活的交易者，必须因变而变，要看清市场当下阶段是流行机构的一元还是游资的一元，然后在选股和交易上，主动拥抱当下流行的那一元。

第三，储备两套本领。

龙头战法是什么？龙头战法的定义千千万，但最不该的就是僵化。比如，把茅台和宁德时代当成唯一的龙头形式，或者把顺控发展和贵州燃气当成唯一的龙头形式。

我的理解，龙头应该是灵活的，应该是抓住龙头的灵魂和精神，而不是表象。那什么是龙头的精神？

一句话：谁当老大跟谁，谁强跟谁。机构主导的时候，要跟机构票。游资主导的时候，要做游资票。

我曾经在《龙头信仰》和《香象渡河》里分享过：龙头的本质是第一性，在第一性思维者眼里，贵州燃气和贵州茅台都是龙头的存在形式。

也就是说，龙头是一花三叶。

一花三叶是我在《龙头信仰》一书中提到的观点，用来表述龙头的三种存在形式，分别是：股权龙头、白马龙头与黑马龙头。后来，我把三种类型进一步概括为两种：价值型龙头与情绪型龙头。

真正的龙头交易者，应该具备两套本领：黑马龙头和白马龙头。

黑马龙头就是做情绪类龙头，就是纯游资打法。白马龙头就是做机构类龙头，就是在价值领域玩龙头思想。

　　需要特别强调的是，如果做机构龙头，就不要被情绪龙头套路绑架。比如，机构票是不按照所谓的卡位、身段和冰点之类套路去走的，而是按照赛道、估值、对标和基本面数据去走。

　　当然，如果做情绪龙头，也不要被基本面绑架，一旦市场选出龙头，就不要因为其基本面不好而大骂"垃圾股"，或者自己按照基本面再选一个。因为游资套路炒的就是情绪，哪里是基本面能定义的？

　　写到这里，我们稍微回顾一下最近一两年的二元结构变迁。

　　2020年伊始，疫情肆虐，上半年虽然偶尔有机构票，但整个上半年核心的风格是游资的一元，比如口罩股、疫苗股、呼吸机股、中药股、检测试剂股、粮食股、特高压股、抖音股、免税牌照股等，成为市场的主流。市场的核心玩法是概念、热点和情绪。而下半年，机构慢慢夺取了话语权，白酒、锂电池、太阳能以及各种"茅"，成为市场的核心。极致的时候，游资都开始怀疑自己的方法是不是永无用武之地了。北上广深各路游资纷纷去读研报，去找研究员，甚至开始去调研。

　　而2021年，特别是春节之后，机构票纷纷下挫，游资风格又开始抬头，医美、碳中和、二线白酒、ST摘帽、超跌垃圾股纷纷抬头。市场炒作不再以基本面为主，而是讲究身段、卡位和情绪阶段，出现了顺控发展这样的年度大妖股。最极致的情况是三峡能源，见图1-17，这种超级大盘股也按照情绪的走法，连续出现四个一字板，把游资的套路炒到癫狂。

　　三峡能源把上半年游资的套路推到极致，虽然其整体涨幅不如顺控发展，但凶悍程度、急不可耐的风格和逼空的气势，远远超过顺控发展。

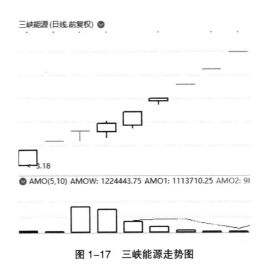

图 1-17　三峡能源走势图

当然，物极必反，随着物产中大（见图 1-18）连续一字跌停、齐鲁银行的 A 形下跌，游资的一元慢慢开始弱化。而机构的一元在不知不觉之中已经暗流涌动许久。以宁德时代为代表的新型产业，代表机构风格逐渐抢夺话语权。

物产中大开始，纯讲故事的套路开始受到伤害，恰逢此时锂电池主升浪如火如荼，机构的一元话语权越来越重。

在新旧风格交替的时间窗口，游资和机构都有各种的代表，但一旦机构的一元定性，那么我们就要做好另一套准备，并重新适应机构的打法。

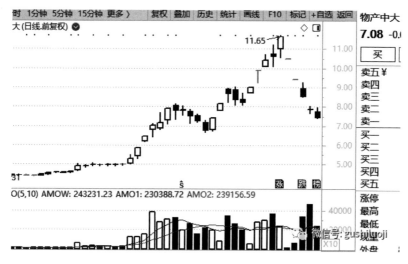

图 1-18　物产中大走势图

我们无法 100% 确定机构的一元会垄断下半年，如果机构的一元重新垄断市场，我们必须放弃情绪的世界观，弱化身段和卡位的思维，取而代之的是思考估值和对标，思考基本面正宗性和产业方向。同时，多拥抱趋势走势和头部企业。

这，就是我特别送给大家的关于市场的新思考。

下篇

机构和游资，其实是两种思维方式，虽然偶尔重叠，但分歧还是很大的。

我们操盘的时候，一定要搞清楚，当下是机构来定义市场，还是游资来定义市场。

谁的地盘，我们听谁的。

比如上半年，是典型的游资定义市场，所以碳中和和次新的炒作，几乎都不看业绩，也没有什么实的估值。

而年中之后，机构对话语权的把握越来越强，市场慢慢被机构定义。这种情况下，如果再不明白今天的市场是何人之天下，是难有大成就的。

就拿龙头的表现形式来说，在情绪资金的局势下，游资喜欢卡位和身位，龙头往往喜欢从一而终。而机构资金则喜欢按照对标和赛道来做，喜欢在一个赛道内轮动制造龙头。

这就是为什么最近稀土和锂电池的龙头喜欢轮动，甚至隔几天换一个。

而且，机构思维的龙头识别不是身位，更不是数板，而是看基本面预期差，看基本面数据。所以，在机构主导下，如果天天再去数板，就显得有点低维思维。

我多次分享过一个思维：龙头分为价值型和情绪型。二者的表现形式不一样，只有后者才数板，前者不但不数板，甚至连涨停板本身都可以不要。

前段时间，我写了几篇战略文章，很多朋友觉得"虚"，觉得"不实用"。其实，这只能说他的痛点还没有到战略的层面。可能还在纠结哪个战术，比如哪个板该怎么打，哪个仙人指路该怎么追。

事实上，战略并不虚，离我们也并不远。我曾经写过：最大的战略是"方向"。

　　其实，看清楚未来一段时间内市场是机构主导，还是游资主导，是拥抱机构还是拥抱情绪，就是选择方向，也就是战略。

　　看清楚这个方向再去寻找买点，追高也罢、低吸也罢，打板也罢、半路也罢，才更具有威力。

　　因为，没有什么比拥抱市场主流更重要。而这种主流，不仅仅是指赛道和标的，更指赛道和标的背后的定义者——机构还是游资!

Think big, think long

前几天在飞机上看到一本书，说有个企业家非常厉害，虽然身为企业家，但其实是最伟大的战略家和宏观分析大师。

为什么这么说呢?

因为这位仁兄在年轻的时候，得过一场大病。他在养病期间，看了几千本书，积累了雄厚的素养。

有朋友曾经怀疑他是不是看了那么多书，于是去请教他当时的主治医师，医生回答是。

别小看了看书，特别是在年轻的时候，记忆力和世界观还在塑造的时候，几千本书的价值是不菲的。

通过这几千本，这位仁兄悟出一个道理:

很多问题难，是因为格局太小。尝试把格局放大一点，很多问题就很简单。

这句话其实和张磊的话有点异曲同工之妙。张磊说：Think big, think long。

很多东西拉长一看，其实很简单。但有些人就不愿意，就是喜欢蜗牛角上争乾坤。

从战略上看，要么 think big，要么 think long。也就是，要么看大，要么看长，必须有一个。

如果看得小，看得又短，其实是很难把投资做好的。

哪怕是短线，也是看长做短。不能以短斗短。

如果有长或者大的思维，短期的逆向运动，反而会给我们交易带来机会。很多大逻辑的股票，我们要追求逻辑的不可逆反性，而不是天天猜测明天会涨还是会跌。

其实，对于没有方向的人，任何风都是逆风。

对于没有体系和独立思考的人，任何逻辑和资讯，对他都没用。

很多人不去深究事实和逻辑，只在乎能不能在第二天赚到钱。这种超级短视，会害人的。因为这追求的不是真理，而是利益。

对于这种朋友，其实不适合看任何研究报告和分析文章，只适合去跟"老鼠仓"。

如果稍微想进步，就应该改过来，在乎逻辑，而不是天天纠结得失。

—— 股价是资金推动的吗？不，是价值观！

"中国股市，全部是资金推动型"，这句话几乎是共识。那这句话对吗？

也对，也不对。

我这个观点肯定会遭到很多人的反对，因为我跟很多人的回答不一样，包括一些大人物。

且慢，请听我阐明我的观点。

言其对，是因为任何大牛股都离不开资金推动，无论茅台还是三峡能源，无论宁德时代还是顺控发展，离开大资金的兴风作浪，都是无源之泉、无本之木。

言其不对，是说仅仅认识到资金推动是不够的：不够彻底、不够究竟、不够底层。

资金只是股价上涨的直接原因，价值观才是股价上涨的根本原因。

这里的价值观指两种：

- 市场的价值观：一段时间内，市场认为什么值钱，什么就是股市的方向。
- 超级主力的价值观：市场主要玩家喜欢什么，漠视什么，他们对什么感兴趣，对什么不感兴趣。

如果认识到这种情况，就会明白：

- 同样两个股票上市，同样差不多的成交金额，为什么一个一直暴涨，一个一直暴跌。
- 同样成交金额的股票，为什么一个是长牛，一个是下跌熊股。
- 甚至同样一个席位去投入资金发动，为什么一个股票能启动，一个股票启动不了。

注意，我这里还假设技术形态和盘子市值差不多大小。

对呀，为什么会出现这种情况？

因为资金并非万能，并非投入资金股价就会涨，并非资金一推股价就能变成牛股，还要看该股是否符合市场价值观。

价值观才是股价背后深藏的那个神。

当然，没有量，没有资金，股价也不会涨。但仅仅从资金的角度去理解股价，未能深入"属性"的深处。深究资金背后的价值观，才是"李鬼"。

如果只认识到资金是股价的推动力，其研究和思考股市的角度一定是过分在乎 K 线、盘口、成交金额、量柱、形态等。

在乎这些东西并非错，但这些东西大多停留在"事实层面""证据层面"。

有人可能会问，事实、证据不是好东西吗？

当然是，但这些都是过于"硬实力"和"结果层面"的竞争，股市还有一个层面的竞争是"预期层面""偏好层面"的"软实力"竞争。

软实力往往是指挥硬实力的。

思考资金，本质上还是思考市场这个维度。思考价值观，是思考人这个维度，思考掌握资金背后的人的喜好，才能建立更强大的降维优势。金融市场的竞争，表面上是资金竞争，本质上是不同价值观的竞争。

为什么一个新股没有成交金额的时候，一炸板就有无数资金来？而有的股炸板却没有资金来？

我们不能等到"资金""龙虎榜""量柱"出来后，再去分析这个结果，而是在"资金"没有来的时候，分析到资金必然会来。

而这个"必然"，就只能靠价值观分析。

经常有人说要拿先手。怎么拿？仅仅看着资金，跟着资金，是无法拿到先手的。只有研究市场价值观，研究超级主力价值观，才能拿到先手。

因为如果你仅仅看着资金，往往是：敌不动，我不动；敌人动，我后手。

而如果深入价值观层面去做，往往能够：天地动，敌必动；敌动，我同步动，甚至我领先半步动。

我说的价值观才是股价真正的推动力，并非仅是用在拿先手这个层面上，而是对股价背后人作为终极因素思考的层面。

正所谓：

股价的背后是钱，钱的背后是人，人的行为是受人的价值观左右的！

技痒

辽沈战役的时候，有一句最出名的话：

我不要伤亡数字，我只要塔山！

是林彪说给猛将程子华的。这句话除了传递塔山很重要，也传递出战况紧急，塔山前线，千钧一发。而程子华最终打赢塔山阻击战，让人不得不佩服其精彩绝伦的战场指挥艺术和钢铁般的意志。

但就这样一位出色的名将，却因为"技痒"差点误了大事。

毛主席命令程子华把傅作义的部队分割在铁路线，特别是把傅作义的王牌心腹35军堵住，因为一旦35军回到傅作义身边，傅作义的底牌将大增，和平解放北平就难了。

主席把这个命令交给在塔山打了完美阻击战的程子华，这是一个极其重要的任务。

程子华当然也清楚这个任务的重要性，但他经过密云时，发现密云这个地方可以顺手拿下，于是想来个顺手牵羊。没有想到打密云时，耽误了时间，更麻烦的是惊动了傅作义，于是傅作义加急命令35军火速撤回北平。

主席知道后，非常愤怒。好你个程子华，不知轻重，贻误军机！

但此时已晚，该怎么办？

主席只有命令杨得志以最急行军，争取拦住35军的郭景云。

我看过一个纪录片，杨得志的部队在大冬天急速前进，几乎夜里不休息。遇到河流，有时候连桥都不架，直接蹚过去。纪录片中有个镜头，当士兵蹚河时，河水结着冰，很多士兵的腿都被划破了，有的甚至衣服都结冰了，即使这样也不能停，必须全速前进。有的士兵甚至掉队，冻在河里。如此不顾一切，才堵住 35 军。

好险！

如果程子华别去打密云，别耽误几天时间，也不至于兄弟部队这么苦，更坏的情况是险些没有拦住郭景云的 35 军，坏了平津战役的大局。（如果不是郭景云自己也犯个错误的话。）

有时候我想，程子华为什么一定要打密云？

密云有傅作义的宝贝？比如军火库？粮仓？或者其他？

难道程子华不知道急速行军的重要性？不知道 35 军如果回到北平会有什么后果？

我想都不是。

最主要的原因很可能是程子华刚刚打完辽沈战役，特别是在塔山阻击战上出色完成任务，让他对自己的战术非常自信，行军到密云，突然技痒，想来个顺手牵羊。

越有本事的人，特别是战术水平越高的人，越容易技痒。

我们做投资也是，懂得技术越多的人，买卖点越精彩的人，越喜欢用术，不用术就手痒。或者当"绝佳"的术出现时，不自觉地想骚操作一下。

就拿最近的某安来说，我有一个关系很好的游资朋友，有一天跟我埋怨：刚刚在上面做个 T，没想到 T 完买不回来了。

我问他，你为什么 T？他说太符合他做 T 的标准了，太完美了。

听完我无语。

还有一些朋友，明明知道龙头是谁，说好了要做龙头，但因为盘中另外一个股票分时或者形态太华丽了，动作太骚了，于是忍不住手痒去玩一把。结果回头一看，龙头涨停了。

此类例子不胜枚举。我们自己也经常忍不住会犯这种错误。骚操作经常耽误自己的正事。

那么，怎么改变这种情况呢？

一句话：以股票为中心，而不是以买卖点为中心。

我们要提前选好股票，从市场地位、人气、赛道与龙性反复思考。一旦确定是龙头、是核心，就死守不放，像狼盯着猎物一样紧紧盯着它，寻找一切出击的机会。而不是在市场上到处找华丽的买点。

一会看谁的竞价开得好，一会看谁的分时图好，一会看谁的涨停板板封得漂亮，一会又看谁的形态完美，等等。

只要把术放在首位，只要喜欢招式，就一定会在战术的汪洋大海里"酣畅淋漓"，而忘记了最主要的任务是在"最有生产力"的股票上做交易。

如果股票选错了，战术越华丽，骚操作越多，越容易耽误大事。

我遇到很多大佬，跟他们聊天时，发现他们技术很一般，有时候不自觉"洋洋得意"，觉得自己了不起。

但接触久了，才知道自己大错特错。真正高级的交易根本用不着那么多"技术"，甚至技术越多，越耽误对大机会的把握。迷恋术属于跑偏了。

只有到这个时候，我才明白，人和人之间的差别不是术的能力，而是战略能力。

也只有此时，我才更深刻地明白，战略这个词，不是空洞的概念，而是实实在在的、有温度的、离我们很近的一种存在。

特别是"将军走路不追小兔"这种战略。

捕鱼

估计很多人没有捕过鱼。

我的童年在乡下度过，有过捕鱼的经历，也可以说是童趣。关于捕鱼，我最大的感受就是找到好的鱼池，在捕鱼的旺季，而不是苦练捕鱼技巧。

这种经历让我想到股市。

很多人因为股票不涨、难赚钱就经常换方法。结果，方法换了一套之后，还是不赚钱，于是又换方法。我见过很多人，换过无数种方法，只要不赚钱就立即换一套方法。

其实，从我捕鱼的经历来看，如果没有鱼，换再多的方法都是枉然的。

问题不出在方法上，出在池塘没有鱼上，或者说鱼多少上。

这个时候，应该做的不是放弃自己捕鱼的方法，也许那个方法没有问题，而是应该等待池塘里有鱼。

当然，有人说，那不是还有某某某股能涨吗? 是的，再差的池塘也有一两条鱼，但我们这里说的是整体，是观大略。

其实，使用任何一种方法，持之以恒地努力，一两年都能掌握。但，如果一不赚钱你就怀疑方法，换方法，那么，任何一种方法，你都难以信任，都难以建立厚积薄发的积累优势。而且，容易陷入一种巨大的归因错误。

很多时候，不赚钱或者难赚钱，并不是你的方法有问题，而是根本就没有鱼。这个时候，要做的不是去换方法，而是等鱼期来临。

最害怕的是，本来你已经摸索到一套方法，如果持之以恒地优化，没有任何问题，但是因为鱼季没来，你却责罚、怀疑、动摇乃至抛弃、更换自己的方法，即使鱼季来了，你照样逮不到鱼，因为你很可能已经不相信任何方法了。

其实，你不是被方法伤害的，而是被没有鱼伤害的。

所以，该坚守的和该等待的，一定要分清楚。

高筑墙，广积粮，少打仗

当赚钱难、赚不到钱甚至回撤的时候，很多人都有换方法的冲动。

一会价值投资，一会技术分析，一会龙头，一会趋势跟踪，一会干脆抱团听消息，等等。

就像黑瞎子掰玉米棒子，忙得不亦乐乎。

其实，大家有没有想过，也许压根不是方法的问题，这个时候不但不应该放弃早就积累的方法，反而更应该去精进、优化方法。

当你想换成别人的方法的时候，也许别人那个方法也不赚钱，他还想换成你的方法呢。

记得 2018 年的时候，那时市场很冷清。我跟一个高人交流，他的一席话让我至今难忘。他说，市场不好的时候，不要轻易换方法，因为不是方法的问题。这个时候应该下功夫去把自己的方法优化和升级。如果来回换方法，亏得更多。

这段话我至今难忘。我把他的话总结为九个字：

高筑墙，广积粮，少打仗。

用通俗的话来解释就是：多磨炼内功，少出击，特别是不要重仓出击。

其实，市场越是差，越是难做，优化出来的方法越接近本质，越具有安全屏障。而市场越是火，总结出来的方法越容易变形。

不经历一场寒冬，任何方法都不具备深刻性。

丘吉尔说，不要浪费任何一场危机。

对于一个立志成长为伟大交易员的人来说，不要浪费任何一场"寒冬"，因为只有经过极度寒冷，才能升级出极度强大的方法论。温室的花朵，永远长不成参天大树。

注意，我这里说的是"升级"方法，而不是来回换方法。

是往下扎根，而不是四处挪窝。

不要为难术

很多人亏钱了总是觉得自己的战术有问题。

当然，亏钱肯定有战术的原因，但，我今天要分享的却是另外一个维度：也许不是你方法的问题。

怎么说呢？

很多人只要不赚钱，总是去怀疑自己的方法有问题，于是持续换各种方法，在不同的方法中当试验品。

此时，我要说的是，万一你的方法没有问题呢？

有时候，你不赚钱，压根不是方法问题，而是市场问题。

当市场不好的时候，所有的方法几乎都不赚钱，何必责备方法呢？

我举个例子大家就明白了。

在冷兵器的战场上，每个士兵都拿着武器，或刀，或剑，或矛，或锤。如果敌方的力量数倍于我方，自然很难取胜。此时，如果打败了，后退了，你能责备自己手里的兵器是错的吗？

是力量对比出了问题，而不是自己手里的兵器出了问题。

股市也如此，很多时候无法赚钱，并非战术问题，并非自己用的那个方法就低人一等，而是多空双方的对比严重不利于己。

股民手里的方法和战术，跟士兵手里的武器是一样的，它只是取胜的一个条件，不是根本条件。

根本条件是力量对比，是对大势的判断和利用。

当力量对比悬殊，当大势不在我方，你换方法能有什么用呢?

我见过很多朋友，只要不赚钱就怀疑自己的方法是错的，于是继续换其他方法。

比如，一进二不赚钱就换三进四，打板不赚钱就换低吸，龙头不赚钱就换补涨套利，妖股不赚钱就换白马价值股……

好像换个方法就赚钱似的。

当然，我不否认方法的重要性，我本人对方法境界的追求也是很用心的。但，当市场不好的时候，真的不是方法的问题。不要再为难方法了。

更不要以为换个方法马上就能赚钱。因为市场不好，换个方法也许亏得更快。

尤其不要成为不同方法的试验品。

如果要追求方法，我觉得把握大势就是最高方法。

在这个方法没有练成之前，其他方法都无能为力。

注

不要用战术去解决战略问题，也不要用法去解决势的问题。战术再华丽，也不能解决无米之炊的问题。很多朋友总是觉得方法有问题，但我觉得，不要过分为难方法，方法本身解决不了市场是丰盛还是匮乏的问题。

始知在势不在法

前面，我写了"不要为难术"。

核心思想是：当你不赚钱时，也许不是你的方法的错，而是没有势。当大势不支持你，什么方法都没有用。

我是想让大家站在一个比较高的维度上去思考一个问题：当你赚钱的时候，你以为是你的"技巧"和"法"为你赚的吗？

也许是。但，凡是技巧和法让你赚的钱，都是小钱。而真正大钱，都是背后的势让你赚的。

同样一种方法，比如弱转强、低吸反包、晋级卡位，其成败最大的因素并不是里面的细节，而是外面最大的那个"大势"如何。

不信，我们可以对比前几天和这两天，最大的区别不就是因为市场的"势"起了吗？

所以，当你彻底明白了这个道理，就应该知道，很多成败，其实在势不在法。

这也是我写"不要为难术"的原因。

并不是说我不在乎术，而是说，炒股那么多年了，如果还在术的境界，说明进步太慢。只有进入以势驾驭术的境界，才是高纬度的提升。

爱因斯坦说过：所有困难的问题，答案都在另一个层次。

所以，很多朋友用术中出现的问题，其实答案不在术，而在另外一个层次。

那个层次可能有多重境界，但至少有一重境界——势。

当然，也有人叫情绪，也有人叫气氛，也有人叫行情，还有人叫温度。其实都是一个意思，不在于怎么用词，而在于玩味其中之意。

这个意，我曾经还用"用力不用艺"表达过，也用"势的载体与表达"表达过。

我想，此时此刻，经历了 2022 年国庆前的暴跌，以及这几天的暴涨，特别是当市场火热的时候，大家更能领会这个意思。

也许此时此刻（注：大盘暴涨阶段），始知在势不在法。

精满气足

情绪是 2018 年之后才流行的一词，本意是更加深刻地清楚认识市场，划定好市场的阶段和状态。

但后来却越来越复杂，甚至有演变成一种新的"技术套路"的倾向。我很担心情绪周期重走当年的均线系统、指标系统的老路，把人再次缠绕进入一个复杂的指标世界。

所以，我觉得情绪应该走厚重、朴素的路，而不应该走指标化、套路化的路。

为什么突然在今天跟大家分享这个想法，是因为我最近很不理解很多朋友去硬做股票。明明市场弱得不得了，却一直去"头铁追高"，问起理由，他会跟你说一堆情绪的术语，比如谁助攻谁，谁是谁的小弟，谁又大单封死保驾护航谁，等等。

还别说，他的"理论"还都能自圆其说，但我总感觉哪里不对劲。

因为，我觉得无论任何理论，都摆脱不了一点，那就是：

市场好，多做，市场不好，少做。

不能因为有一个什么理论，就去挑战这个常识。

市场好坏，不需要用一个新的理论去证明，感觉就够用了。这种感觉用一个朴素的词来形容最好，那就是"赚钱效应"。

好的情绪，应该是赚钱效应好，应该是那种精满气足的感觉，像个小伙子。

不好的情绪，无论怎么用指标去做补涨和卡位，总感觉在凑数。

是的，情绪也需要指标和数据，但，这种指标和数据必须是天然的、自然的。一旦把它教条化，则容易为了凑数而凑数。

比如，龙头在上，你不是要板块效益吗，我给你造。于是人工搞几个补涨股，美其名曰板块梯队。

可是，我们明明能感觉市场很弱，那种板块梯队也掩盖不了骨子里的弱。

所以，我想来想去，发现不能简单地去数数（不但不能简单地去数板，也不能简单地去数小弟数量），必须从精气神儿的角度去感知市场的情绪和强弱。

好的精气神儿，就应该是精满气足，霸气侧漏。

而不好的精气神儿，总是试图去证明它还有补涨和小弟。

但，一旦进入"总想去证明"的阶段，即使符合情绪周期的所有理论，也免不了凑数嫌疑。

而凑数本身不正是弱的表现吗？

所以，看情绪状态，不要仅仅看数量，不要被别人拼凑的所谓梯队所迷惑，而应该高度重视质地，重视每一个小弟的精气神儿。

看看内在是否都精满气足。

笨蛋，问题在"生产力"！

大约在两年之前，有一个股票叫东方银星，后更名为庚星股份，因为暴涨被列为监控名单。之后，该股就横盘滞涨，甚至逐步下滑。见图 1-19：

图 1-19　庚星股份走势图

彼时，很多利益相关者通过各种舆论来引导大家的"认知"：该股不涨是因为监管，一旦移除监控名单就开始暴涨了。

很多人信以为真，不做任何风控任由股价下跌。而每一次下跌，每一个大阴线，他们内心都会安慰自己：是因为监管。

如果没有监管，如果解除异动监控名单，这个股就暴涨了。

结果，移除监管名单后，这个股不但没有暴涨，反而开启了更大的下跌之旅。

原来，放开监管，是为了主力出货，并不是为了股价上涨。主力觉得接盘的多了，就可以开启更大的下跌了。监管不是限制了涨，而是限制了跌。

这给很多人上了生动的一课。

这个事情已经过去两年了，两年之后我才愿意拿它当成案例来讲。因为里面很多人是朋友，他们当时还持仓，如果我那个时候讲，会影响他们的仓位和筹码，现在讲已经不会影响到任何筹码和仓位了。

我以为，这件事情会给很多人留下教训。但没有想到，很多股民的记忆真的只有 7 秒。

很明显，一个股票大的上涨和下跌、大的趋势性和行情，问题并不在监管，而在它是否具有"生产力"！

10 厘米还是 20 厘米，有价格笼子还是没有笼子，在监控名单之内还是移除名单，这些东西是会影响到股价，但，它的影响只在"定量"级别的，不到"定性"级别。

所谓定性级别，就是大行情、大波浪、大主升。

定性级别的行情，一定来自"生产力"，而不是边边角角的"生产关系"。

所谓"生产力"，是一种形象的比喻和说法，是指股票上涨的根本动力。这种动力一般来源于两点：

其一是基本面的巨大裂变和革命；
其二是行情和氛围的攻城拔寨。

一个股票，只有具备了这两点中的一点，才能启动真正轰轰烈烈的行情。记住，是真正具备，而不是"小作文"式的具备。

只要一个股票具备上述两点，任何监管都不会影响它上涨。监管可以改变它的速度和节奏，但是改变不了方向。

如果不具备上述两点，放开监管反而会跌得更快。

很多人不去从根本上思考这种"生产力"层面的逻辑，却热衷于在"生产关系"层面游荡，其实是舍本求末。

我们可以举一个最经典的例子：房地产。当城市化如火如荼，房地产供给小于需求，房地产牛市如火如荼的时候，限购和限贷限制住房价上涨了吗？而当城市化进程基本结束，人口红利几乎没有，房地产行情的"生产力"性质因素消失的时候，你放开限购限贷，能让房地产再重回牛市吗？

这个时候你就会明白：问题在生产力！

股市也是一样。任何股票的大行情，都是生产力赐给的，都是氛围的产物。监管和监控顶多会影响节奏和速度，但影响不了方向。

当股票足够好，或者市场氛围足够好的时候，任何监管监控名单都改变不了股价的走势。

我们平时思考股票，应该把足够多的心念放在"生产力"因素上，思考股票涨跌的原动力，而不是与监管斗智斗勇、来回踩点。股价大级别的运动，一定是"生产力"的函数！

从这个层面看问题，才是真正的大局观，也才是真正的透过现象看本质。

—— 机会从来都不缺，只是有些是我们的，有些不是

什么是机会？

有人觉得能涨就是机会，能挣钱就是机会。

其实不是这样的。

任何一个股都有挣钱的时候，难道都是你的菜？

显然，如果把涨了、挣钱了定义为抓住机会，必然会沦为机会主义者，沦为没有任何原则的交易者。

真正的机会是符合方法论且能取得丰硕成果，即程序正义且结果强悍!

一个人的行为，无论是投资，还是做其他事情，都由两部分组成：一部分是方法论系统，就是体系、方法以及纪律；另一部分是结果系统，就是后来如何。

如果一个人过于强调前者，而不去想后者，往往会沦为教条主义，或者空谈者；而如果过于强调后者，淡化前者，往往会沦为疲于奔命者，可能终身为了蝇头小利而得过且过。

真正的大家，是二者结合，既强调方法系统的严肃性和科学性，又强调结果的终极性。

作为凡俗，往往特别渴望后者，有奶便是娘。而真正的大家高手，无不是先在前者上通透悟道，才在后者上笑傲江湖。

虽然有的人不说，有的人不善表达，但凡是真正取得大成就的，

无不是"心中先有天地"，这个天地就是章法，也是系统，也有人把它说成认知，还可以说成"道"。

能不能扔掉这个"心中的天地"，谁涨追谁，见什么挣钱买什么？

当然不可以，如果可以，就没有人去悟道了。

终极的道，也许无法说出，但道的起步一定是从有所为、有所不为开始，从放弃很多机会、只做自己能把握住的机会开始。

股市浩如烟海，神秘莫测，大部分情况下的上涨和下跌，无法精准解释，更无法踩准。面对这种情况，只有放弃。放弃掉绝大部分眼花缭乱的东西，只取最后那一丝丝我们能看懂的部分，然后只在"那一部分"里去交易！

"那一部分"就是我们的能力范围，就像一个企业的经营范围一样。坚守在那里，反复耕耘，才能在最终的结果上傲视群雄。

最可怕的是，没有自己的"那一部分"，或者不愿意只在"那一部分"耕耘，放纵欲望四处游荡，胸中无天地，眼前遍地是机会。

市场随随便便扔给你一条咸鱼，都能轻轻松松把你拖到水里。

到最后才明白，机会虽然很多，市场也从来不缺机会，但只有很少是属于我们的。

在这"很少"之中，也不是唯结果论。即，不是用结果好坏反过来定义机会，而是必须首先符合我们的方法和体系，再去思考机会，才有意义。

机会不是以结果论，而是以原则论。没有原则的机会不是机会，只能是咸鱼。只有原则内的机会才是机会。

—— 不等待

我们都知道，等待是优秀的品质，本文却来强调"不等待"，有没有写错？

没有！

我就是说事物的另一面：不等待。

写下这个标题之前，我曾想用其他标题，比如：

杀伐果断

抢占先机

速度就是一切

……

但后来都放弃了，还是用"不等待"这三字更直白。

我们知道，办大事需要等待，好的机会也需要等待，等待的重要性、耐心的可贵，毋庸置疑。

我不否认"等待"的价值。但，很多人只能认识到"等待"的价值，却对"不等待"的价值缺少足够的认知和重视。"不等待"被视为急躁、毛糙、不耐心的表现。

事实上，等待重要，不等待也重要。时不我待，抓住稍纵即逝的机会往往比善于等待更重要。

有人说，二者不是矛盾的吗？

其实不矛盾，等待重要，不等待也重要。且听我慢慢道来。

从哪里说起呢？那就从战神粟裕说起吧。

提起粟裕，军迷都喜欢拿他跟林彪比较。林彪打仗的特点是追求"确定性"，也就是不冒险，喜欢等，等到一切有利于他再出手。比如，攻打锦州之前，林彪曾反复犹豫，甚至在去葫芦岛的火车上，林彪想突然放弃攻打锦州。原因是不符合他的"确定性"原则，蒋介石增兵了，林彪觉得没有十足的把握。用他自己的话说就是"准备了一桌菜，来了两桌客人"。

很多喜欢林彪的军迷于是得出结论，要打胜仗，就需要耐心，要会等待。这种总结对不对呢？只能说对一半。

伟大的军事家，既有善于等待的一面，也要有分秒必争的一面。粟裕，就非常具有这种品质。

前段时间我恰好看《粟裕传》。其实我以前就看了大量关于粟裕的文章和纪录片，但这次看这本书，还是有很多细节触动了我，其中一个细节是关于方志敏和粟裕的。

当时，粟裕奉命组建抗日先遣队，北上。队伍里就有方志敏，还有刘畴西。蒋介石派重兵围攻他们，领头的是王耀武、俞济时。当时发生了一场谭家桥战役，战役中，敌方力量数倍于我方，战斗的结果很不理想。后，粟裕建议带领大部队撤远一点以确保安全。但率领大部队的刘畴西不听，他的理由是人困马乏，过于疲劳，需要安营扎寨，就地休整一夜再撤。粟裕说不能休整，必须马上行军，万一被敌人包围就危险了。当然，这是站在粟裕的角度。如果站在刘畴西的角度，他可能觉得粟裕过于急躁，如果不休息好怎么能打仗？再说当时已经天黑，已经行了那么远的路，休息一晚等第二天早上精力旺盛再出发岂不是更好？特别是那个时候，粟裕他们孤军深入，情报不发达，粟裕也不可能确定当晚敌人就有动作，他的决策很多是战场直觉和预判。当时谁也说服不了谁，最后粟裕决定，刘畴西率大部队休整，粟裕和方志敏率领一小股部队先行。

于是方志敏和粟裕带领一支 800 人的队伍翻山越岭，连夜赶路。而刘畴西率大部队原地休息了一夜。

也就是这一夜，改变了命运，刘畴西部被敌人围了个水泄不通。

后来粟裕和方志敏听到后方的炮火，知道大部队被围住了。方志敏想起昨晚的事情，长叹一声，久久不语。

此时粟裕又向方志敏提出，此时此地依然很危险，他们带出来的一小股先头部队也要赶快撤离，否则自身难保。而方志敏同志则当即决定，让粟裕率领先头部队立即前行，自己等大部队，后来甚至要折身返回，去接应大部队。于是粟裕指挥先头部队急行，冲破全部封锁线，安全抵达闽浙赣苏区，而方志敏同志，则身陷重围。

我还清晰地记得，读到那一段，有无数个关于"等"的字眼，有时候是争论，有时候是决定，而对等与不等的处理，造就了两个不同的结果。

粟裕的军事生涯中有无数个等还是不等的情况。

记得有一次，粟裕的一小股部队被围困在一个山头，敌方兵力数倍于粟裕。此时此刻，很多人建议粟裕固守待援，可是粟裕坚决反对。粟裕说不能在山上等，一旦敌人知道我方兵力少就危险了，必须趁着敌人不知道虚实，立即冲出去。于是粟裕带着警卫发起了反冲锋，居然冲出一条血路。如果粟裕选择在山头上等待，不知道命运会如何。

最重要的一次是淮海战役。本来中央确定了一个发动淮海战役的时间，但粟裕根据战场情况改变了计划，须知那是中央的决定。粟裕的理由是，如果再晚 4 个小时，仗就不好打，于是向中央进言，提前发动淮海战役。

后来，淮海战役比预计时间提前了两天。

粟裕这种当机立断，抓住战机的"不等待"，多次帮了他。

不止粟裕，还有很多军事家都有这种品质。当我看多了军事战役，我发现，等待是好的品质，抓住战机不妄等，也是好的品质。等待和不等待，不是一对矛盾。伟大的军事家，既善于等待，也善于当机立断，不浪费一秒钟的时间，不妄自等待。

这方面让我印象最深刻的就是蒙古灭金之战。作战双方，一方是金国的不世名将完颜陈和尚、完颜合达等，另一方是成吉思汗最出色的儿子拖雷和名将速不台，此战之经典和诡谲，每每让我唏嘘感叹。

这一战叫三峰山之战。

当时，金国参战兵力有 15 万人，而拖雷率领的蒙古军才三五万，地点又发生在金国国内，有主场优势。完颜合达和完颜陈和尚率领的金国部队把拖雷的蒙古军围困在三峰山的主峰。

我们知道，蒙古兵是骑兵，马匹善于在运动中冲击，而围困在山上对骑兵绝对不是好事。特别是金国有 15 万之众，把山围得水泄不通。蒙古军一度很危险。

如果金军不间歇轮动式进攻，依靠人多优势，蒙古那几万部队绝对顶不住。但就在即将攻破蒙古军山头那个的傍晚，金军高层将领一致决定，休整一晚，第二天早上休息好后发起总攻。

也许金军高层觉得蒙古军被围困山顶已是瓮中之鳖，早一天收拾和晚一天收拾没区别。

殊不知，战场瞬息万变。

在占据绝对优势的情况下，如果不利用优势在第一时间把对手赶尽杀绝，就是一种重大的战略失误。

那一夜，就在金军休整准备第二天进攻的那一夜，仅仅是一夜，战场发生了变化。

天降大雪，没完没了。

雪覆盖整个战场。

《金史》里写道：须臾雪大作，白雾蔽空，人不相觌。

也就是说面对面都看不见，这样大的雪相当罕见。

蒙古人由于长期在北方苦寒之地，特别耐冻，他们的衣服很多就是动物的皮毛，仿佛天生就是为寒冷准备的。而金国，当时统治的其实是中原地区，由于长期生活在温柔富贵之地，早已经不耐严寒。当时的三峰山，就在今天河南省境内。而蒙古人长期作战的地方是欧洲，是俄罗斯，那里下大雪是家常便饭。

大雪、大寒，瞬间改变了战场上的优势对比。拖雷率领的蒙古军顿时斗志昂扬。此时的拖雷和速不台可是连一分钟都没有浪费，趁着大雪发起了冲锋。

这场战役中，拖雷用了经典的围三阙一战术，也即是三面都布满军队，只留一个缺口不设防，故意把敌人引导缺口方向，然后再屠戮。

金军彻底崩溃了，像疯了一样沿山间缺口向禹州逃窜。《金史》说金军遂溃，声如崩山，诸多名将如完颜合达、移剌蒲阿、完颜陈和尚、杨沃衍、樊泽、高英、张惠先后战死。拖雷大获全胜。这也是军事史上非常著名的围歼战。

这场战役很多人都知道结果，但深挖其中细节的人不多。其实这场战役中，战略优势曾多次逆转。有时候优势在金国，有时候在蒙古。假设，我是说假设，当优势在金国的时候，如果完颜家族能够抓住战略优势一鼓作气，也就没有后来大雪什么事了。

特别是把拖雷围困在山上的那一晚，完颜合达怎么不抓住一切机会连夜攻下？为什么要休息一晚？我至今想不通。

也许你说士兵很困很饿，但你困的时候，敌人也困。步兵相对骑兵，最大的优势就是把骑兵围困在一个狭小的地带。而当实现这个战略优势的时候，为什么白白浪费掉一夜？

据史书说，那一夜，拖雷让巫师祈雪。无论是否真实，至少拖雷没有浪费一分钟。

等待重要，不等待也重要。

不仅仅战争如此，很多领域也是，前段时间看《功勋》，看到袁隆平小时候他妈妈带他逃难，曾经有个场景让他一生难忘。那时正值日寇侵略中国，日本的飞机和炮弹经常乱飞乱炸。但就在狂轰滥炸之下，袁隆平看到很多农民冒着炮火插秧。不懂事的小袁隆平就问妈妈，为什么他们不改天再插？他妈妈回答说，天时不能误，农民活的是时令，人误地一时，地误人一年，不能等。

等待机会重要，机会来临时分秒必争更重要。

很多人受到一些心灵鸡汤的"洗礼"，特别在乎等待，几乎人人都会为等待和耐心说上几句赞美的话，可是对机会来临时不等待的狼性狠劲，则缺乏足够认知和精力倾注。

解放战争的时候，记得毛主席曾说过一句话：抗日战争急不得，解放战争拖不得。

为什么？

抗日战争急不得好理解，因为中国和日本相比实力相差太悬殊，慢慢打消耗日本的有生力量，达到把日本拖垮，以时间换空间打持久战，所以急不得。

那解放战争为什么拖不得？

因为二战结束后，美苏一旦把各自的事情处理好，插手中国，就难办了。看看历史上的南北朝鲜、南北越南、东德西德，就知道我们的解放战争拖不得。

拖不得就是主动抓住战机去打，不能总是等。所以，回到本文开始写的林彪和粟裕，为什么主席催着林彪去打锦州，为什么粟裕那么受主席重视？要知道，粟裕打的很多仗，都是主动抓机会打的。在等和不等之间，林彪和粟裕可谓给予了经典的诠释。

平时看了太多的心灵鸡汤，特别是劝人等待的文章，今天我反其道而行之，写了一篇不等待的文章。希望大家全面理解，不要曲解了。

其实，若说不等待，最大的对象应该是人生。趁着青壮年，时不我待。应该在激情和体力都旺盛的时候，抓住一切机会去奋斗。

千万不要空等待，白了少年头！

什么时候"等待"？什么时候"不等待"？

鸿门宴上，范增和众多谋士都劝项羽杀了刘邦。但项羽没杀，放走了刘邦。

每当想起那个历史瞬间，我都喜欢去琢磨项羽当时的内心世界。

记得上大学的时候，跟同寝室的同学一起看《鸿门宴》，看完之后我们为这个问题讨论了大半夜。

有位仁兄的观点比较独特，他说，项羽内心也许是这样的：我今天可以杀你，明天照样可以杀你。放了你没有什么大问题，哪一天如果我想杀你了，再去杀你，依然不费吹灰之力。没有必要一定在今天杀。

我觉得他的观点有一定道理。项羽超级骄傲和自信，觉得自己那么强大，刘邦那么弱小，杀他随时都跟碾死臭虫一样容易。

可是项羽不明白一个道理：强弱是会变化的。强大不可能永远站在你这一边。

这就是涉及本文要讨论的一个重要问题：什么时候要等，什么时候不要等。

我的观点是：处于优势时，不要等；处于劣势时，必须等。

鸿门宴上，刘邦处于弱势，刘邦不能急，必须等，一点野心都不能暴露。而项羽处于优势，他应该去做他该做的一切。

一件事情，当你必须要做的时候，如果恰好此时你拥有主动权，最好立即去做，一刻也不要等。因为当你被动的时候，可能再也没有机会去做。

回到股市也是一样。

前几天我写过一篇文章《不等待》，引来很多人跟帖和讨论。

经常看我文章的人应该知道，我写文章一般会针砭时弊，针对某个问题纠偏，有时候会特别强调，可能会用力过猛。

因为很多人太强调"等待"了，以至于不分场合、不分情况地就把"等待"当成一种美德，见到重大机会都磨磨叽叽，错失很多良机，于是我写了那篇《不等待》，用意是以偏校偏，用猛药治沉疴。

而本篇，我们可以静静地来思考另外一个问题：什么时候等待？什么时候不等待？

在股市里，以下情况必须等待：

市场很弱的时候；

自己看不懂的时候；

运气差的时候。

而另一些时候则不需要空等待，必须雷霆万钧：

市场强的时候，俗称赚钱效应好，周期上升；

出现超级龙妖的时候；

市场风格符合自己口味的时候；

运气好的时候。

等和不等，并不取决于自己的喜欢，而是取决于优势在我还是优势在敌。

有时候市场很好，赚钱效应也很疯狂，比如 2021 年年初碳中和、年中锂电池，必须把最大的勇气和最猛的拳打出来。但很多人在那里却叽叽歪歪，那个时候，浪费一分钟都是对市场的犯罪。

而另一些时候，市场冷清，根本没有机会，这个时候就应该等待。因为空头，也就是我们的敌人占优势了。

在我的系统里，还有一种情况不能轻易放过，哪怕稍微冒一点风险也要去做，那就是大妖股现身的时候。

如果通过反复推演，最大回撤不超过 7 个点，但是一旦做对就可能是一个大妖股的时候，我一般不会空等。

因为龙妖是那种哪怕你犯一点错误，也值得去参与的品种。

当然，这种时候不多。

所以，我一般在市场好的时候，周期支持的时候，大胆干。一旦市场弱了，我不占优势了，我就等。

等与不等，看的是优势对比。

当我们掌握战略优势的时候，千万不要浪费了自己的大好时光，空等待。

—— 我分析股票的重要思维：主要矛盾

人生是有主要矛盾的，比如：

童年时期主要矛盾是身体；学生时期主要矛盾是求学与求知；然后，人生的主要矛盾是爱与异性；再然后，人生的主要矛盾是事业与功德；老年后，主要矛盾又回到身体。

当然，并不是说其他事情可以不顾，只解决主要矛盾，而是说，一个年龄阶段有一个阶段的主题，如果这个主题没有解决，其他问题解决得再好，也是枉然。

我记得路遥的《人生》一书，扉页上有这样一句话：

人生的道路虽然漫长，但紧要处常常仅有几处，特别是当人年轻的时候……

这句话非常对，不过，我觉得这句话还可以引申：

人生有很多选择，但每个阶段都有一个最要紧的选择，如果最要紧的那个选择错了，你的其他选择再正确，往往也会过得很糟糕……

这种思想，就是主要矛盾思想。

我在这里不是给大家谈人生，我是通过人生的这种思考，来谈主要矛盾，来谈我们投资中的一种重要思想和逻辑。

主要矛盾就是最需要解决的那个问题。

股市不是孤立存在，它是现实社会在资本市场的投影。股市的主要矛盾其实源于现实世界的主要矛盾。

投资最大的道并不是存在于股市理论中，无论它是波浪理论还是资产资本模型，无论它是技术分析还是价值投资，这都是次逻辑。最主要的逻辑，是社会上的主要矛盾。

比如，战争时期，最主要的矛盾就是打赢敌人，那么所有能够支持打赢敌人的产业链，都是投资的核心标的。

再比如，资源紧缺时期，最主要的矛盾是资源的占用与利用，哪个企业掌握了这一点，哪个企业就最值得投资。

而太平盛世，大家吃喝玩乐，哪个企业最能满足人们吃喝玩乐的欲望，哪个企业就最值得投资。

这就是军工股、有色金属股以及消费股的逻辑，这就是洛克希德玛、江西铜业、茅台、可口可乐能在其时代背景下走牛的最大理由。

如果不从这个角度去看投资，也许你战术很对，但战略会错得一塌糊涂。

回顾我们 A 股：

2006 年开始，社会上的主要矛盾就是"人与房子"的矛盾，地产股、银行股、白色家电以及其他为房地产配套的股，成了这轮主要矛盾的最大受益股，所以它们长期走牛；

几乎与此同时，社会还有一个主要矛盾存在，那就是现实世界与互联网世界的矛盾，能把这对矛盾处理好的公司，必将成为伟大的公司，这就是阿里巴巴、腾讯、滴滴被资本追捧的原因。

　　当然，超级矛盾之下，有小矛盾；大周期矛盾之下，有短周期矛盾。

　　比如，能源领域就存在传统能源石油与新能源之间的矛盾，新能源投资逻辑就是在这条线上成长起来的。什么锂电池、氢能源，无不是为了这对矛盾生的蛋。

　　再比如，特朗普抑制中国的核心高科技，这就激发了自主替代与依赖美国的矛盾，所有的芯片企业、5G 企业以及软件、人工智能等企业，正是这个主线的产物。

　　其实，主要矛盾还有更小的，小到一两个月，或者半年，这种就是主题投资的热土。

　　比如，疫情期间，凡是有利于解决这个主要矛盾的企业，都是我们重要的投资标的，比如：口罩股、医药股、在线办公股、在线教育股……

　　所以，投资要升维到这个境界。

　　不要天天沉迷于打板呀、情绪呀、MACD 呀、量柱呀这些东西。并不是说不需要术，而是不要沉迷于术，不要只低头拉车，不抬头看路。

　　有道无术，术尚可求。有术无道，止于术。

　　最大的道，就是社会的主要矛盾。紧盯着主要矛盾，投资才能不偏离主线。

　　读到这里，可能有部分读者朋友会"失望"，因为他们希望得到

"独孤九剑"，比如怎么看 K 线，怎么看均线，什么样的模型最好，什么样的量最佳，等等。

其实，这部分内容属于"格物致知"层面，大家想学很容易，你去新华书店，几乎 90% 的股票书都在教这些。我在这里主要谈"正心诚意"层面，谈大家平时不去深入思考的层面。

具体的术其实很好学，无论是哪个指标，哪个形态，那种估值方法，一个星期基本都能学会。

关键是"此心何安"？

山中贼易破，心中贼何以破？

—— 股价是"主要矛盾"的晴雨表

第一次知道"主要矛盾"这个词，是在高中政治课上。不过，那个时候是从纯知识的角度去理解。

后来踏入社会，越来越从现实中感受到"主要矛盾"的厉害之处。说一个让我体会最深的吧，那就是买房。

对于80后，特别是从农村走出来的，购房的压力和痛苦是常人难以想象的。特别是那些年，房价天天猛涨，媒体上也天天看到房价暴涨的消息，无时无刻不刺激着神经。那个时候，买房就是很多人的主要矛盾，也是社会的主要矛盾。

整整一代人都围绕着购房而努力。那个时候，有个电视剧反映了这种社会矛盾：《蜗居》。

彼时，我才算真正体会到什么叫"主要矛盾"。

当然，这里的"矛盾"不是简单的家长里短语境下的矛盾和冲突，而是描述一种失衡的状态和社会焦点，一种对立与统一的关系。

从那个时候开始，我就思考主要矛盾对我们生活和经济的影响。我发现，这种社会主要矛盾给很多民众带来压力的同时，但却为某些行业带来繁荣，比如房地产相关行业。

据统计，中国那个时候的富豪，绝大多数与房地产有关，城市里的富裕家庭，很多也与炒房、拆迁有关。

也就是说，在大部分人那里体现为主要矛盾的地方，却是另一部分人发财致富的地方。

从此，我看待社会主要矛盾就不是简单地从焦虑和情感角度了，而是超然地从社会整体的经济运行去看。

特别是我做投资之后，更发现了这个秘密。

还说回房地产，就在房价给社会带来了普遍压力和矛盾的同时，房地产相关股票却迎来了持续多年的牛市。

房地产股、水泥股、家电股、装修股等，凡是被房地产拉动的行业，都随着房地产的飙升而飙升。

至此我算明白一个道理：社会主要矛盾就是资金市场的角逐地。哪个领域是社会主要矛盾，哪个领域就容易诞生牛股。

注意，这里我们先不要进行道德判断，因为我对房价进行了无数年的道德判断，结果还是无助于我买房子。所以，还是进行事实判断。

从事实角度来看，某个领域体现为社会主要矛盾，那么该领域相关企业就有大展身手的机会，资源机会集中在这个领域，股价上涨不足为怪。

另外，大家不要混淆了一个因果关系。资本市场和股价，只是这种矛盾的反映，而不是这种矛盾的制造。

如果这样思考，我们就会得出一个认知：

股价最容易反映社会主要矛盾，或者说，股价（特别是短期股价）是主要矛盾的晴雨表。

当我们有这样一个认知的时候，就可以大胆地反向使用：

一旦发现什么是社会的主要矛盾，那么我们就立即去做这个领域的股票，在这个领域里选龙头股。

比如：

中美贸易摩擦那会儿，中兴通讯被断供芯片，孟晚舟事件，整个舆论的焦点和矛盾都聚焦中美贸易摩擦，那么芯片和稀土就是那个时候的主要矛盾，相关股票就成了资金市场重点关照的领域。

2019 年底，武汉疫情暴发，大家第一次集体戴上口罩，那个时候的主要矛盾就是抗疫，而抗疫的第一步就是大家都戴上口罩，所以口罩股一飞冲天。

而当疫情管控放开时，最需要的就是各种药物，所以我们看到药品股成为一段时间的核心。

很显然，是主要矛盾，而不是其他技术指标到位了，才让药品股成为那时的焦点的。

一个赛道也好，一个股票也好，只有当它与主要矛盾发生关联的时候，才最具有短线爆发力。这个逻辑大于任何所谓的战术，比如 K 线、均线、模型、指标，也大于所谓的数板和情绪。

大逻辑管小逻辑，主线管个股，而主要矛盾就是大逻辑，就是主线背后的牵线人。

紧盯主要矛盾，投资才能不偏离主线。

站在这个高度，投资才能纲举目张、一览众山小！

注

有以下三点需要特别强调。

西方的理论是，股市是经济的晴雨表，我这里借用这种表述，阐述了股价是主要矛盾的晴雨表。注意，这里说的是中短线股价，而不是长期。长期股价，我一直认为是企业盈利的外化。

这里的矛盾，是哲学层面的表述，是指一种失衡状态，一种对立和统一的关系，并不是世俗世界里的仇恨和人际不和。

股价反映主要矛盾，并不制造主要矛盾，应该搞清楚关系。本文是事实判断，不是道德判断。希望理解。

—— 什么才是大级别题材？答：五个共振！

人和人不一样。

有人是百亿级别的富翁，有人是一亿级别的，还有人是千万级别的。有人名垂青史，彪炳史册；有人过眼云烟，沧海一粟。

这就是级别的差异。

股票和股票也有级别之差，比如有的是长达十几年的牛股，而有的在 ST 和退市的边缘徘徊。

而股票背后其所属的赛道、行业、题材，也有级别。有的是朝阳行业，有的行将就木。

正是因为有级别的存在，我们才需要有战略思维，而不仅仅是见招拆招、疲于应付。

今天，跟大家聊聊题材的级别。

无论是主题投资，还是情绪投资，都很看重题材的级别。那么，什么是大级别的题材，什么是小级别的题材？或者说，用什么来衡量级别？

我的答案是：五个共振。

哪五个？

第一个共振：一级和二级共振

我们已经上市的股票交易，叫二级。风投投入的，还没有 IPO 的，那种叫一级。如果有一个题材，不但二级市场在讨论，在炒作，一级市场同时也在热议和追捧，这就叫一二级共振。一旦出现这种情况，那么妥妥的，这个题材的级别就比较大。最典型的是当年的互联网+。二级市场热很常见，二级市场几乎每周都有几个热点，但一级市场相对比较严肃，不可能每周都有几个热点。一级市场对基本面挖掘得比较早，往往是一级市场热了很久，二级市场才跟着炒。但，如果有一个题材比较新，一二级同步在追捧，那这个题材就是大级别的。

第二个共振：中美共振

中美两个国家，代表最大的发达国家和最大的发展中国家，一个技术先进，一个应用先进和场景多。中美的新生事物，基本上就可以代表全球。如果一个题材，美国在追着炒，中国也在追着炒，那么这种题材比 A 股单独热炒要高级很多。以前，都是美国先炒一个题材，三个月或者半年后 A 股跟进，A 股比美股慢一段时间。但随着互联网发达和信息发达，特别是随着大家对中美联动逻辑的认可，这个时间差在缩小，甚至出现同步炒作。这种情况，一般都是大级别题材才可以做到。

第三个共振：机构、游资与散户的共振

一般而言，投资主体之间有歧视链，公募看不起私募，私募看不起游资，大家一起看不起散户。为什么？因为上一个主体觉得下一个主体不讲价值，不讲基本面，在瞎炒。我们经常看到，一个题材如果只有散户和游资在折腾，往往无法持续，因为缺乏机构的认可度，没有超级资金进来。但，大家想过没有，如果一个题材，公募、游资和

散户都认可，都去炒作，会是什么样的壮观场景？我曾经记得，当时炒作芯片的时候是这样，炒猪肉的时候是这样，炒 OLED 的时候是这样，炒作碳中和的时候、炒锂电池的时候，都是这样。结果，这些题材的生命力和持续性最强。所以，我们只要发现一个题材，能够统率不同的投资主体，那么这个题材就可以赋予大级别的定性。

第四个共振：时间共振、周期共振

所谓时间周期共振，就是题材来的时间是市场低点，是人心思涨的时候，这就是好的共振。如果题材来的时候是市场高点，比如5000 点，就是不好的共振。比如去年元旦左右，市场跌出很大的空间，人心思涨，那个时候来一个信创题材，就恰如其时。

所以，我们看题材不仅要看内容，还要看来的是不是时候，是不是同时符合周期规律。

第五个共振：政策共振

政策共振就是政策支持，而且政策不断出台，符合国家导向。有的题材是瞎炒，政策会打击，炒作容易夭折。而有的题材，政策不断给予背书。这种题材，往往会是大级别。这些年，政策共振的题材有一带一路、新能源、碳中和、自主可控等等。

以上五个共振，就是我思考级别的维度。需要说明的是，很难有一个题材同时具备五个共振。常见的情况是，某个题材只具备其中几个共振。这种情况下，就需要灵活定性和取舍。

以上五个共振中，我认为首先应该思考的是第三个和第四个。

有没有一种情况，以上五个共振同时来临? 有! 我印象当中是 2012 年以后的互联网，还有 2006 年后那段时间的房地产。所以，那是超级的题材。

我们常说，投资要等待。等什么? 其实就是等待尽可能多的共振的到来，等待大级别!

如果一个共振都没有，就不要瞎炒。而如果共振越来越多，那就放开手脚吧。因为共振越多：

越是在借势，

越是在做大级别的事情。

你说呢?

—— 题材的"公平性"

很多人都知道题材的重要性。

所谓主线也好，热点也罢，都要依托在一定的题材上。

但，大家仔细想过没有？

有的题材好赚钱，有的题材难赚钱。

同样是题材，有的题材别人早已拿到底牌，而有的题材所有人在同一时间拿到底牌，请问哪一种更公平？

当然是后者。

这就是题材的公平性。

有的题材虽然在你这里是题材，但在别人那里，早已经布好了局，或者早已经知道新闻和事件的节奏，这就是不公平的题材。

比如，疫情防控新十条出台后，大量人群出现发烧、咳嗽，需要发烧药和咳嗽药。这种题材相对而言，就具有公平性。当然，绝对的公平是不可能的，有人得过新冠，知道会咳嗽和发烧，他有一定的优势。但，相对而言，相对于绝大多数国人对新冠的认知而言，这个题材还是具有相对公平性。因为大家都是第一次得嘛。

而有的题材，特别是那种政策性题材，也许有人很早就知道了，那么后来你所看到的所有风景，都是别人展示给你的。这种题材，就没有那么公平。

公平性的题材，大家几乎在同一起跑线上，相对而言，赚钱容易一些，定龙也容易一些。

非公平性题材，无论龙头还是补涨，几乎都是别人制造好的，等君入瓮而已。这种题材，赚钱的难度就大一些。

每当一次大级别题材来临的时候，我们除了兴奋之外，都要搞清楚，这个题材是公平性的，还是非公平性的。

对于公平性的题材，其龙头一定是打出来的，是换手换出来的，其补涨和白马中军，也不是钦定的，这种题材做起来就很好。而非公平性题材，也许你看到的一切，都是布局好的。

我再举个例子，最初武汉新冠疫情暴发的时候，那个题材就没有任何人具有先知权。所以，其中的龙头也好，补涨也好，做起来就非常轻松。当时的口罩股、药品股，散户、游资和机构，几乎在同一起跑线上去理解，其中的龙头走势也非常标志和经典。

再比如，中美贸易摩擦的时候，这个题材是突发性的，再大的游资也不可能知道特朗普要搞哪一出。所以，当时的题材具有绝对的公平性，其产生龙头的过程就比较规范和标志化，当时的稀土也好，芯片也好，其龙头走起来也都很标准。

我们反看前段时间的房地产题材，就是中交地产、深振业 A 那一波，我们可以明显地看到，房地产新政这个题材，一定有很多人提前知道。这种题材不具有公平性。所以大家发现没有，那一波的房地产也是最难做的。因为各个关口的典型股，都已经被提前潜伏好了。无论你用什么战法，也干不过"先知和布局"。

所以呀，我们再遇到下一个题材的时候，一定要问自己，我要做的这些股，是别人半个月前都知道的吗？或者说，我是在别人的自留地上玩吗？

如果是，悠着点。

—— 周期的三个世界

周期其实有三个，或者说三个世界各有各的周期。

第一个周期是游资周期，通常表现为情绪，可以说是游资的世界。

第二个周期是机构周期，通常表现为估值驱动或者指数驱动，可以说是机构的世界。

第三个周期是群众周期，通常表现为追涨杀跌，看各种自媒体，看别人的复盘文章，跟大V，跟各种群炒作，是典型的新闻驱动或噪音驱动。

上述三个周期中，谁最重要?

有人认为是游资周期。但，如果游资周期无法获得机构周期的支持，那么游资周期经常会面临各种试错风险，试错N次，有时能正好踩在节点上，但更多的时候未必能试错出新周期。

什么时候游资周期突然会时来运转?

因素很多，今后我再专门逐一分析，这里只提一个：遇到机构周期，就是游资周期被机构周期加持。

需要注意的是，机构周期并不仅仅指公募周期，而是指以机构思维为核心，以价值、估值判断和产业逻辑为导向的交易者的周期。可以是公募，也可以是私募，还可以是大户，甚至还可以是机构思维化了的顶级游资。

特别需要注意的是，机构周期的起心动念是价值判断、估值判断，而游资周期的起心动念是情绪判断。

游资周期喜欢去找冰点，找否极泰来的转折点，喜欢去占先手，喜欢涨停板和卡位。

而机构周期则更喜欢去找赛道，找估值最好的头部企业，找基本面对标，机构周期不在乎转折点的那一"点"，而是在乎行情的确定性的"那一段"。

也就说，机构周期对于"先手"没有那么紧迫，它更在乎"厚手"。

什么是群众周期呢？就是乌合之众的周期，跟着噪音走，不再详细分析。

重点是看机构周期和游资周期的共振性。

二者共振，容易出现大行情。二者不共振，游资周期容易来回试错，来回遇到冰点——回暖——冰点。

这么说游资周期不重要了？

不，它也重要。

但这主要针对水平很高的人，可以把别的游资作为食物的人。如果玩不过它们，最好放弃游资周期，接受机构周期。

因为机构周期具有稳定性和时间上的波段性。

需要说明的是，游资周期可以表现为妖股反复高举高打，但是市场未必具有广泛的赚钱效应。

只有机构周期市场才表现为赚钱效应。

如此看来，对于绝大多数人，真正有意义的是机构周期。

那为什么很多人在乎游资周期呢？

因为很多人都会高估自己的能力，认为自己是凌波微步的人。

而事实上，一年之中，诸位可以回顾一下自己，哪一次赚大钱不是在机构周期中?

　　不要高估自己，与自己和解，主动放弃一些超一流游资才能抓住的周期，对于绝大多数人来说，是最好的选择。

　　所谓退步原来是向前!

　　如此是也。

周期最大的价值在哪里？

周期最大的价值在哪里?

很多人在这个问题上存在误区，或者说把周期最大的价值用错了。

比如，目前大众最在乎的是周期转折点，即否极泰来，简言之：

追求最佳的某个点、某个瞬间、某个交易日。

事后看，确实存在某一日，某个瞬间，那一瞬间是周期的转折点，是否极泰来点，是转折日。

理论上，如果在那一瞬间、那一日买上龙头，就是神之一手，就是至高境界。

很多人也认为，判断出这个转折点，拥有这个神之一手的能力，是最重要的。

所以，很多人天然以为，周期最大的价值就是对转折点的识别，在于在转折点上占有先手。

但，我认为这不是周期的最大价值，甚至是周期的误用。

为什么?

其一，追求周期转折点、转折瞬间和转折日，追求这种先手，必然会反复试错。如果周期下降期很长，那么试错的代价会很大，会反复多次试错。

其二，即使试对了，请问：试错期的仓位你敢放多大?

其三，追求转折点的思想，是一种完美主义、理想主义的思想，这种思想用久了，会变成精致的战术，而不会衍生出浑厚的战略。凡是用这种思想久了的人，一定会在操作上斤斤计较、精打细算，得于短必然失于长，得于精微必然失于磅礴。

那么，什么是周期的最大价值呢？

我以为，周期最大的价值在于对周期级别和性质的判断，以及对上升周期确定之后，股票之间套利关系的把握。

也就是说，周期最大的价值在于对周期级别、性质、周期成色和质量的分析，简言之：周期有多大；周期能持续多长；周期如果确定来了，如何选择里面的股票。这才是周期最有价值的地方。

而很多人在这个地方下的功夫不够，或者重视度不够，却在怎么识别周期转折点上皓首穷经。

当然，我并非否认转折点的价值，但我更在乎转折力度和级别。

高瓴资本的张磊说：

流水不争先，争的是滔滔不绝。

周期在某种程度上也是，其最大价值不在争先，而在争滔滔不绝久远之势。

这是一种哲学思想，这种思想与目前流行的情绪周期可能不一样。

如果按照这种思想来，我们就不必挖空心思去寻找转折点，而是把大量的精力和时间放在分析周期级别以及级别确定之后如何套利上。

　　这其实是和自己和解，不去追求最佳点，不去做神之一手的事，而是去做趋势和周期的延续点。

　　不在"点"上努力，而在"线"上发力。

—— 周期价值: 赛道与主角

除了周期的级别与性质外，我认为赛道与主角的识别也大于转折点的价值。

赛道是什么?

可以通俗地理解为主线、方向、行业、产业。赛道思维源于体育词汇，流行于互联网和风投行业，但我觉得用在龙头战法上最合适不过。

主角是什么?

可以通俗地理解为赛道里面的核心股，包括龙头妖股，但不限于。

看清楚一轮行情在哪个赛道展开，主角是谁，比在所谓转折点卡位更重要。因为转折点只是瞬间的事儿，而赛道是千军万马将要征战的疆场，是徐徐拉开帷幕的舞台。主角呢? 则是在疆场征战中统率千军的主帅以及最能冲锋陷阵的将军。

对于一轮轰轰烈烈的周期，最重要的不是妙到毫巅地卡住转折点，而是周期来了之后，知道主攻赛道以及接下来的主角。

很多人说，这还不简单吗?

不简单!

比如，2020 年年底出现一个周期转折，很多人把宝都押在医美上，认为它是主赛道。结果呢，白酒才是这轮周期的核心赛道。真正让人赚大钱的主角不是不可一世的朗姿股份、悦心健康，而是各种各样的白酒股。

只可惜，很多人把大部分精力放在转折点的判断上，为了情绪的冰点、分歧、高潮这些东西，耗费太多注意力，结果失去了对赛道的战略投入。

做大事和做小事，二者都会消耗你的精力，甚至是同样的精力，对转折点的精力投放用力过猛，必然影响对赛道的精力投放和战略倾注。

而赛道一旦搞错，即使抓对了周期，抓到手的也可能是一手鸡毛。

再者，周期转折是瞬间的事，小则盘中的某个瞬间，大则一日两日，过了就过了。

而赛道对错则贯穿周期的全过程，在周期的任何阶段，我们都要问自己：主赛道是什么? 我在不在主赛道上? 我有没有偏离赛道? 主赛道有没有转变?

如果这个问题搞错了，战斗力越强，越可怕。

因为，你很可能浪费掉一个周期。

—— 股市里，演员常变，但剧情不变

最近看篇文章，说的是周期。

文章提到，被大家深信不疑的消费赛道，其实并非一开始就是永恒的好赛道。刚开始的时候，周期赛道更性感。其举例是美国的可口可乐，这是消费中的消费，但是近些年，加上分红还远远跑输大市。

去年和前年，因为消费这个赛道处于长牛，于是很多基金经理和研究员就想当然地以为：这种情况能够永恒。

永恒这个词，我一般不敢用，但私底下我看很多人经常用。

还记得炒 20 厘米的那段时间，很多人以为 20 厘米能代表未来，能够永恒，甚至为此很多人放弃 10 厘米的了。结果没有过多久，20 厘米的就被搁置到一边，这个"永恒"的保质期仅仅 3 个月。当然，我不否认也许过段时间，20 厘米又回来了。

还曾记得有个超级大 V，深信科技能够永恒，原因是科技代表国家未来，于是就给自己的粉丝推荐了几百个股，几乎都是科技，但之后科技股就一路下跌。那个永恒持续时间更短。

在股市待得越久，越发现找到永恒的投资标的很难。

所以，我把我的方法归结为中短线，就是把长线变短，把短线变长。

那股市有没有永恒的东西呢？

我觉得没有，但是相对永恒的还是有。比如路径和逻辑就是相对

永恒的。

或者这样说，外在东西难以永恒，内在的东西可以相对永恒。

外在的东西就是具体某个赛道、某个行业、某个股票，这些东西无法永恒。

内在东西就是股票上涨的套路、玩法、路径，这些东西可以相对永恒。

我们常说的太阳底下没有新鲜的事物，指的是炒作的套路。比如 100 年前利佛摩尔炒作伯利恒钢铁，与 2015 年前赵老哥炒作中国中车，与 2020 年炒作爱美克，再与 2021 年上半年炒作碳中和，讲故事和用赛道的套路，100 年来基本没有变化，但套路里面的具体主角一直在变。

剧情一直不变，演员常变。

所以，我反复研究和在乎的其实是剧情，而不是演员。

—— 股市里那些不因涨跌而改变的信条

有些东西，不因涨跌而改变。

为什么特别强调这句话？因为很多人的观点太随着涨跌而改变了。

在股市里，存在着大量利益之争，而非真理之争；存在大量短期规律之争，而非长期规律之争。

比如，最近某类股跌了，可能那类股所有的规律都被谩骂和遗忘。其实被骂的并不是规律本身，而是因为亏钱了。也就是说，大众感兴趣的根本不是规律，而是得失。

所以，理性而冷静地讨论股市，就变得非常珍贵。

现在就冷静地跟大家交流下那些不因涨跌而动摇的信条。

一、赛道

赛道这个词曾经很火，后来白马股跌了，赛道的说法也降温了。仿佛赛道就等于白马，或者等于白酒、新能源。这是典型的机械思维。

其实，赛道一直存在，N 年前就被引入投资领域，特别是一级市场。我本人也一直喜欢赛道这个词。我在 2020 年第一季度就开始在普及赛道这个词以及赛道思维，大家可以看看我以前发表的关于赛道的文章（《龙头、价值与赛道》一书有详细介绍），当时我写了很多篇关于赛道的文章，我引入赛道这个词的时候，其他自媒体都还在讨论情绪和热点，只是第三、四季度，白马和新能源比较火了，其他人才天天说赛道。

为什么我那么喜欢赛道？因为赛道思维太重要了。在我对股市的认知里，大资金围绕赛道来做股票，赛道选得好，纲举目张；赛道选不好，疲于奔命，只见树木不见森林。

赛道不因涨跌而改变它的魅力。比如2021年，市场并不好，但赛道线索却清清楚楚，那就是碳中和。直到2021年中，市场的核心还是碳中和。赛道思维树立了，可以不让我们跑偏。

2020年，年初炒疫情赛道，年中炒网络直播赛道，秋季炒作免税赛道，年底又集中炒作白酒和新能源赛道。用赛道思维去看股市，可以俯视鸟瞰，对市场脉络看得清清楚楚。

丢去什么，我也不愿意丢去赛道。

二、抱团

很多人把"抱团"机械地静止为某几个股票，而不是一种行为，或者是一种运作股票的方式。

在我的眼里，抱团就是力量往一处使，抱团的股票才是好股票，不抱团的股票是乌合之众。

力量聚则龙头生，力量散则牛股崩。

聚散就是抱团与瓦解。

我看股票一般都是先看哪个赛道有资金抱团，有则进，没有则不进。有时候我就纳闷，不抱团股票能涨吗？

即使炒碳中和、炒钢铁、炒电力，也是抱团最紧的股票最赚钱。

三、周期的三个世界

万物皆有周期，情绪股有情绪股的周期，机构白马有机构的周期。任何股都不会一直涨，涨到周期末端都会出货，然后换一个故事重新来过。

因为有周期的存在，所以我们特别在乎周期的起点和顶点，也在乎周期的级别和持续时间。

周期思维告诉我们，一切皆是轮回。就像历代王朝兴衰一样，任何一个赛道和龙头，也有兴衰。但兴衰过程中的教训和规律，永远值得我们去总结和应用。

很多人不在这个层面去思考股市，反而去谩骂股市。不得不说，他们对股市只有利益思考，而没有规律思考。

在我眼里，任何一个暴涨几倍的股票，无论其终结多么惨烈，其兴衰的规律都值得我们反复去研究，并从中汲取智慧。

并不是说一个股票见顶了，暴跌了，就否定这个规律的一切，甚至否定自己曾经在这个股票上赚钱的一些思路。

铁打的营盘流水的兵。股票可以来来往往，但其规律必须留下。

四、龙头：一花三叶

龙头简单地划分可以分为两种：价值型和情绪型。如果细分可以分三个类型，分别是：股权龙头、白马价值龙头、黑马妖股龙头。

此三即为一龙三脉，或者一花三叶。

其中，龙头任何一种形式结束后，龙头规律并不消失。比如，天山生物见顶终结了，黑马妖股龙头规律并没有消失。同样，茅台见顶之后，股权龙头的规律也不会消失。

相反，龙头规律在我眼里生生不息，永续流转。就像春天过去，明年还会有春天。

任何时候任何赛道来临，首先选的都是其中的龙头。

做情绪要做其中的龙头，做价值也要做其中的龙头。

市场瞬息万变，如果我们跟着市场的变化而随时背叛我们的一些信条，那我们在市场上就无法立足。

我们要做的，就是抽离出市场涨跌背后不因涨跌而改变的一些规律。因为这些规律，会在下一个龙头身上完美附体。

—— 暴跌后，该反思该坚守的

史玉柱说过一句话：

成功的时候，总结的经验往往都是扭曲的；逆境的时候，总结的经验才真实。

这句话用在股市上，再恰当不过。

市场暴涨的时候，所谓的经验和规律，都是"飘"的，经不起时间的考验。只有经历多次牛熊还能有效的经验，才真正有用。

2021年年中的时候，量化机器人凶猛，收益惊艳，而2022年量化也被A股残酷的现实收拾得够呛。原因当然很多，但其中一定有这样一个原因：这些量化没有经过完整牛熊的考验，它们中很多都是这两年甚至最近一年，在市场相对温柔的氛围中成长起来的，一旦市场出现系统性下跌，机器人也望洋兴叹。

机器人尚且如此，何况人乎？

我们见过很多股神，在市场氛围好的时候，买卖模型一大堆，个个都是独孤儿剑。我见过一个北京的高手，光是竞价买入法就很多个。当时不想打击他的积极性，但我深知，他的很多竞价买入法，其实与竞价并没有本质关系，主要功劳是市场强而已。

这只是别人身上的例子，还有很多我们自己身上的例子。

我们所有人，我是说所有，交易深处都会存在这样或那样的不严谨、不够本质。这些东西在市场好的时候都会被掩盖，只有暴跌才能让它们露出原形。

从这个角度上，暴跌虽然让我们心痛，但也提供了一次难得的自我革命的机会，难得的系统性反思的机会。

特别是，只有暴跌才能进行真正的反思，上涨的时候，人是不会反思的。所以，在暴跌中，如果我们失去了钱，请不要再失去用钱买来的反思机会。

这次暴跌，我认为至少能反思以下东西。

一、独立思考，孤身迎敌

没有一个人可以靠别人推荐股票致富，投资的本质是认知和品性的变现。如果认知没有到，个人品性没有修炼好，无论谁给你推荐股票，无论你参加多少圈子，都难以赚到大钱。

当然，这不是否认交流和扩大人脉的重要性，而是说，交流和交际只有建立在自己"有"的基础上，才有意义。"有"什么？

有系统；

有认知；

有批判；

有取舍。

特别是有批判这一条。如果一个人没有批判，他几乎就不应该出来交流。我们每天面对无数信息和机会，如果没有批判的思想武器，这些机会和信息一定都是来害你的。

当我们"有"之后，才能百毒不侵，才敢面对一切。

所以，我们的交流，最好少去交流别人看好哪个股票，别人买什么，而是多去交流别人的智慧，别人的认知，别人的哲学。通过这个层面的交流，来提高和加强自己的系统。

一两个股票算什么？万事之规律才重要。不要只谋一事，要谋万事。

我们永远不可能靠别人给我们股票过日子，而是要有自己的研究和决策能力。

投资做到最后，还是需要一个人面对市场，还是需要孤独地决策。凡是不想孤独，凡是希望别人给自己"把关"，结果一定是一塌糊涂。

这个世界上很多东西需要团队，需要协作，人越多越好。其实投资的基础工作也是如此，必须搜集信息、研究行业、调研等。但投资的顶级工作，比如买卖决策，必须孤独。

就像战争一样，战场上的很多东西需要协作，比如后勤补给，比如信息情报搜集，比如战场布置，但战争的最顶级决策，必须主帅孤独地去完成。

谋可寡而不可众。

投资中越是顶级的决策，越是要孤身迎敌。

所以，我们自己，包括诸位，是孤独还是从众？

二、什么方法才能对抗暴跌？

这几天很多人留言问我，什么方法可以抵抗暴跌？什么绝招和技术可以在暴跌中抓住龙头?

我觉得这个问题很危险。

暴跌中，绝大多数股票都跌，这是大概率。极少股票上涨，这是小概率。为什么我们要去寻找小概率的学问和方法呢?

我认为，抵抗暴跌最好的方法是空仓，是不做，是休息。

前几天有个人问我，暴跌中你怎么不说龙头战法了?（这个问题后面会有更深刻的回复）我回复道:

> 龙头战法又不是傻子战法，我在《龙头、价值与赛道》第三章第5节写得清清楚楚: 龙头战法千万条，看天吃饭第一条。

其实提这个问题的人，思想深处就有一念: 有没有一种方法，任何时候能都赚钱?

也许有，但也是亿分之一。对于大多数人，暴跌中空仓，是最好的选择。

人不与天斗!

三、资金管理

无论怎么暴跌，无论能不能管住自己的手，无论方法有多差，都有可救的余地。但有一种失误，没有可救的余地，那就是资金和仓位失控。

平时写资金管理和仓位管理的文章，喜欢看的人不多。写战术和细节类的文章，看的人非常多。主要原因就是很多人认为资金管理

"泛泛而谈"，仿佛和自己关系不大。

其实错了。

我认为最高智慧就是资金管理。关于这方面，我有一篇文章，大家可以去认真看，这里只引用其中的局部：

（1）永远不要贷款炒股、不要透支炒股、不要借钱炒股。这是资金管理的第一个原则。

（2）永远不要把100%的资金放在股市，因为股市有"黑天鹅"。一定要为自己留后路。

（3）一旦大盘出现系统性风险，必须把股市账户资金转到银行账户一部分。这是强制隔离，釜底抽薪，让资金隔离出来，防止一冲动就受到诱惑去开仓，更防止急于扳回、急于报复、杀红眼。

（4）无论市场好坏，投入到股市账户里的钱分几个账户，就是多开几个户，不要把资金集中一个股市账户。万一某个账户失控，不至于波及其他账户。

（5）即使大盘走牛，牛市来了，也不要把自己所有的资金都拿到股市上来。假如你有100万总资产，我建议最多，不要在股市投入超过80万。为什么？因为，如果能赚钱，你有那个本事，根本不用投入你100%的资金量。我见过很多股民，请人吃饭都要提前卖股票，这种股民的结局一定是悲惨的。

这些东西，是高于任何战术和技巧的最高智慧。

四、龙头战法

接着上面那个问题，暴跌中龙头战法怎么失效了？

其实提出这个问题本身就暗含着一个极大的误区：

希望龙头战法作为一种方法，解决市场暴跌问题。

而事实上，市场暴跌（或者熊市来临），连政府、管理层都不一定能解决，一个投资流派和投资方法怎么能解决呢？

投资中的所有流派和方法，本身都是中性的，方法本身不会对涨跌负责，也不是为了解决熊市而存在的，而是为了趋利避害，当市场好的时候多赚，当市场不好的时候少亏。

我们不能因为自己学会了、掌握了某一种方法，就希望这个方法成为永动机，一年365天给自己赚钱，甚至不顾天时、不管牛熊。这是不现实的。

好的方法，应该首先学会择时。

事实上，龙头战法中的周期理论和时间价值，就是专门解决这个问题的。

我们曾经写过龙头战法的"大周期理论"：三个周期、时间价值等等。选择时间，在正确的周期做，本身就是龙头战法的一部分。

我们不能只看一部分，忘记其他部分。

这里稍微展开说一个话题：自媒体。无论微博、微信，还是抖音，还是其他自媒体，它们有一个好处就是新，就是及时。但它的缺点是碎片化，不成系统。如果要系统地掌握一种投资方法，最好的做法还是去读书，去看专著。只有书，才能系统地面面俱到地解决问题。

单篇文章无论多精彩，都只针对一个细节、一个问题展开，只有读书，而且多读，才能构架一个系统。

好，继续说龙头战法。

龙头战法是投资中的一个流派，它的核心思想是第一性原理和头部逻辑，所谓百万军中取主帅首级是也。

这个方法不是在检测试剂医药股上涨中总结的，也不是在锂电池赛道股上涨中总结的；也不是在碳中和和医美股上涨中总结的，也不是在上半年乃至过去几年在市场相对牛市的氛围中总结的，而是在多轮牛熊中总结的。

龙头战法的一些规律和原理，不是我一个人发现和总结的，而是多人共同发现和总结的，不是中国的某个人发现和总结的，而是国内外很多人共同发现和总结的。

龙头战法投资流派提倡的投资思想和方法原理的最大价值是构建一个人的交易系统和投资哲学，提高一个人的交易境界。

它无法解决市场是牛市还是熊市的问题，但它可以解决你个人参与市场的时候，是以何种方式去思考和交易的。

本轮暴跌，我不但没有看到龙头思想有问题，反而看到，如果不坚持龙头带来的诸多问题。

如果坚持的是龙头，如果从来不去碰杂毛、跟风和补涨，伤害一定是最小的。

很多人在非龙头上做，出现问题把账都记在龙头上，本身就是不敢直面问题。

并不是说龙头不会带来伤害，龙头没有缺点，事实上，龙头在暴跌的时候，也会回撤，也会伤人。

但，一旦市场回暖，最先扛起旗帜的，往往还是龙头。龙头无法解决牛熊问题，正如再伟大的英雄也无法与天抗争，也无法做到不让冬天来临。

但，对真的龙头信仰者来说：暴跌过后，会依然选择拥抱龙头，恰如冬天过去，会依然选择拥抱太阳！

—— 分享一则"战略"故事

元朝末年，有三股势力进行最后的角逐，分别是朱元璋、陈友谅、张士诚。

野心勃勃的朱元璋当然想灭掉其他二者，雄霸天下。但，朱元璋面临一个战略困局：

如果攻打张士诚，则陈友谅可能会偷袭他的后方；如果攻打陈友谅，又担心张士诚联合陈友谅打他。如何才能避免陈友谅和张士诚联合，又能把他们逐个吃掉，这是一个很大的战略难题。

朱元璋是天生的奇才，他当然明白不能两线作战。古今中外，无数政治家和军事家都在避免两线作战上绞尽脑汁，比如一战中的德国，再比如三国时期的诸葛亮主政的蜀汉。而很多失败的案例，往往都与两线作战有关，比如希特勒的巴巴罗萨计划。

话题还回到朱元璋的困局中，他到底如何打才能避免张士诚和陈友谅联手？诸位读者，如果你是朱元璋，或者你是刘伯温，你应该怎么选择？

这就是战略。

其实战略有时并不玄，它很实际，就是要找出一条妥善的出路，能让所有的精力聚焦在最关键的地方。

那么，朱元璋的这个战略难题应该怎么解呢？

老朱是这样破题的：聚集战略力量，先干掉陈友谅。

对，这就是朱重八的战略选择。

这个选择，当时很多人不懂。因为陈友谅彪悍、勇猛、实力强大，而张士诚则温顺、保守、偏安，且力量偏弱。很多将领认为，柿子应该先捡软的捏，应该先干掉张士诚。

而朱元璋则不这样思考。

朱元璋内心的战略思考是这样的：

陈友谅实力强大野心也大，张士诚偏安保守且野心有限，正因如此，陈友谅偏进攻，张士诚偏防守。

如果先攻打张士诚，陈友谅必然去攻打朱元璋的大后方金陵，因为陈友谅不会浪费任何一个好机会。如果这样，则人为地让陈友谅和张士诚联盟，朱元璋必然腹背受敌，两线作战，凶多吉少。而且，陈友谅本来就善攻，张士诚本来善守，朱元璋等于同时碰他们两个的长处。

如果先攻打陈友谅，虽然是一场血战，但战争的残酷会震慑张士诚，以张士诚偏安之心，必然不敢大举去攻打朱元璋后方。而且，朱元璋看透了张士诚，此君爱贪便宜，他一定会坐山观虎斗，最多也就是趁着朱元璋跟陈友谅杀红眼的时候，去掠夺和骚扰一下，不敢兴兵来扫荡朱元璋的大后方。因为张士诚内心就没有一统天下的期许。

老朱正是抓住了张士诚的心理，下定了先灭陈友谅的战略决心。

应该说，朱元璋这个战略判断和战略选择非常对。

朱元璋跟陈友谅鏖战的时候，张士诚只是象征性地骚扰；而当朱元璋最后去攻打张士诚的时候，遭到了张士诚顽强抵抗。朱元璋其实有点后怕，如果当时先攻打张士诚，久攻不下，陈友谅一定会把朱元璋的老窝金陵搞个底朝天。

朱元璋不愧是政治天才，在力量复杂的博弈中，敢于先拿强者下手。而整个博弈中，张士诚畏手畏脚，懦懦弱弱，没有在朱元璋与陈友谅鏖战时，去帮陈友谅一把，维持一下三足鼎立格局，结果当一足失去，自己也就成为下一个待宰的羔羊。

战略博弈中，没有固定的朋友和敌人，也没有道德什么事儿，只有生存和未来。战略的最大意义，在于让我们能够有更大更好的生存和发展空间，而不是空谈什么恩怨情仇。

一切，都是服务于未来！

第二章

战术性思考

—— 把问题解决在盘中

很多人有一种错觉：对市场全知道。

比如：谁是龙头，谁是补涨，谁是主流，今天为什么涨停板多，又或者为什么核按钮多，谁比谁好，某某股涨停的原因是什么，谁的上涨又是因为谁的带动，等等。

确实，貌似全知道。

但，我要说，如果你是收盘后看各种公众号、抖音以及其他自媒体才知道的，一点用都没有用。

并非因为已经收盘，而是因为这些东西是别人（也可能不是一个人，而是一个专门写自媒体的团队）整理好的，你是"被输入"才明白的。当别人把龙头、补涨的标签贴好，你被动知道，表面上你了解一切，其实你不了解。

除非，你不读任何复盘公众号，不看任何自媒体贴标签，通过自己分析去知道。

即使如此，我觉得还不够，除非这些事情发生在盘中，发生在"战场上"。

我见过太多的人，谈起龙头、谈起市场头头是道，但那是在盘后、在一个股票涨停之后，而不是在盘中、在动态奔跑的瞬间。

互联网时代，信息传递太快，很多游资和炒股的朋友，不但有微信群，还有语音群，盘中任何变化，几乎是毫秒级别的传播。别说盘后知道谁是龙头，就是盘中知道，有时候晚一点都不行。

当你锁定一个机会，必须是涨停之前知道，必须是能买到之前知道才有意义。

而涨停后，收盘后，你再知道，已经比别人低很多很多个段位。

所以，对我们来说，最需要的是锻造自己盘中解决问题的能力。如果盘中看不明白，盘后通过看各种自媒体才明白，或者盘后想半天才明白，表面上"对市场全知道"，实质上还差很远呢。

这就回答了，为什么很多人谈起市场，说起龙头，无所不知，但是一到盘中就蒙圈。不知道所以然还总归咎于没有知行合一，其实哪里是知行合一出问题，本质上就是无法在盘中做到真正"知"的问题。

怎么解决？

第一，不要去偷看别人的作业。

要自己认真复盘，通过自己的解读得出市场的答案。如果看别的自媒体复盘文章看久了，自己的机动能力就弱了。

第二，思考和总结大于复盘。很多人收盘后，喜欢陷入"重复式复盘"。复盘当然是要的，但总结和思考，特别是反思，要比复盘重要得多。对于做龙头的，复盘没有那么烦琐。市场的核心就那么几个，关键是：

洞悉龙头的新规律；

思考深层次的市场关系；

特别是反思自己的解决方案是否适合当下和未来；

自己对龙头的解决维度是否优于市场上其他龙头选手。

第三，尝试盘中解决一切。

我们知道复盘重要，但复盘再重要，也没盘中重要。如果一种"知"无法在盘中做到，要告诉自己，这还不是"知"。不要麻痹自己，仿佛该知道的都知道，还需要反复磨炼。

第四，要做到盘中解决问题，必须盘后对一些规律和道理彻底通晓。这一点最重要。

这种通晓不是通过读别人的复盘文章得来的，而是自己推敲出来的。要做到这种推敲，必须反复思考龙头骨子最深处的禀性，必须提炼出几个死而无憾、赴汤蹈火都要去交易的可信场景，必须抓住龙头最有别于其他股的特性。

这四点，我们共勉! 把问题解决在盘中。

你的交易，应该是别人复盘的对象

很多朋友，经常爱看别人的复盘文章。

总觉得有的大 V 或一些大佬复盘得很好，每次研读都收获满满，貌似可以俯瞰市场，可以有碾压别人的大局观。

然而，我要说：再精彩的复盘，都不如你在盘中已经做到。

自媒体发达的今天，我们要的不是盘后多么精准和周密的复盘，而是盘中完成交易。

也就是说，如果我们的交易，是别人今天晚上的复盘作业，那我们的交易就是成功的交易。

短线的江湖，今非昔比。很多方法和逻辑并不是不知，而是能不能做到在短的时间内知。人和人的理解力，比的不仅仅是智力，还有体力和敏锐力。也就是说，同样都理解到了，如果你比别人晚两个小时，甚至半个小时，更甚至晚一分钟，你就比别人差几个段位。

更何况晚八九个小时，等别人姗姗来迟的复盘文章？

所以，我前面的文章叫"把问题解决在盘中"。

凡是不在盘中把问题搞清楚的，你盘后再厉害，也落人一子。如果是超级龙头或超级行情，倒是无妨。但如果是普通行情，落后一天，就是天壤之别。

曾经有朋友问我，能不能根据大佬龙虎榜来买卖。我问他为什么。他说："那些大佬都是成功者，我看他买什么我第二天买什么。"我听罢只为他捏汗呀。A 股的魔力在 T+1 和涨停板制度，你抄袭龙虎榜，怎么摆脱制度的伤害？人家享受了优先权，你这样做不是人为刀俎你为鱼肉吗？

其实，看复盘文章跟看龙虎榜炒股是一个道理。

看起来都很精彩，但那是别人的表演。

我们只能看，不能简单地跟，如果要跟，

只跟他们的逻辑和方法，跟他们观察事物的维度和视角。

至于那些代码和个股，真的不要去抄。

因为这些代码和股票，本应该属于盘中去完成的，你何苦第二天去折腾它们？

好的交易，都应该是盘中去完成的！

盘中完成的一刹那，就应该感觉到，它是今天老师们复盘的对象。

不好吗？

盘中解决问题的能力

很多人有复盘习惯，当然我自己也有。

但，复盘再重要，都没有盘中重要，特别是短线。

如果是长线，相反，我认为复盘比盘中重要；而如果是短线，盘中几乎就是七寸。特别是在当今。

为什么？因为今天微信、抖音、互联网的传播效应在加快。

一个好股票，一旦确定市场地位，就必须盘中占有它，或者占有它的梯队。如果等到明天，就容易没有舒服的买点了：或者涨停，或者开得非常高，要么成功，要么核按钮。

这种情况下，即使你知道买哪个，也会很尴尬。

所以，盘中把问题解决就变得非常重要。

其实，这不是不要复盘，而是把复盘提前，即在盘中就应该把盘后的很多问题完成。

比如：主线在哪里？明天怎么走？市场情绪如何？人气在哪个赛道？明天攻击路线图是什么？做哪个板？……

这些问题必须在看盘的同时完成，而不能等到收盘之后。

就是说，现在的竞争对我们的要求是必须把盘后的工作放到收盘前，把日线级别提升到日内级别。

这种转变对很多人来说吃不消，特别是非专业炒股人士，平时有工作的朋友。但必须尝试改变，因为你盘后看到的很多东西，也许是别人盘中就已经做完了。

这种转变，其实就是传说中的降维攻击。

只不过，这是时间级别维度的降维。

如何完成这种降维? 核心是转变观念:

- 盘中交易的时候，不仅仅要看到当下怎么做，还要想到，明天会怎么样。
- 不仅仅跟今天的人竞争，还要跟明天的人竞争。

最好的复盘是"盘中复盘"，
在听见炮声的地方呼唤炮火

针对中短线交易的龙头选手，我一直强调"盘中"的重要性，反复说：

要把问题解决在盘中。
你的交易应该是别人的复盘对象。

为什么盘中重要？因为盘中就是战场本身。而战场的问题，必须在战场解决。

今天再提出一个重要的思考，那就是：

复盘最好也应该在盘中完成。或者说，最好的复盘，其实是盘中复盘。

提起复盘，很多人觉得应该是盘后的事情，比如收盘之后，整理战场，看看市场发生了什么，梳理出市场的脉络，然后再阅读一堆文章，参考下大佬大 V 们的观点，最后制订明天的计划。

但，互联网时代，特别是自媒体时代，这种复盘慢了。如果你是做长线的，这种复盘没有任何问题。但是，如果是你是做中短线的，特别是你是做龙头的，这种复盘就显得不足了。

还必须加上更重要的盘中复盘。

很多人有个误区，就是盘后复盘得出的计划叫"计划"，盘中 4 个小时通过观察和思考得出的作战方案不叫"计划"。

其实，这是不对的。

我曾经跟几个私募大佬交流过这个命题，我们的结论差不多。交易你的计划，计划你的交易，这个"计划"并不能简单地理解为昨天晚上的就叫"计划"，盘中思考的不叫"计划"。而应该说，你模式内的，经过理性和深刻思考的，都叫"计划"。如果接受这个观念，那我们就很容易认可盘中复盘的重要性。

所谓盘中复盘，就是盘中 4 个小时之内动态适时把盘面梳理清楚，如果需要执行的，盘中就执行完毕。不要人为地为了复盘而复盘，为了显示自己的按部就班而故意把今天的决策拖到明天。

我们不妨思考这个问题：盘中和盘后哪个重要？

肯定是盘中。因为盘中是执行交易决策的。

其实，盘中还是用来复盘的。你看盘过程就是在复盘，而且是比收盘之后更重要的复盘。

既然盘中是在复盘，那么复盘出好的股票，当然要盘中就执行，而不能拖到明天。所以，明白了这点，也就明白了我为什么倡导"把问题解决在盘中""让我们的交易成为别人的复盘对象"了。

收盘之后的复盘并不是不需要，但容易给人一种错觉，那就是盘后什么都知道，但盘中容易做错。

记得以前看《三国演义》、看战争史，总感觉里面的人好笨。敌我形势清清楚楚，敌人从哪来，埋伏在哪里，哪个主将厉害，兵马粮草在哪里，都清清楚楚。为什么里面的人物看不清楚？

其实，我们之所以看得清楚，是因为作者站在上帝视角，已经帮我们"复盘"得清清楚楚了。而身在局中的历史人物，他们哪里有人帮着复盘？

历史学家和文学家看了无数史料，站在事后全息视角，为了让读者看，才把战场形势写得一目了然。而身在战局里的人，他怎么可能跳出自己的局？

这跟股市一样。只要收盘了，谁涨停，谁是龙头，谁是最热门板块，看看一些大 V 的复盘文章，我们就一目了然，仿佛炒股很容易。

但，这是盘后，这是读了别人的复盘。别人也是收盘后信息明朗之后，才写给你看的。

有本事，你盘中就知道。

有本事，你盘中就复盘明白。

所以，最重要的是盘中，而不是盘后。复盘的关键是盘中边看盘边复盘，而不是收盘后为了复盘而复盘。

现场感，现场中，是我们最应该发力的地方。

我曾看过任正非的一句话，他说："让听见炮声的人呼唤炮火。"后来他又把这句话改为"让听见炮声的人指挥战争"。其实就是解决信息和决策对称的问题。

盘中复盘也有这种味道，就是在关键的盘中时间把问题搞明白，在听见炮声的地方直接呼唤炮火，在盘中把问题解决掉！

然后，把谈资留给别人。

你做战场上的主角，让别人来写春秋。

—— 股票反着买，别墅靠大海（一）

向一些世外高人请教时，我经常会听到一些高人的口头禅。

比如，有的大佬常挂在嘴边的话是"涨多了就跌，跌多了就涨"，还有高手的口头禅是"不熟不做"，等等。

在诸多的口头禅中，让我印象最特别的是这样一句：

股票反着买，别墅靠大海。

不止一位高人跟我说过这句话。这说明，大家对逆向思考有多么重视。越是高手，往往越是善于逆向思考的人。因为股票是反人性的，只有反着去做股票，才能脱颖而出。

反着想，反着买，一直是我想分享给大家的思维。但这个话题其实不好讲，因为讲不好容易流于泛泛。今天，我努力从具体的细节出发把这个讲清楚。

记得我很早就分享过这样一个故事。有一天，我去石家庄做客，当天晚上，来了好几个喜欢做股票的企业家。有一个这样问我："我跟着著名游资的席位买可以吗？我看他今天买什么股，我第二天开盘就买那个。"

听罢，我反问道：你试验过这个方法吗？

对方回答试验过。

我问效果如何。

对方说，就是效果不好才问你呀！

我说，你知道你这么做意味着什么吗？你这是让游资一步棋。如果市场好，或者遇到超级大牛股，或许能赚；但是如果遇到普通行情或者平常的股，一定会反复大亏。

其中原因很多，可以从不同的维度去分析。今天，我只想聚焦一个维度：顺着买和反着买的维度。

他这种做法是典型的"顺着买"。

顺着买最大的问题是，单相思思考问题。股市是多空博弈，逆着思考、反着买才更能保护自己。

怎么逆向思考呢？

比如，我们可以这样想：

这么多著名席位都买了，明天谁来接力呀？

这些人买了这么多，会不会周期到了末端了？

这些买盘，是不是意味着明天的卖盘？

当这样思考的时候，我们就会为那些简单的跟随龙虎榜买入行为捏把汗，那是多么单纯的一厢情愿呀！

这样的例子非常多，我们这里不妨多举几个例子。

前几天，某股出现大量机构卖出，同时某著名游资也卖出，很多人看到龙虎榜后，顿时悲观起来。

就是上面图 2-1，机构这一天卖了很多。

我跟那些悲观的朋友说，你们有没有想过，这些人早点卖出，是不是说明砸盘和捣乱的少了呢?

同样道理，14号的时候，又来了一大批豪华席位，我们看图2-2:

机构专用		0.00	0.00%	1.51亿
机构专用		0.00	0.00%	8024.82万
华泰证券股份有限公司上海牡丹江路证券营业部 新生代		441.23万	0.16%	6343.81万
机构专用		0.00	0.00%	5147.85万
光大证券股份有限公司东莞石龙证券营业部		45.09万	0.02%	4844.86万

图 2-1　某股的成交龙虎榜卖出席位图

营业部名称	买入金额(元)
机构专用	1.47亿
深股通专用	1.12亿
中信证券股份有限公司西安朱雀大街证券营业部 方新侠	1.10亿
华鑫证券有限责任公司湖州劳动路浙北金融中心证券营业部 湖州劳动路	7881.94万
机构专用	7131.21万

图 2-2　某股的成交龙虎榜买入席位图

很多人看到这个龙虎榜那个开心，仿佛坐等躺赢。我反而担心起来，因为这说明盘面很重了。

上面有些席位是一些朋友，我也不方便详细展开，在这就点到为止吧。我只是用这个作为例子，来说明反向思维。

其实，反着想远远不止这个层面，还有很多方面。

比如:凡是小作文满天飞的股票，除非第二天一字涨停或者高开秒板，否则我都会卖掉。顺着想是新闻加持，但逆着想呢? 连小作文都出来了，这个股还有什么盼头？特别是，以股票名字作为小作文名字的股，都是要小心的对象。

让我印象深刻的是一个叫国轩高科的股票，因为这个事情过去很久了，我可以点这个股票的名字了。有一段时间，无论是在哪一个一线城市，都有无数人跟我推荐这个股票。如果顺着想，说明人人都看好，应该买。如果逆着想呢？那么多人都买了，都在推了，说明没有买盘了。所以，我当然不去买它。这样的股票还有很多，我能讲出一大串，比如雅本化学、爱康科技、金龙鱼、露笑科技、物产中大等等。

小作文如果算是消息面方面的，还有一种就是市场面方面的，就是怎么面对涨跌的。

有一种人，我是最受不了的。那就是涨了就拼命去找利好，去找公司好的证据，跌了就立即悲观，去找不利于公司的新闻，然后到处散播悲观情绪。比如，前几天，某个著名的股票天地板跌停，我看到很多人就开始散播更大的悲观，说会有多少个跌停板。并说"新冠防控"放开了，不需要什么了，云云。这种人是典型的缺乏"宁做我"的风骨。

还有一次，关于放开政策被澄清，很多人马上悲观，觉得第二天又要暴跌了，这种人是典型的从众思维，因为记者这样引导嘛。当天，我有点看不惯，就写了一篇文章《为什么非要从传闻的角度证实或证伪》来反着大众情绪去思考。我的观点很明确，很多问题我们要反着看，别看政策澄清，但是政策的方向和大趋势是清楚的。再说，市场的涨是因为跌多了，需要一个反弹，与新闻的证实和证伪有什么关系呢？

不止这一次，我发现大多数的集体情绪，比如集体看多，或者集体看空，第二天都容易反着走。比如 2022 年 11 月 10 号，全球股市都暴涨，A50 在第二天，也就是 11 月 11 号盘前也暴涨，几乎所有人都摩拳擦掌，但就是这一天，几乎是最近核按钮最多的那一天，天地板都好几个。

股市何曾买过"集体共识"的账？

所以，悲观或者乐观，我们要反着看。

跌了就散播悲观，涨了就鼓吹踏空，这种人，这种思维，是最应该远离的。

每当这个时候，我们都应该提醒自己：

股票是反人性的，若能反着买，别墅靠大海！

股票反着买，别墅靠大海（二）：
当别人都不看好时

　　大家有没有遇到这种情况，就是几乎所有人都不看好某个股，所有关于它的讨论都是悲观的，甚至是谩骂的。

　　凡是遇到这种情况，我都会高度留意。

　　因为这里面藏着"股票反着买"的机会。

　　我给大家讲一个真实的案例。

　　2021年4月21日前，几乎所有的新闻都铺天盖地地报道华为汽车，特别是小康的车开入华为专卖店的新闻。当时，群情激昂。而小康的股价也连续走了两个一字板。在当时的人气排行榜上，小康股份（现在已经改名塞力斯）绝对是人气榜第一名。

　　然而，在新闻最高光时刻，在所有人都想买它的时候，该股跌停了，见图2-3。

图2-3　赛力斯走势图

不但它跌停，当天其他汽车股也几乎都跌停。

就这么一日之隔，小康从天堂到地狱。收盘之后，几乎所有的人都骂小康，骂汽车股。

骂内幕消息，骂消息出来见光死，骂昨天晚上宣传报道它的媒体。骂它的，不仅有散户、游资，还有很多大佬。有的甚至说它是个骗局。

也有一些早期就潜伏进去的大佬幸灾乐祸地说，他已经卖光。这种言论更加剧了市场的悲观。

事后看，小康又涨了，当时只是一个洗盘而已。但，当天晚上可没有那么轻松。负面情绪发酵，悲观到了极点。而且，当时很多汽车股几乎集体跌停，更加渲染了悲观氛围。

绝大多数人都觉得汽车赛道是利用华为的消息，做个见光死。

在这个最悲观的时候，我想：

如果在这种人人都不看好的时候，它反而涨了，我该怎么办?

这就是当天我一直想的问题。

第二天，前半个小时小康股份的分时见图2-4：

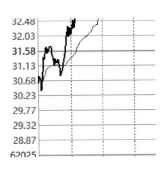

图2-4　小康股份分时图

当时我不敢确定它会怎么样，只是有个念头萦绕：人人都不看好它，那是谁在拉升它？

后来，这个股持续拉，终于在 3 至 6 点之间我下定决心：反着悲观情绪的，一定是超级主力。此时就应该反着干！

当天，我做出了那一年最正确的决定：几乎全仓干它！

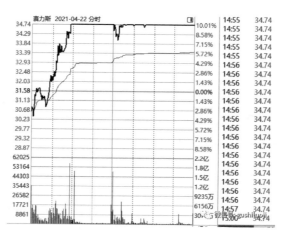

图 2-5　赛力斯分时图

买它的全过程没有任何技术成分，只有一个东西：既然人人都不看好它，那它的强，才是最真实的强！

后来，我把这作为我的理念之一。

当然，人人不看好并非简单的人弃我取，而是一种综合功底，这个股我也跟踪了很久。我只不过反向利用别人的悲观，来求证我的某些判断。

这里面的学问也许一两句话说不清楚，但是这个理念我今天先分享给大家，希望能够启迪大家一起思考。

共勉！

小作文反比定律

一波行情、一个板块，与小作文成反比。

小作文出现的量和频率最多的时候，往往是那个板块就要调整的时候。也就是说，一个板块，大家一知半解的时候，往往涨得最好，当小作文让人人都知道、当小作文不厌其烦地把归类整理好的资料发给你的时候，就是股市剧烈波动的时候。

特别是，小作文把每个细分板块列成表格、细分到毛细血管的时候，往往是这个板块最难做的时候。

这就是小作文反比定律。

其实原理很简单。小作文是谁写的? 一定是持仓者写的，包括很多做补涨挖掘的资金持有者写的，或者说这类资金持有者写得最多。大多数人都已经买了，是不是股市就难做了?

什么是补涨? 补涨就是针对领涨的股、涨高的股进行对标式上涨，就是看齐补涨。当这批资金都买上了，是不是说该买的都买了?

一个板块的初期阶段，市场处于懵懂、怀疑和观望状态，没有那么多小作文，因为领涨的空间都没有打出来，很多资金都还没有进去，甚至连写小作文的人都还没有搞懂是怎么回事，不可能有那么多小作文出现。

小作文其实可以看作行情演进阶段的识路牌和风向标。

某个板块小作文数量少的时候，是行情的初始阶段，这个时候，大家手里都没有货，都没有买足够的筹码，只要大家看好这个行情，会有源源不断的买盘涌入该板块。这个时候，是行情最好的时候。

不过，由于小作文数量少，科普的工作没有人做，这个阶段其实大多数人都是一知半解的状态，但恰恰就是这个阶段，其实是入手的最好阶段。

这个阶段，我称为开垦。

一旦小作文多起来，就说明越来越多的人都已买了足够多的筹码，都有兴趣做科普了，这个时候，只要有任何一部分人收割，市场就开始震荡。因为此时，写小作文的和看小作文的，几乎都手里一堆货，大家都是有货的人。都有货，是不是都成空头了？

这个阶段，几乎人人都是专家，每个人都对这个板块里面的各个知识点了如指掌，但，就是很难做。因为你手里和别人手里，都有这个板块里的货了。此时此刻，最害怕的是陷入一种"莫名的自信感"和"莫名的胆大感"：很了解这个行业，很了解相关公司，知识储备很多，也很自信，甚至有一种无所不能的感觉，但是就是赚不到钱。

套用一句话，此时此刻，"贼心"也有了，"贼胆"也有了，但"贼"没了。为什么"贼"没了？因为"贼"都在"贼船"上了。

大家想想也知道，最好偷东西的时候是不是贼少的时候？话糙理不糙，就是这么一个道理。

其实，小作文本身并没有问题，小作文的数量才是问题。任何阶段都有小作文，但是小作文不能海量出现，海量出现代表海量筹码持有某个板块。

这就是小作文反比定律。

小作文的数量与行情难易程度成反比。我们要做某个板块，就要在小作文少的时候做。小作文一多，就要小心了。

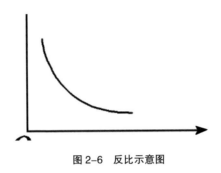

图2-6 反比示意图

当然，这里是说难易程度，并不是说小作文大量出现行情就结束了，而是说小作文大量出现就难做了。

如果某个板块冷却了，出现亏钱效应了，大家就怀疑和抱怨这个板块了，那么小作文数量就又降了下来，小作文就少了，这个时候该板块往往又容易能在怀疑中再次爆发，反比定律再次显灵。

总之，就是反向理解这个问题。

这与我以前分享的一个理念是相同的，那就是：拳打两不知。

也，与我曾经分享过的另一个理念是相通的，那就是：

股票反着买，别墅靠大海。

关于股票买点本质的思考

世界上很多事情，往往在你没有准备好的时候开始，在你已经准备好的时候就结束了。

好股票的买点往往也是。

好的买点，也喜欢在你没有搞明白的时候出现，在彻底明白的时候消失。

当然，这句话不绝对，或者我换句话来表达：

那些需要你"踮着脚尖"，稍微冒一定风险的买点，往往是好买点、高级买点；而那些让你觉得很"舒服""随便自由"的买点，往往是坏的买点、落于后招的买点。

经常有很多读者在后台留言跟我抱怨，说：龙头买不到，买到的往往是杂毛。

其实这句话半对。龙头确实往往买不到，特别是一旦确定是龙头，在自媒体的传播下，动辄一字板，或者高开秒板。稍微不留神，或者对某些不是全职炒股的朋友来说，买到确实很难。

于是很多人看着龙头涨停不甘心，就去买一个同赛道看起来分时图没有那么烈性的股票，或者等龙头哪一天涨得没有那么烈的时候去买。

而结果呢？

往往看着龙头继续涨，而自己的股不涨。

问题出现在哪里?

出现在妥协、将就、差不多这种思维之中。

事实上，如果要求苛刻和严格，如果认真复盘和反复追踪历史数据就会发现，绝大多数龙头，都能让你买到。

只是这种买不是那么"舒服"，要么等，要么挤。

等什么? 等龙头遇到分歧给你买点。

挤什么? 如果龙头的门缝开了，挤进去。

很多人之所以等不得，挤不得，主要有几个原因:

要么是看到龙头涨停或者一字之后，没有耐心，顺手牵羊买其他股。

要么是不敢，龙头一旦给机会，又害怕了。叶公好龙，首鼠两端。

要么被其他股套了，没有斗志了。

要么是没有钱了，买了其他股了。

这些原因背后，都有一个心理，那就是轻易在选股上妥协，轻易在买点上失去决心，不够决绝。

很多时候，龙头并不是不给买点，而是它给买点的时候，你却不给它耐心和勇气。

所以，买点问题表面是买的问题，而背后却是同气相求的问题。龙头股与做龙头的人本身所独具的品格互相吸引，才是买点发生的本质。

张爱玲说，这个世界上最幸福的事情就是，你爱的人恰好也爱着你。

而做龙头股最幸福的事情就是，你想买的股，也恰好在涨势未尽之前给你一个上车机会。

关键是，当它给你机会时，你还在等着它吗?

先手，并没有你想象的那么重要

不知道大家有没有经历过这种场景：每当有人说某个股好，或者贴出交割单来炫耀，总有另外一个人扔出他更早买入的交割单。围观者立即"哇"一声。那意思是他好牛，买得更早，是先手哦。那哥们扔完交割单后，也是一脸洋洋得意、沾沾自喜，甚至内心还有一丝对后买者的鄙视和无限的优越感。

早年，我对这种先手者也是好崇拜，人家怎么能那么早就买？

那时，买得早、有先手甚至成了一种价值观，成了比别人厉害的标志。

我很久没有走出这个认知。

直到后来，经历多了，才慢慢发现，并不是那么回事。先手，并非天然正确；先手，也并非是厉害的标志。

不再崇拜先手，也不再刻意为了先手而先手。

为什么这么说？请听我细细道来。

有一次，我在深圳跟中兴通讯的高管一起吃饭，席间聊起中兴和华为。中兴通讯的那个高管说，其实，很多领域，中兴都是比华为先做。比如手机，比如新能源，比如逆变器，比如芯片，很多领域中兴都占先。

那为什么中兴通讯落后华为了呢？我反问道。

对方说：两个原因，一个是华为执行力更强大，更舍得投入，敢下血本；另一个是体制原因，中兴是国企。

也就是说，先手在实力面前，并不占优。并不是谁先做谁就做得最好，而是看一个企业的综合实力。

其实，也并不仅仅是实力问题，有时候是火候没到，过于领先也容易出问题。

还是在深圳，我有次跟一个朋友聊天。他比较了解乐视。他说，乐视很超前，乐视的很多做法放在现在也很牛。包括华为的很多东西，比如建立 XX 生态，其实是学当年乐视的。也就是说，乐视在很多领域都是先手。

但，那又怎么样？

做得太早，如果条件不成熟，自身实力不够强大，不但不会成功，反而会因为过于超前而失败。贾跃亭再先手，又能如何？

在投资史上，最大先手的案例，莫过于李泽楷了吧。他很早就买了腾讯，拥有绝对的先手。结果呢？

所以呀，先手，并不说明一定会如何。

历史上，最先参加革命的很多，但能坚持到最后的才是元勋，中途背叛、意志动摇及各种其他原因让"先手"成为高危也很正常。

股市与此很类似。

无论是浙江建投还是中通客车，也包括历史上的九安医疗、顺控发展，一板二板买入的大有人在，坚持到最后的寥寥无几，更多者是中途下车。

而当初所谓的先手，也许是误打误撞。即使不是误打误撞，而是千挑万选的买入先手，也未必不在第二天第三天卖掉。

正如《诗经·大雅·荡》曰：靡不有初，鲜克有终！

　　先手因为买得过早，也往往有卖得过早的风险。因为定龙还没有确定，气势往往没有成，晃晃荡荡的过程中，很容易让先手的筹码卖飞，反而不利于锁仓龙头。

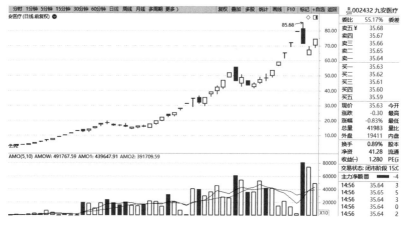

图2-7　九安医疗走势图

　　所以，还有一句话：买得早，不如买得巧。

　　我有很多朋友都喜欢买先手，但他们更容易卖先手。上天给你抢先手的天眼，往往也会给你过早卖出的躁动之性。

　　除此之外，先手还有一个要命之处，那就容易成为先烈。既然是先手，往往是最初发现，而且是条件并不成熟的时候，冒险性发现。这种时候，做成了就是先手，做不成就是先烈。

　　所以，我们圈内还有一句话：先手和先烈仅仅一线之隔。

　　其实，大家想过没有，先手只是一个买点概念，或者是时间优势的概念。过于把先手放到很高的位置，其实是强调买点大于一切，而在我看来，买点只是理解力的副产品。

如果不强调对市场本质的理解，不强调对买入标的市场地位和级别的理解，只去强调先手，其实很容易把战术置于战略之上，容易陷入对巧的追求。

特别是对龙头选手来说。

因为龙头本质上是接力的游戏，它比的是对接力的理解，是对后续还有多远的理解，而不是有没有占有先手。

如同战争，龙头选手最需要的是对战争性质和规模的理解，对级别和持续周期的理解，而不是纠结有没有占到先手。

如果作为战术，先手不失为一种战术选择，但，它不是全部战术，更不能取代战略判断。

什么是战略? 就是这个股的市场地位和接力的大周期。先手只是其中的一环。

我们可以用先手，事实上我也经常去占据先手，但我会告诫自己，先手仅仅是买入的一个点，不是全部。更不要把先手价值观化，让先手的买点高于一切。

因为，只要你把先手价值化，认为先手就比别人买点好，就比别人高明，那么，你内心深处就会无形地轻视接力、鄙视二次加仓。一旦这样，你就会在超级大行情中，失去持续加仓、持续重仓的战略能力。

我们可以先手，但不能纠结于先手，不能对它耿耿于怀，不能因为没先手，错过先手，就不再主动出击大级别的龙头。

很多人做不好龙头的一个重大原因，就是总觉得自己比别人买得晚，总觉得自己技不如人，总觉得自己买高了，总觉得自己吃亏。一句话，总觉得自己没有占到先手。

我认识很多顶级龙头选手，我发现他们的先手能力都不是很强，但他们有强大的锁定龙头能力。就是能够确定龙头的级别和性质，然后敢于在没有先手的情况下，依然重仓出击。

对确定性的把握和仓位能力，才是龙头选手的至高境界！才值得我们梦寐以求！

买得早，不如买得确定。

而确定，往往不一定在先手的时候。

当然，我的这种思路是龙头思路，而不是技术思路、打板思路、溢价思路、套利思路。对于后面这几种思路，先手确实很重要。

我并不是否定先手的重要性，事实上，对于打板的人来说、对于一些做补涨和套利的人来说，先手在某种程度上是很重要的。

但，我们不要把先手泛化为一种价值观，仿佛失去了先手，这个股就不能做了。

对于龙头选手来说，我们不能让先手影响我们跟龙头的约会。

有时候，还真的是流水不争先，争的是滔滔不绝。

比起先手，我们更看重正手、狠手，同时，不放弃超级大行情的后手，因为有些后手，可能是厚手。

注

本文是专门为龙头选手而写，如果不是龙头选手，也许不适用，甚至格格不入。

—— 神之一手

任何一个牛股，一个龙头，都存在一个最佳买点，即最理想的买点。

案例1：联环药业

图 2-8 十字线聚焦的地方，是该股起飞点。这一天的妙处不仅仅是首板、是临界点，而且是合上新闻事件和周期阶段的买点。该天之后，新冠疫情的新闻逐渐被媒体广为报道，该股则成为疫情赛道的灵魂股，充当了这一波行情的龙头。那么这一天，就是理论上的最佳买点。

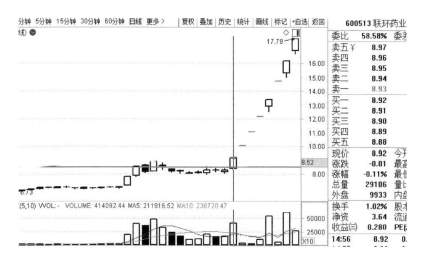

图 2-8 联环药业走势图

案例2：道恩股份

如图 2-8 所示，疫情经过第一波之后，进入休整。第一波行情的核心在于口罩本身，主要原因就是国内疫情。第一波之后，有没有第二波？如果有，谁来挑大梁？这成了当时最核心的问题。道恩股份启动的时候，即图中十字星聚焦之处，口罩并没有成为市场焦点，因为很多人认为口罩会过剩，甚至认为口罩涨幅太大没有第二波。在这种情况下，道恩股份拉出了一个涨停板。事实上，拉板这一天，其他口罩股并没有跟随，也没有板块效应。妙就妙在这里，这一天可谓拳打两不知。该股封板之后，海外疫情突然发酵了。特别是韩国、伊朗和意大利。那么该股就成了当之无愧的疫情核心股。而这一天，也成了最理想的买点。

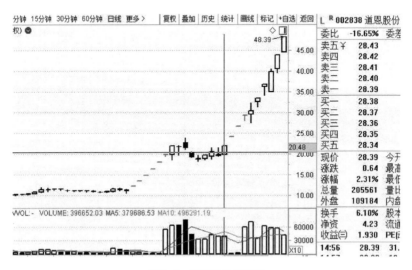

图 2-9　道恩股份走势图

案例3：南宁百货

南宁百货是 2019 年的牛股，该股最舒服的买点是首板，当天姚振华拍到它的股权。而彼时市场喜欢股权转让概念，当年的宝鼎科技、九鼎新材、诚迈科技莫不如此。首板之后，姚振华取得股权的新闻就被无限放大，于是一路涨停。

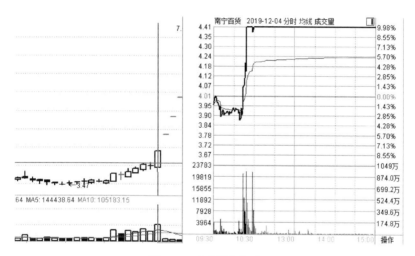

图 2-10　南宁百货分时图

案例4：王府井

图 2-11 十字聚焦之处，既是新一浪的起点，又是消息爆发的前夜。过了该天，王府井进入了免税牌照保护下的主升浪，也成了当时市场的龙头和风口。事后看，最佳的买点就是十字聚集处。

读到这里，很多人可能会说，明白了：所谓最佳买点，就是第一个涨停板，第一根启动 K 线。

其实未必，有时候，也许第二个或者第 N 个涨停板，才是理想中的最佳买点。

图 2-11　王府井走势图

案例5：浙商证券

浙商证券是券商那一波的情绪龙头，与光大证券并驾齐驱，引领了券商的年度行情。但，浙商证券首板的时候，并没有这种气质，也就是说，它的首板，根本看不出来它是券商的情绪卡位龙，直到它二板封住后，光大证券又来坐实，其他证券来跟风，它的地位才变得无懈可击。复盘这个过程，我们发现，这个股最佳最确定最理想的买点是第二个涨停板，第二根 K 线处。

　　还有一些股票，第二个涨停也未能定龙，未必是最佳买点，我们看看下面这个股。

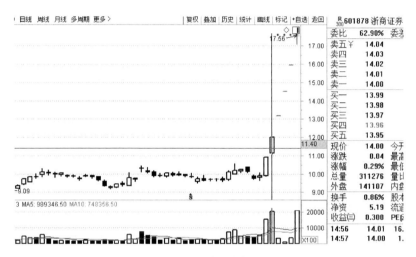

图 2-12　浙商证券走势图

案例6：豫能控股

　　如果按照 K 线数，该股在启动后，第 6 根 K 线处，也就是反包的那个涨停板，才确定它在市场上无与伦比的地位。前面的买点，也许是补涨买点，也许是技术买点。只有反包确定性质，同时从气势上压倒东风汽车，才能确定它的王霸地位。之后，才是一览无余的龙头加速。

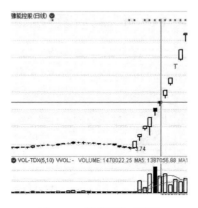

图 2-13　豫能控股 K 线图

　　以上是情绪龙头、黑马妖股的案例，其实白马趋势龙头，从理论上也存在最佳买点。

案例7: 贵州茅台

　　图 2-14 是贵州茅台，这个大家再熟悉不过。我认识一个深圳的波浪高手，精准地在 84.20 元那里，即图中十字聚焦处，定性该股为最佳买点。为了纪念这一天，他当天把这个判断写在自己的博客上。事后看，这个点确实是该股否极泰来的最佳点，从此之后，该股就开启了星辰大海，其魅力至今都无人能够匹敌。

　　好，打住，案例到此为止。

　　各位看官看到这里可能就会说，你这是马后炮，有本事那时那刻去指出。

　　对，这就说到点子上了。

　　所以，本文一开始就说，这里讨论的是"理想中"的买点。

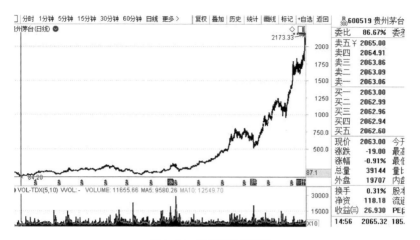

图 2-14 贵州茅台走势图

所谓理想中的买点，就是穿越到这个股票后面，对该股进行整体式的鸟瞰和全部的信息占有，然后寻找最佳出手位置。

有人可能会问：理想中的、理论上的最佳出手点，都已经过去，再讨论它还有什么意义?

当然有意义。

只有反复去深究已经走出的大牛股，对过往牛股"庖丁解牛"，才能在未来的大牛股身上"灵光一闪"找到妙手。

其他领域也往往如此。

我记得以前学物理的时候，老师都会讲：假设某某某成立，那么就可以推出某某某。

在现实世界中，从来没有符合某某某假设的情况，但这并不影响物理学对该情况进行深入探索，然后用理论结晶去反哺并不存在某某某情况的现实世界。

　　本文就是借鉴物理学中的这种方法，默认理论上存在一个最佳买点，先不管事前事后，先去找到它，看看它长什么样，看看它有什么规律和特征，然后无限靠近它。

　　前文 7 个案例，就是我找到的理论上最佳买点。它们都符合以下特征：

　　（1）位置低，大多数处于启涨点，可以享受未来很大的上涨空间。

　　（2）买完即能定龙。当天 K 线完成后，该股就获得市场灵魂地位，成为当之无愧的风眼。

　　（3）叠加周期。它的启动，同时也是周期的启动。

　　（4）叠加新闻事件。仿佛知道底牌和未来事件的推演一样。

　　由此，我们就可以用这四条反哺我们的股票：凡是符合或者无限接近这四条的买点，就是最佳买点。

　　这种买点，也被称为神之一手。我把这种买点称为最高境界的买点，最理想的买点。

　　有人可能会问，这种买点仿佛天外来客，在这里买的人必须具备天外飞仙的本领，现实中有人能做得到吗？

　　当然有人做得到。

　　我就认识很多民间高手，经常就是在这种买点做。本人不才，偶尔也有这种神之一手的运气。

　　我认识一个顶级民间高手，并没有多大名气，上述黑马案例中的 6 个，他有 5 个买在神之一手的位置，而且是重仓。

真是青年才俊!

这种买点也是很多游资梦寐以求的买点。

如果你没有功力做到这种买点怎么办? 或者说，我不会这种买点就做不到牛股吗?

非也。

本文之所以把这种买点称为"神之一手""理想中的买点"，就是说现实中这种买点很难做到，它往往存在于理想之中。

即使是我刚才提到的那位青年才俊，他也不可能在每个牛股身上都做到神之一手。

能做到的，往往是他的状态、勤奋和运气合一所致。

就如齐达内曾经踢出的天外飞仙一球一样。

既然这么难，为什么还要探讨这种买点?

因为这种买点探讨明白了，其他几个买点就可以由此展开来论述了。

理想王国的展开，就是为了现实王国的建设。

接下来，如果时间充裕，我将在此基础上，展开讨论买点问题。

买点不是点，神手非一手

故事得从几年前说起，当时我认识一个深圳的高手，其短线手法近乎鬼魅。

适时，在一个大佬的小群里内，该高手常常在 9：40 甚至 9：33 分之前，就把交割单贴在群里，一看全是当时最好的股票，个个涨停，群人皆呼神奇，而他则淡淡地说一句：

下班了，关电脑。

彩!

当时很多人学习他的手法，我也努力地去理解他的要道。但后来发生一件事，我发现他的思维不能盲目学。

彼时，有一个股票叫东方通信，按照他的方法，应该在（2018年）12 月 24 日去打板买入。我们看下当日的图，如图 2-15。

图 2-15　东方通信分时图

但，当天他因为一些原因没有买到，结果，后面的几天，他天天像祥林嫂一样在群里唠叨：这是我的股票，这是我发现的，我错过了买点，可惜呀，可惜……

那天之后，他因为错过他的买点，一股都没有买。包括后面的第二春那个轰轰烈烈的主升浪，他也一股没有买。

按说错过了买点，就错过了吧，为什么还耿耿于怀? 这说明他内心世界知道主升浪才是核心，错过了主升浪心里恨自己。

但，他又不愿意在第二天、第三天乃至后面的主升浪中来及时纠正自己，来参与一个超级大牛股。

这说明什么?

首先我申明，这并非说明他不行，因为他的手法我们见识过，他确实有一套。但这说明他买点中有一个致命的思维局限，那就是：

把买点当成一个"点"。

这就是我今天要重点跟大家讨论的。

像这位仁兄的人很多，在这类交易者眼里，买点就是一个点。一个好的股票，存且只存在一个最佳的入场点，这个点：

或叫临界点；

或叫起爆点；

或叫爆发点；

或叫先手；

或叫妙手；

或叫"神之一手"。

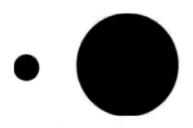

图 2-16   最佳点思维

这种交易风格，或者对交易的理解，对不对呢？

我并不认为不对。事实上，安于这种理解，练精这一种方法，也能取得很大的成绩。我就认识一些高手，只参与起爆点，只练习神之一手，也取得了很大成就。无可厚非。

但，必须安于这种模式，必须接受这种模式的缺点。

如果错过最佳买点，内心还反复纠结这个股未来有多高，那是不忠于这种模式。

这种模式，也就是我上文重点讲的"神之一手"。其买点事后看，是最理想的买点。

但这种买点有个缺点，一表一里。

表：如果错过这个买点，或者在临界点处稍微迟疑打盹，失去了这个

　　点，就彻底错过了这个股。

里：把一个股票的命运寄托在一个点上，把投资的缘分寄托在某一刹

那，不够本质和通透。

表容易理解，我们重点说下里。

如果某个股票是大牛股，某个股票是主升浪，某个股票是好股，它应该不止一个买点。如果一个股票只有一个买点，那么这个股票不买也罢。

——我们应该这样理解股票。

换句话说，好股不应该存在神之一手，而应该是多手。

举个最通俗的例子。如果房地产是个股票，那么最佳出手点应该是 2004 年，那个时候是起涨点。但，如果你深刻理解中国房地产，2005 年、2006 年、2007 年，乃至 2014 年、2015 年、2016 年，都是买点。并非只有 2004 年才是买点。

再举个例子。贵州茅台最好的买点是哪里？就本轮行情来说，仿佛 84.20 元是最好的买点，但那之后就不是买点了吗？如果你错过 84.20 元就不能再去买这个股了吗？

由此可见，好的买点不应该是一个点，好的投资标的不止一个入场点。只要理解了所投资的标的，买点应该是模糊的、宽泛的。

在几何学上，我们也知道，点是最不稳定的。只有多点构成面，多面构成体，物体才稳定。

对股票的理解亦如此。

一个好的股票，应该由基本面、技术面、周期阶段、估值、主升浪等综合因子一起构成。买点只不过是这些综合因子理解了之后的顺手牵羊而已。

所以，本文的标题叫"买点不是点，神手非一手"。

同时，卖点也是。

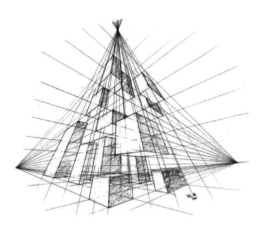

图 2-17　多点构成面

我写这篇文章的主要用意并不是探讨买点，而是希望大家从买点中解脱出来，思考股票本身。记得我在《龙头信仰》上也写过，很多人把过多的精力用于研究买点了，结果用在思考股票本身的时间和精力很少。

其实，应该相反。多去思考股票本身，思考它的哪些东西呢？

预期差大不大？

是否是主赛道？

市场处于什么周期阶段？

是不是主升浪？

什么性质的资金在玩这只股票? 该性质的资金的秉性如何? 历史表现如何?

这些想清楚了, 再去看买点, 这个时候的买点, 就不是买点, 而是一种顺流而下、举手之劳的东西。

而如果这些东西不去思考, 见到一个股就用买点和模型去丈量它, 很容易偏离股票本身。

那种买卖点, 无论是叫最佳买点, 还是叫起涨点, 或者是叫神之一手, 都未深入本质, 都不够究竟, 也都不能代表神的旨意!

补射

关于买点：

我们讨论过最佳买点——神之一手。

也对买点进行过深度思考——买点不是点。

今天再讨论一个话题——补射。

神之一手是理想的最佳买点，

买完就腾飞，

买完就是龙头，

买完就是主升浪。

但错过神之一手之后，应该存在一个第二买点，我把这个第二买点称为"补射"。

这个补射点或者在第二天确定性质之后，或者在第二次洗盘形成一个分歧那里。越大的牛股，越大的主升浪，越存在这个点。如果仅仅是超短，今天买了明天卖，这种是没有补射的。

补射的存在是对人有限理性的认可，是对现实世界不完美的补充。

记得我讨论"买点不是点"的时候，有个朋友在后面跟帖，原文是这样的：

这是个有超级洁癖的杀手，必须一剑封喉。

必须刺中喉咙，必须只一剑，必须用剑。

这个观点颇有古龙武侠的境界，很西门吹雪，读起来很爽！

但他忘记了，现实世界是没有武侠的，武侠世界只是成人的童话。比起从小说中去寻找境界，我更在乎事实。我看过无数军事纪录片，冷兵器时代的和热兵器时代的都看，这些纪录片不能说全部是事实，但对事实的还原远远超过武侠小说。

纪录片中，我们看到补射、补刀、补枪的事情太多了。

我本人也略懂武术，知道一个道理：丑功夫俊把式。

当人在真刀真枪厮杀的时候，是不会讲所谓的洁癖的。所谓的只刺咽喉，只用一剑的，只是臆想。

那些看起来很俊俏的神之一手，在厮杀斗争中是不存在的。武德只存在幻想中，不讲武德才是现实。

所以，把买点当成一个点是小资金的想法，也是入世不深的时候所奢求的。而真正的大资金，比如公募，再比如我们看到的赵老哥、方新侠，他们往往反反复复地在一个股票上做。

哪里有什么神之一手，只不过都在纠偏中前行，都在消息进一步明朗后反复加仓减仓而已。

我们还可以用一个反证法，如果买点是神之一手，只有一剑，一个买点，那么卖点呢？难道错过了最佳卖点，其他时候就不能卖了吗？

所以，我们需要补射。无论是买，还是卖，都有补射行为。比如足球竞技，当一个运动员踢球没有进，难道下次球到他脚下他就不能补射了吗？再比如战争，当赵子龙一枪没有把敌人刺杀，他就不能再刺一枪吗？

行文至此，我想起了刘邦和项羽。曾记得，项羽射一箭正中刘邦肩膀，当刘邦截断箭杆，装着没事，嘲笑项羽箭法不准的时候，此时，范增让项羽再射一箭，项羽却拒绝补射。若干年后，当刘邦有机会围住项羽，项羽多次冲出去，刘邦却没有那么讲武德，他命令手下，想办法围追堵截，多次补射，最后项羽才在四面楚歌之下绝望自刎。

当然，《史记》也有虚构的成分，但是常识不会欺骗我们。当我们上战场，一刀没有将对方致命的时候，你会不会补刀？

太会了。

正是基于这种认知，我觉得股票的买点也是，不应该只有一个点，不应该在点上去求，应该以目标和标的为中心，坚持目的主义，当目的容许，可以有多个点。其中一个重要点就是二次补射。

记得有一次看高瓴资本张磊的投资案例，他就存在多次补射行为，特别是新能源领域。

张磊本来是做一级市场的，如果他觉得一级市场拿的货不够，通常在二级市场继续拿货。在高瓴资本内部，这种行为被称为"补一枪"，其实就是补射。

有一个叫徐新的女投资人也非常擅长补射，她有钱了就去买腾讯，多次补射腾讯。

与此相比，李嘉诚的儿子李泽楷就机械得多。他多次后悔卖掉腾讯的股权。

我曾经专门写过一篇文章《卖飞、错过好股怎么办？》谈这件事，我说李泽楷没有资格后悔，因为腾讯就在香港上市，他从来没有补射过一次。也许在他内心，买点就是"一个点"。或者，他根本就没有搞清楚腾讯是怎么回事儿。

当然，写到这里我也惭愧，我曾经于 200 多元买茅台，后来 499元卖掉；再后来 700 元多买茅台，999 元卖掉茅台。从此之后，再没有补射过。

所以，在这里我把我的教训写出来，把补射这个武器分享出来。

徐新 Kathy
第一次知道腾讯，是2004年6月在腾讯IPO的 午夕会上，还记得当时的第一印象：这家公司有好多用户，都不怎么付钱，只有极少数用户一年付几块钱，总裁Martin说话挺实在，创始人小马哥有点害羞。没过多久，因为短信要二次确认腾讯股价跌了，在HKD5块5的价格（一拆五，等于每股成本HKD1.1）我冲进去买腾讯股票，16年过去了，我一股没卖过，一有钱就加仓，500多倍的回报是可喜的，这让我更坚信品牌的力量，复合增长的力量。16年过去了，一路见证腾讯扩品类，做出一个个好产品，让用户开心，从即时通讯到腾讯游戏，到腾讯视频，QQ音乐，到伟大的微信，微信支付，正担心时长被短视频抢了风头，又有小程序企业微信推出，开启私域流量的新时代，16年的时间不短，腾讯也经历几次挑战和低谷，每当我心有凝虑时候，就把小马哥的讲话，张小龙的视频拿出看看，看完心里就踏实了，他们就像麦田的守望者，用心守护着用户，今天是腾讯22岁生日，做为用户，做为股东，忠心感谢腾讯！感谢腾讯团队！Happy Birthday！

图 2-18　徐新发的朋友圈

当然，不能因为补射这个武器的存在，就放弃对买点"严肃性"的追求。即使补射本身，也是一件很严肃的事。

但，无论如何，我们理解买或者卖，不能再局限为一个点。

错过了买点，可以寻找第二买点。错过了卖点，也可以找次佳卖点。

不过，最要不得的是搞反了方向。如果到了该补射买的时候，却去卖；到该补射卖的时候，却去买，则会犯大错。

这个世界上有人犯这个错误吗？

有！

不但有，而且是世界上最富有的人，他就是比尔·盖茨。

盖茨现在身价 900 亿美金，持有的 3% 微软股份不到 200 亿，其余都是投资赚来的。他从 1994 年设立投资公司重金聘请牛人做投资，把 45% 股权陆续变现做投资，到了今日的 900 亿！但……如果盖茨不减持，还拿着 45% 股份，现在身价应该是 2900 亿美金。

图 2-19　微软股价逐年上升

有人可能会说，美国的公司治理，如果比尔·盖茨不卖他的股票不会有那么多机构建仓，云云。

　　我关心的不是这个，他们说的哪怕是对的，但，事后当微软公司治理健康后，比尔·盖茨可以补射自己公司的股票，可惜他没有。而是继续多元化投资其他公司股票。我相信，后来盖茨买微软的股票没有任何法律障碍，但他从来没有补射过。

　　这个事情也出现在马化腾身上，他也是一路卖卖卖，没有见过他搞个回马枪补射过。

　　这说明什么？

　　说明富可敌国、聪明绝顶的人，也可能在补射思维方面有盲点。

　　也许他们大部分精力和时间，都在思考科技和企业，而不在乎投资那点钱。

　　但，如果不是企业家，而是专职的投资人，比如张磊、徐新，比如巴菲特（多次补射苹果、可口可乐），再比如正在从事投资或将来想从事投资的你，就不能有这个思维盲点。

追高买，还是低吸买

追高、低吸，有优劣高下乎？

这个问题的答案，不在追高与低吸本身，而在把它们放在什么股上。

如果一个股，需要合力和情绪，那么这种股，最好是不见兔子不撒鹰，也就是多用追高去买比较好。

如果不取决于合力，而是取决于估值和趋势逻辑，那么这种股，就无所谓兔子和鹰，理解了估值和趋势，就可以进，是追高买还是低吸买，无所谓。

股的不同，决定了不同的介入方法。

有的股就活一口气，这类股只能追高。因为一口气上不来，可能就核了，不要轻易去意淫低吸。

而另一些股活一种势，它与一口气没有关系，也没有谁能轻易核得动它，那么这种股，就没有必要一定追高，有时候低吸反而更具有成本优势。当然，这种股，也不拒绝追高。

追高买的根本逻辑是什么？是越高越证明龙性对，越高越证明地位在，越高越证明人气在。用"高"、用"上涨的事实"甚至"用涨停的事实"来证明它是王者。这类股不但不能怕高，反而越高越兴奋。比如，当年的顺控发展、当年的浙江建投、当年的湖南发展。

低吸买的根本逻辑是什么？是已经"有东西"证明它对，不需要"分时高""涨停板"再来证明，那么这种股，哪怕短期的分时和 K 线下跌，也不惧怕，下跌甚至会带来降低成本的好机会。

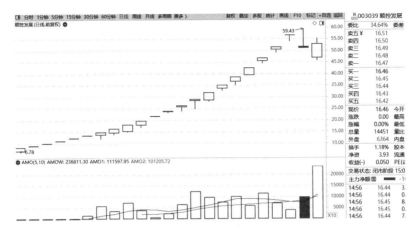

图 2-20 顺控发展走势图

这里的"有东西"是关键。

那么，是有什么"东西"呢？

或是有估值面的东西；

或是有基本面的东西；

或是有趋势凝聚成的东西；

或是故事面（暂时无法证伪）的东西。

反正，这个东西不需要像连板情绪股那样依赖涨停和卡住地位来证明。那么这种股，你跟它谈什么追高？你又怕它什么阴线？

可以这样说，情绪连板股像花朵，晴天才能生存，不喜欢风吹雨打。而趋势股则像松柏，风吹雨打是平常事，甚至寒冬腊月更有利它的坚韧不拔。

如果把追高比喻成晴天，把低吸比喻成阴天，把恐慌比喻成下雨天，那么，毫无疑问：

中通客车、湖南发展、三羊马这样的情绪股，喜欢晴天，追高买更符合它们的基因。

比亚迪、天齐锂业这样的趋势巨无霸，喜欢阴天，甚至下雨天，当然也不拒绝晴天。关键是，阴天和雨天，更能凸显它们的优势。

所以，有人喜欢下跌，喜欢阴天和雨天，因为他已经通过其他方法（而不是股价的上涨）确定了股价会趋势性上涨。而有人喜欢晴天，因为只有晴天才证明他没有选错股。

是风格不同，决定了喜好不同。

那么你呢？

晴天、阴天、下雨天，喜欢哪一个？

注

本文的核心是观念的突破，没有详细展开讲什么是"有东西"。那么，肯定有人问，我怎么提高才能知道"有东西"？或者，我去哪里增加自己看"有东西"的能力？

关于这个问题，真的不是一篇文字和三言两语能说清楚的，只能靠积累。我也曾经专门就这个东西，写过详细的论述，大家可以打开《龙头、价值与赛道》第二章《逻辑论》，此章都在聚焦讲"有东西"。

—— 论主升与反包

我曾经有个观点：有连板主升就尽量不要做反包。

下面我从多个层面来论述这句话。

一、比较优势

"有主升就不要做反包"，这句话在逻辑关系上是优势比较，就是同等条件下，如果 A 是主升，B 是反包，那么 A 优于 B。

并不是说反包都是差的，或者反包做不成龙头，而是说，在其他条件一样的情况下，主升比反包有优势。

或者这样说，两个股其他条件类似，一个是主升，一个反包，让你去选，尽量去选主升的。主升是一个加分项。

这句话并非说只有主升是对的，反包就是错的。

所以，那些断章取义者，希望能先搞清楚这句话的全面含义。

我们不否定，在某些情况下，反包反抽也能出龙头。或者说，当一个股已经成为龙头了，它反包反抽一下，难道就不行了吗?

我们是说，当你还没有成为龙头的时候，或者正在竞争的过程中，人家是主升态势，你是反包态势，你不如主升态势好。仅此而已。

二、反包与二波

反包通常是指 1~2 个交易回调后再涨停进攻。二波是指调整一个波浪，往往5天以上，然后再进攻。

反包洗盘时间短，有时候甚至一天。二波洗盘时间长，是一个波浪洗盘。

我们说，主升比反包好，并不是说主升比二波好。

反包与二波不是一回事。

如果二波走连板，那么，二波其实是主升。

我本人也喜欢做二波，比如郑州煤电、九安医疗、东方通信、浙江建投、翠微股份等等。

我曾经把二波叫第二春。

第二春里面，我依然认为主升比反包好。即：哪怕是第二春，最好也是用连板主升来完成，而不是反包来完成。

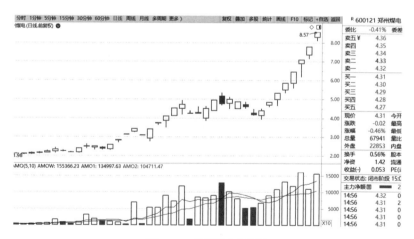

图2-21　郑州煤电走势图

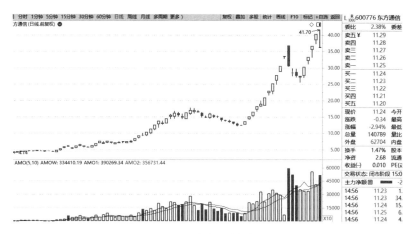

图 2-22　东方通信走势图

三、主升更符合龙头本质

黑马龙头的本质是连板，特别是情绪龙头。

如果情绪好，如果你有市场地位，不到迫不得已，市场不可能让你以反包的方式前进。

特别是自媒体发达的今天，哪个股稍微有地位，就迅速被媒体放大，甚至主升都嫌慢，哪里还让你反包前进？

经典的具有传奇色彩的顶级的妖股应该是顺控发展、中通客车那样的，一气呵成，一呼百应。

四、白马价值型龙头多反包

但，反包依然有其价值，特别是价值龙头。

按照我的体系，龙头一花三叶：股权龙头、白马龙头与情绪龙头。

有主升就不做反包，是针对情绪龙头。而白马价值龙头，反包恰

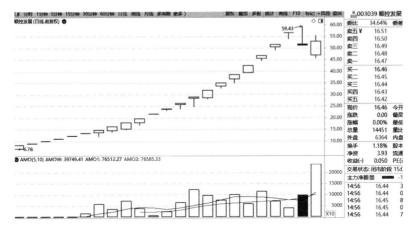

图 2-23　顺控发展走势图

恰很有价值。我以前就喜欢做这种反包。

　　比如爱康科技、浙江龙盛、小康股份，是典型的价值型路线，这种股，就喜欢反包。就拿 2022 年 6 月来说，最近价值型龙头是谁？前段时间是京山轻机，它就是用反包的方式来完成的。

　　其实，九安医疗综合了价值和情绪，所以我们看到，九安医疗也喜欢用反包。

五、异动新股环境下，主升和反包的优劣

　　异动和停牌新规，会增加反包的场景，但，同等条件下，依然主升连板的比反包好。

　　如果都没有停牌的压力，主升连板绝对优于反包。

　　如果有停牌压力，可能反包会占有优势。但，这种反包必须是前面通过连板主升打出地位的股。且，同等条件下，反包后连板比反包

后再反包好。

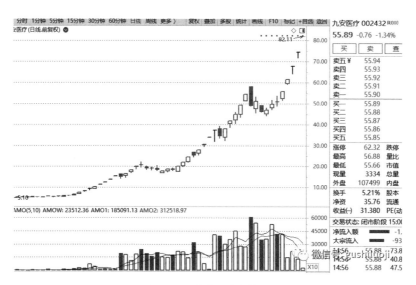

图 2-24　九安医疗走势图

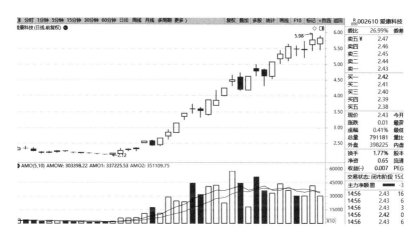

图 2-25　爱康科技走势图

图 2-26　小康股份走势图

六、关于核按钮

遇到洗盘和情绪退潮，主升炸了，还有反包预期，反包炸了，二次反包压力大很多。

在日内，一个是主升，一个是反包，同时开炸，资金修复主升的愿望通常比修复反包的愿望大。

七、龙头与反包

这一条最重要，我只说一句话：如果已经确定是龙头地位了，你是主升还是反包，都不重要，此时应该抛弃任何形式。但，如果还没有确定龙头，还在竞争中，主升要比反包具有无与伦比的优势。

总之，反包和主升的关系，就是曲直的关系。

　　龙头分黑白，黑马龙头多走直线，所以连板主升是其主要表现形式；白马趋势多走曲线，反包折腾也不必大惊小怪。

　　但是，从龙头的本意上来说，龙头对连板的渴望还是大于对反包的渴望。

　　恰如人生，

　　如果能够策马扬鞭，谁还会以曲为直?

　　如果能一气呵成，谁还会扭扭捏捏?

　　毕竟龙头在大多数情况下都是直中取，而不是曲中求。

盘中弱转强

江湖上流传一种手法，叫弱转强。

比如，昨天很弱，是个大烂板，或者干脆封不住板，但第二天开盘抢筹，把集合竞价也抢高，然后高举高打，迅速封板。

举个例子吧，看图 2-27：

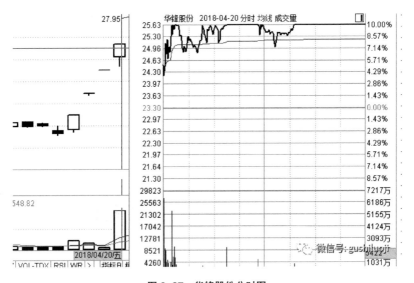

图 2-27　华锋股份分时图

这个股叫华锋股份，典型的烂板，很弱。那么第二天怎么样呢，我们看看下一日的盘口，见上图。

第二天不但弱转强，而且是超级弱转强，直接开一字板附近，当天盘口呈现经典的 T 板走势。

这种弱转强是江湖上一个必杀技，某些善用者，往往能够一剑封喉。

不过今天要跟大家交流的还不是这种弱转强，而是比它更有威力、更霸道的弱转强，或者说是弱转强的加强版——盘中弱转强。

传统的弱转强是基于日线级别，而盘中弱转强基于日内分时图级别，就是不隔夜，盘中就完成弱转强。

我们来看看案例。

顺博合金早盘明显很弱，一度砸到 –5% 左右，可谓风声鹤唳，但是盘中迅速完成弱转强。

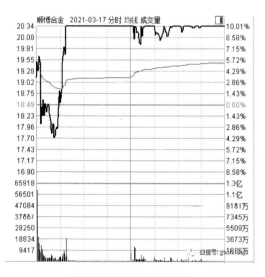

图 2-28　顺博合金分时图

可能有人会问，当天它依然是烂的呀。是的，从事后看，它当天的分时图确实是烂的，但是它弱转强上板的瞬间，你根本不知道它后面会烂。这种弱转强一旦成功了，就容易吸引市场上大多数人的眼球。

这个股后来成了那个阶段的大牛股，甚至差点成了穿越龙头。

图 2-29 是新天绿能，也是盘中迅速下砸，砸成稀巴烂，但后来迅速弱转强，第二天继续给溢价。

图 2-29　新天绿能分时图

下面举一个更新鲜的例子，2021 年 3 月 31 日的美邦服饰。

美邦服饰作为新疆题材属性的高标股，盘中被压制，可谓弱之又弱，特别是比起同身段的新赛股份来说。但该股尾盘迅速扭转乾坤，在分时图级别完成弱转强。真是骚操作！

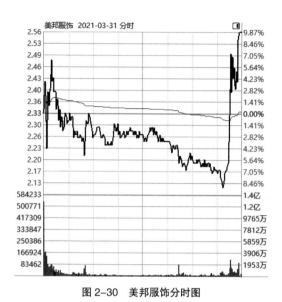

图 2-30　美邦服饰分时图

　　其实，2021 年一季度最典型的盘中弱转强还不是它，而是另外一个妖股，那就是当前最红的顺控发展。见下图 2-31。

　　2021 年 3 月 25 日，顺控发展全天破破烂烂，颤颤巍巍，尾盘还打到水下，但最后 10 分钟，居然从天而降无数大单，可谓天外飞仙，神来之笔，迅速把股价拉到涨停。这是典型的日内弱转强。原来股王也用这一招，壮哉！

　　日内弱转强比隔日弱转强有更大的优势，因为它更贴近实战，更符合盘中的瞬间转变，特别是，它更加先手。

　　不过，盘中弱转强也有个很大的缺点，就是一旦没有转成功，或者再度转弱，那么第二天往往是核按钮伺候。所以，先手一旦做成，就是元勋；一旦失败，就是先烈。

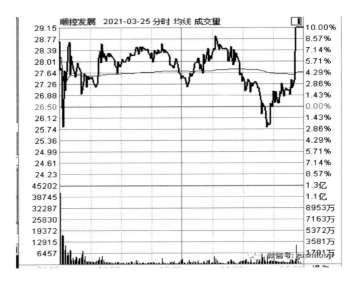

图 2-31　顺控发展

　　所以，弱转强虽然看起来很好，但依然是战术，它必须依托对市场地位和市场情绪的判断。如果仅仅从分时图来找弱转强，往往会成为先烈；如果从大局观和市场地位出发来寻找弱转强，则容易成为真正的先手。

假弱真强

很多人对强弱的认知，是基于分时图。如果分时图简单、干净，封板过程猛烈，封住之后不打开了，就谓之强。

而那种封板过程慢吞吞，封住后出现炸板或者打开，谓之弱。

这种认知对不对呢？

对一半。

仅仅从静态上看，可以这样说。但，如果叠加上动态，就不能这样说。举个例子，看图 2-32：

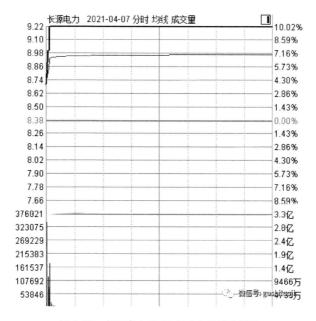

图 2-32　长源电力 2021 年 4 月 7 日分时图

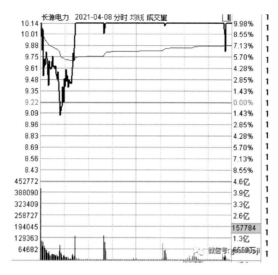

图 2-33　长源电力 2021 年 4 月 8 日分时图

　　图 2-32、图 2-33 是长源电力两天的分时图，图 2-32 无论从哪个角度看，都叫强。但图 2-33 在很多人眼里就没有那么单纯了，在市场大多数人眼里，这种分时图叫弱。所以，类似这种分时图他们第二天喜欢做弱转强。我见过很多大 V、大佬，看他们写文章或者做分享，都把这种分时图叫弱，然后以此建立自己的弱转强模型。

　　但我觉得这种认知有点形式主义，只单纯地从图形出发来看强弱，而没有从环境出发来看强弱。

　　我的观点是：看强弱要还原到当时的环境、当天的状况。就拿图 2-33 来说，当天碳中和类的股票血流成河，豫能控股天地板（几乎从涨停杀到跌停），银星能源也是天地板，中材节能几乎跌停，华银电力几乎跌停，市场高标股绝大多数都是一片哀号。在这种情况下，长源电力能够走出图 2-33 的走势，能够坚挺地守候在涨停板上，不叫弱，叫强！

就如同在战场上，身上中箭、腿上有伤、鲜血直流的不一定是弱者。相比九死一生，能够活着屹立战场，本身就是英雄，是强者。

于是，我们就获得一种新的认知：弱转强不是用分时图来定义的，而是把分时图和当时的市场环境结合起来定义。

在这种思维下，我们把那种从分时图上看是弱，但从环境上来看是强的走势，叫假弱真强。

这种假弱真强可以形成一个很好的买点，这种买点就是利用认知差来赚钱。当大多数人认为是弱，你能看出它强的时候，就可以利用这个认知差赚钱！

市场上做龙头战法的最害怕当知道谁是龙头的时候买不到了，一字板了，或者高开秒板。其根本原因在于认知同质化，无法拥有认知差。

怎么拥有认知差？就是看到别人看不到的东西，或者跳出原有框架，从大局观和大环境的角度来认知一些东西。为了更加形象细腻，请大家看图 2-34 和图 2-35，这两个例子就是典型的假弱真强。

也许很多人看完这两个例子会觉得这很简单，不就是看分时图似弱又强吗？

非也！

分时图只是这种认知的表象，从分时图的对比分析中看出强弱才是根本。也就是说，不要简单地看图，而要把图还原到当时的大环境、大周期中去看，通过多重比较，去判断强弱。

这种判断强弱的方法，也叫动态判断法，或者叫比较判断法。它跳出了分时图表象的桎梏，深入本质认识强弱。

恰如佛法有云：若见诸相非相，即见如来！

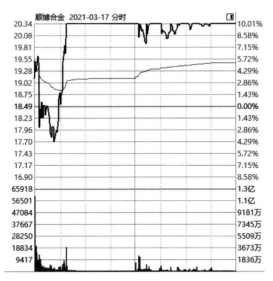

图 2-34　顺博合金分时图

图 2-35　中材节能分时图

—— 假弱真强补充说

上面《假弱真强》一文后，有些读者不一定能领悟到我的意思。

特别是"多重比较""大环境""大周期"，什么意思？

就是包括但不限于：分时图、K 线图、市场地位、题材的魅力和张力。

这些东西我已经在我的书《龙头信仰》《股市极客思考录》里写了很多，我默认你看过我的书，有整体观，然后我再进行细节和局部"敲打"。

一篇文章，特别是细节类的文章，不可能面面俱到，只能局部用力。但用的时候，必须还原到整体。

记得有个读者后台留言抬杠，找一堆烂板分时给我看，我不禁提醒：你还原到当天的环境了吗？

如果它是烂板，但当天市场或者板块很好，它就不是假弱，而是真弱。它就不是假烂，而是真烂。因为别人分时图都那么好，为什么它那么烂？

我提出的假弱真强，还必须还原到股票的市场地位。也就是说，如果它连地位都没有，它的强弱根本都不会有人去关心。

龙头战法、龙头战法，首先此股应是一个龙头种子，得具有一定的地位，这样谈强弱才有意义。如果它连一点地位都没有，讨论的基础就不存在。

有时候为了突出一个细节，可能无法面面俱到，所以希望大家阅读的时候，能够结合我以前写过的文章和书上的内容去综合理解。

不懂竞价，就不懂短线

竞价占盘口几乎 90% 的意义。如果不懂竞价，几乎就难做短线。在讲竞价之前，先跟大家分享一段话：

人禀气而生，含气而长，得贵则贵，得贱则贱。则富贵贫贱皆在初禀之时，不在长大之后随操行而至也。

这段话源自王充的《论衡·命义》，中心思想就是上面这句话。

我第一次听到这段话，在复旦大学王德峰教授的讲座上。这段话大概的意思就是：

一个人的出生，是禀着天地之气的，如果出生的一刹那得到的是贵气，则是贵命，如果得到都是贱气，则是贱命。人生的富贵和贫贱，都取决于出生一刹那禀赋的气的贵贱，并不在于后天的努力奋斗。

总结起来就一句话：八字很重要。

这句话够封建迷信够机械论吧！所以，其糟粕成分一定痛加批判。我引用这句话的意思并非是引用其观点，而是思考中国古人思考问题的方式，这里可以明显地看到古人的世界观和人生观：出生决定人生。或者说，八字决定人生。

八字就是一个人出生那一刹那的天干地支组合。如果人是一个股票的话，八字就是一个股票的开盘价。如果拿一天来做比喻，八字就是集合竞价。或者说，竞价就是一个股票的八字。

好，话题终于回到竞价，竞价在股票中的意义何在？

对长线而言，竞价没有任何意义。因为长线取决于基本面和趋势。

对于暗牌，还没有变成市场热点的股票，竞价也几乎没有意义。

那么，竞价对谁有意义呢？

竞价对明牌，特别是明星股，意义极其重大。

怎么一个重大法？

必须超预期！

这里记住两个规则：

规则一：凡是明牌焦点股，如果竞价不能超预期，往往都要打折扣。

规则二：凡是明牌股，如果竞价超预期，不要轻易卖。

什么是超预期呢？跳空高开算不算超预期？

答：超预期并非仅仅指集合竞价高开，而是比想象的还好。也就是说，虽然你高开，但是你没有比想象的还好，就不叫超预期。如果你没有高开，但是你比想象的还好，比如你没有核按钮，你没有大幅低开，也算超预期。

我们来举几个例子：

图 2-36 是最近的当红炸子鸡三峡能源 2021 年 6 月 18 日的图。本公众号在此前一天写过这个股。也就是在我写完这个股的第二天，其集合竞价高开 +8.26%，这个股超出我的预期，我相信也会超出几乎市场上所有人的预期。这么大的盘子居然高开这么多。此时此刻你怎么想？

有部分大游资在这一天想着的是卖，我不知道他们是怎么想的。

当天我跟几个游资交流的时候说，他们这几个卖掉的游资，会后悔的。

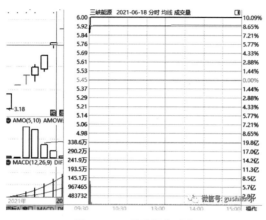

图 2-36　三峡能源分时图

　　我按照规则二行事。规则二告诉我们，超预期开盘，哪怕你很想卖，也要忍一忍，等一等再卖。其实这一天我不但没有卖，涨停板上又加了一笔。

　　图 2-37 是上海贝岭，这个股我很喜欢，2021 年 6 月 21 日我已有仓位。这个股昨天收盘后，成为当之无愧的明星，又是科技芯片赛道，又有助攻，多滋润。但，6 月 22 日集合竞价一亮相，才开 +3.27%。诸位，超预期不是高开，而是超出市场想象。这个开盘价，我不满意。当然，我没有主动砸，但我心里降低了预期。不过这个票也许中长期会起来，但是 2021 年 6 月 22 日，我觉得竞价就告诉了结果。这是典型的规则一的应用。

　　图 2-38 是福建金森，十字星这一天是有反包预期，但是以一字板来反包，应该是超出市场所有人的预期。也许你想卖，也许你怕被

闷杀，但只要集合竞价开这个样子，就应该立即启动规则二。

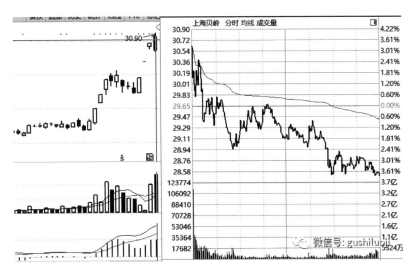

图 2-37　上海贝岭分时图

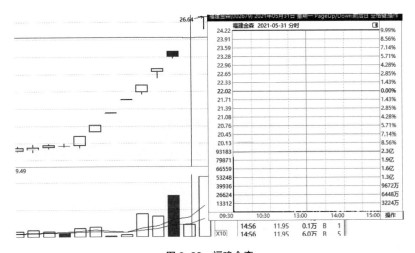

图 2-38　福建金森

好，案例就举这么多。

也许有人问，为什么那某某某股高开了就直接砸？记住，我们这里谈的也有两个条件：

（1）必须是核心人气股，市场之星。

（2）必须超预期，而不是高开或者低开。

也许还有人问，那为什么某某竞价低开，后来很好？

答：我们并不是说竞价低开就一定很坏，只是说会打折扣。另外，竞价的高度与超预期没有必然关系，我们要的是心理预期。

另外，最关键的点是大家要理解，这一切只针对明牌、明星股才有意义。对于普通股票，竞价没有特别大的意义。人气越足，竞价越有参考价值。

好了，本文谈论的是细节。这些细节对有些人也许价值千金，而对另一些人，也许一文不值。就看你是否也思考到我思考的地方，而我的思考与你的思考能否痛快地相击了一掌！

注

我发现很多人很天真，看到股票就想进。其实盘前选股可以无限想象，但盘中竞价一出来，必须大胆求证，心细如丝。游资们都会盘前选出几个股，但这种选股不代表明天一定会买，还要看集合竞价，还要看其他同板块股票的集合竞价。如果集合竞价出了大问题，再看好也会放弃。很多人不明就里，搞不明白盘前静态选股和竞价后动态取舍的区别。别小看这一段路，对有些人可能需要很多年。

—— 竞价开得不好，是直接卖，还是等一等？

本篇主要针对短线，长线的朋友可以略过不看。

做短线的朋友，经常会面临一个问题：

昨天刚刚买的一个股票，今天竞价开得很不好，是直接竞价就卖掉、还是等一等？

特别是对于那种昨天分时很生猛、人气也很好，今天竞价居然平开，甚至低开，这种情况下我们应该怎么处理？

是竞价卖掉？

还是开盘卖？

还是多等一会，看一看再决定？

本文就来讨论这个问题。

从哪里说起呢？我先给大家讲一个社会现象。

我本人很喜欢泡各种论坛、微博，早年天涯，还有豆瓣、知乎、B站等等。我最喜欢看里面讨论某个人，特别是名人，比如经济学家、企业家、艺术家、演员和导演。

为什么我喜欢看讨论人呢？

因为能看出人性。而且，我本人对人的思考最感兴趣，我最喜欢看的书就是人物传记，最喜欢看的电影也是人物电影，比如《阿甘正传》《国王的演讲》《美丽心灵》《至爱梵高》《宋家王朝》《梅兰芳》《画魂》等。对于人物传记的书和电影，哪怕是评分低的、拍不好的，我也都喜欢。我喜欢看人物。

我也喜欢看当今的互联网上关于人物的讨论。

在看的过程中，我发现一个有趣的现象，就是很多激进的网友喜欢根据一件事对某某名人下定论。

比如，某某企业家因为一件事做错，一句话说错，或者出现一个丑闻，很多网友就喜欢给人家下定论。

比如，某个作家，因为某个新出版的作品不好，被骂，也容易被网友一棍子打死。

再比如，某个艺术家，因为最新的一部艺术作品问世充满争议，也容易被网友冠以恶名。

一句话、一件事、一部作品，到底能不能压垮一个人？

那要看什么人。

如果这个人是靠某单一作品起来的，当这个单一作品被证伪、被黑后，他就垮了。

但是，如果某个人是经年累月，靠无数作品和成就积淀起来的，那么任何单一的负面都压不垮他。

最典型的是作家，比如贾平凹。你不能因为某某一部作品不好，被恶评，就说他浪得虚名，晚节不保。再比如电影演员，就拿姜文来说，你也不能因为他某一部电影充满争议，就说姜文名过其实。再比如马X企业家，你不能因为他的某一句特别错的话，就说这个人完了。

这类人物，其成就是建立在无数作品和产品的基础上，根基厚，所以单一的反面事件和不达预期的作品，无法动摇他的名望和地位。

但，有些人，突然蹿红，几乎没有过程，那么单一的负面讨论很容易把他击溃。

也就是说，单一的不达标或者负面，能够击垮短平快飙起的人物，但是无法击垮一步一个脚印走过来的人物。

如果我们把这个思维移植到股市上，再来讨论竞价，就通透得多。

竞价低开、竞价不好、竞价不达预期，对一个股只是单一不达标，这个单一不达标对一个股票构不构成大的证伪或者伤害，不能仅仅从竞价本身去思考，而是去思考这个股票本身是怎么涨的。

如果这个股票的上涨，是累积式的，它的地位和人气是一步一个脚印换手积累来的，那么任何一天的竞价不好，都不足以动摇它。因为它发家靠的是过程，那么它完蛋也只能是靠过程，不能仅仅根据竞价就判断它如何。

但，如果这个股票突然之间涨停了，它的上涨是靠一口气，或者一时卡位，那么它这个气就不能轻易泄掉，第二天的竞价不能轻易强转弱。如果竞价大幅低开弱了，就有很大的概率把它证伪了。

竞价是一天最重要的一个时刻，是人气的聚散爆点，那种逞强秀刚的股最在乎它。它的强弱，对于纯刚性的股来说，非常重要。如果走弱了，对于以刚猛示人的股来说，绝对是很大的不祥信号。

而累积式上涨的股，它的上涨不依赖刚性，而是依赖韧性和持续性，它对竞价的依赖比较低，即使竞价低了，不达标了，也对它不构成证伪。这类的股不争竞价，而是争全局。

这点明白了，我们就可以回答本文开头的问题了：

竞价开差了，对于蹿刚股，是个坏消息，是卖的提醒，做好卖的准备。但对于持续接力上来的股，对于有韧性的股，不必惊慌，让子弹多飞一会。

　　这句话说起来容易，但是理解起来估计要花很长时间。为了帮助大家的理解，我这里举几个案例。

　　第一个例子，良品铺子，见图 2-39。这个是该股 2020 年 3 月 13 日的分时图，非常刚猛，而且前面都是一字板，无法介入，真正的资金是这天介入的。这个股之所以人气爆棚，就是因为它这一天的分时图太刚猛，它蹭刚。这类的股，它第二天不开 5 个点以上都是错。因为只有大幅高开才能对得起昨天的刚性。就像一个人，上周还在武术擂台上得了冠军，第二天如果连小区保安都打不过，那冠军光环立即没有了。结果，良品铺子第二天的竞价大失所望，就竞价开出的一刹那，就决定了它短线的命运。此时你不按它，等待何时？

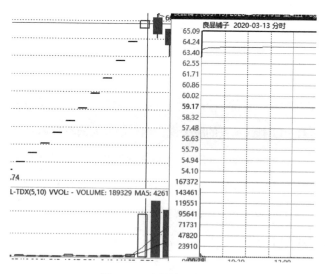

图 2-39　良品铺子分时图

第二个案例是齐鲁银行，如图2-40。该股当时是在三峡能源风暴中走出来的，三峡能源倒下后，它想卡住上位。当天的分时图绝对蹿刚蹿刚的。按照这个架势，它第二天的竞价至少得接住人气。结果，它开的很差。那还等什么? 抄家伙吧。

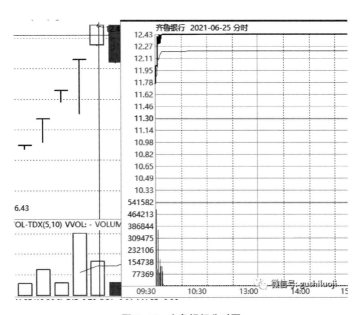

图2-40 齐鲁银行分时图

第三个案例是华林证券 (图2-41)。2021年1月中旬，这股的定位是助攻国盛金控的，封板的过程也很刚猛。按照助攻的情绪路线，它第二天一字板才符合身份认知，至少也得高开秒板。结果它第二天水下开盘。那一刻，就证伪了。

第四个案例浙江建投 (图2-42)。前面说的是蹿刚股，接下来

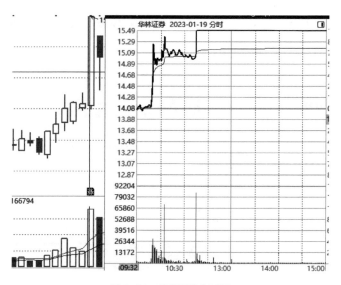

图 2-41　华林证券分时图

我们说说接力韧性股。这个股前面两波已经证明了它的龙头地位，它的人气和上涨是通过无数次换手和对抗积累来的。它能走到今天，不是靠某一天的分时图，某一天的蹭刚，而是无数天的自我奋斗。这个类型的股，任何单一一天的竞价都无法改变它的命运。图中表示的 5 月 6 日大幅低开，但它依然处变不惊。这个类型的股，纵然竞价不达标，你也不能轻易证伪它。就像刘慈欣通过《三体》洋洋洒洒几百万字的积累奠定地位，哪天他再创作一部科幻小说口碑扑街，你也不能说他就完蛋了，也许他下一部还可以封神。这是累积式的物种，不能看单一项目。

　　第五个案例是竞业达，见图 2-43。2022 年 10 月 19 日是大幅低开的，碰巧，当时我是持有这个股的。那个时候，我是怎么想的呢？

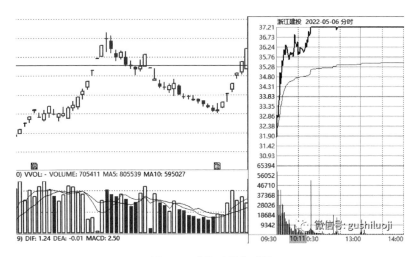

图 2-42　浙江建设分时图

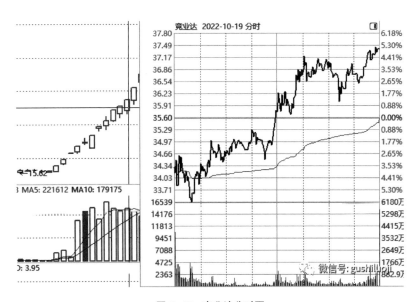

图 2-43　竞业达分时图

我觉得，这个股的地位和价值，是一步一步换手爬上来的，它不是靠某一天的竞价刚猛上位的。它的地位是时间积累的，不是窜刚的。所以，它的低开我不怕。它的低开，也说明不了什么。甚至它的低开，还给了反手低吸加仓的机会。

好，以上 5 个案例，有正有反，我毫无保留地表达了竞价不符合预期怎么处理，希望对大家有所启发。

—— 分歧的智慧：穿越分歧，利用分歧

赛道跟个股一样，也有它的生命周期。其生命周期中，也有分歧这么一站。

分歧来的时候，最能见到智慧、定力和格局。

面对分歧，有的人张皇失措，如惊弓之鸟；有的人拼命看空，幸灾乐祸；还有一种人，趁着分歧，大肆囤货。

种种行为背后，其实烙印着对分歧的认知，更烙印着股市世界观。

当我还是小白的时候，每次遇到分歧，我都怕得要死。后来随着实战和认知的加深，突然觉得，分歧不但不可怕，反而是朋友。对待分歧，应该泰然处之。

如果有仓位，可以大胆穿越分歧；

如果没有仓位，可以想办法借助分歧进货。

其原理和逻辑，请听我慢慢道来。

一个好的赛道，一个好的股票，其上涨过程中总会经历曲折。但，只要赛道成为主赛道，只要个股成为核心股，都不会被一次分歧十死。因为主赛道的玩家至少是几路资金参与，否则也成不了主赛道；几路大佬的行为可不是某个人的心血来潮，更不是小孩子过家家。他们不会因为一次分歧就罢手。主赛道大多是资金深度介入的地方，只有持续打出高度，才能对得起其野心。而且，其撤退的时候，也不是说撤就能撤走，必须反复分歧，反复制造冲顶，才能逐步

撤出。

　　所以，分歧，怕什么?

　　所以，下次如果你好不容易再发现一个好赛道，或者好龙头，千万不要因为它分歧就把自己吓走。

　　真正的看好，是敢于穿越分歧；
　　真正的牛股，也必须穿越分歧。

——— 能受天磨真铁汉

《阿甘正传》里有句话：死是生命的一部分。

至理!

同逻辑：分歧是上涨的一部分。

很多人能接受股价天天涨、时时刻刻涨，但遇到突然的停顿和暂时的回旋，就接受不了，动辄迷茫、恐慌、惊慌失措，甚至逃之夭夭。

这就是没有认识到分歧也是上涨的一部分。

突然的停顿、暂时的回旋就是分歧。这个过程是股价前进途中的必须。任何不经过分歧就上涨的股票，几乎没有。

从内因上讲，大牛股上涨过程中，必须有一个浴火重生的阶段，这个阶段如果能够挺过、能过穿越，那它就能凤凰涅槃，就能把首鼠两端的浮动筹码全部洗掉，然后才能轻装上阵。如果挺不过，那它就不是牛股。

正如左宗棠言：能受大磨真铁汉，不遭人嫉是庸才。

相股如相人。

看人看骨气，看意志，看本质。领导选拔一个人，特别是帅才，必须选那种能够威武不能屈的人，其实就是选能经受分歧打击的人。

看股也是如此，我们要选择股，一定选那种逻辑硬朗、赛道宽广、人气旺的股。而我们一旦选择了这种股，就要相信它能穿越分歧，或者说至少给它一个分歧表演的机会。

而不是遇到分歧就怀疑自己的逻辑，怀疑自己的选择，怀疑自己曾经深入分析过的一切。

有一次跟一个公募基金经理一起吃饭，聊到什么是好股，对方说，真正的好股要藏。我问他什么是藏，他说，敢于穿越波动，穿越周期。

并举例说明，他做得最成功的股票是隆基股份，当详细研究之后，对波动岿然不动，持有它穿越了低潮周期，如是，才有巨大回报。

听后我很汗颜，人家穿越的不仅仅是分歧，而是周期，是一种更大的天磨。

有人问：为什么我买的股格局叫下跌，你们买的股格局就叫穿越分歧？

本质上还是在对股的选择和分析上。当你认真分析、详细选股、明晓逻辑之后，你才有勇气和自信面对分歧。当你吊儿郎当，道听途说，对股票本身不甚了解，你当然不敢面对分歧。

说到底，分歧是馈赠给深度思考者的礼物，是吓走首鼠两端者的利刃。

如果认识清楚了这一层，那么我们再去复盘历史上的大牛股，再去看市场，我们的高度和境界就不一样。

因为我们知道分歧是上涨的一部分，没有分歧，就没有更加坚实和长远的上涨。我们会更加处变不惊，更加坦然和从容。

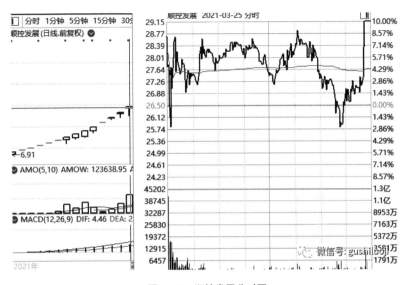

图 2-44 顺控发展分时图

有人可能会说：分歧也是下跌的一部分。

此言不虚，如果股票的逻辑崩溃，趋势下跌，那么分歧无法阻挡它下跌，分歧确实是下跌的一部分。

写到这里，诸君可能明白我真正想表达的意思：分歧是一个短暂的过程，当逻辑到了股价趋势性上涨的时候，它无法阻止上涨，反而可以让我们更好地登上上涨的阶梯。当逻辑不存在，市场崩溃的时候，它也无法阻止崩溃。

问题的根本是股价上涨的逻辑是否还存在，趋势的势头有没有被打断。

那既然这样，还讨论分歧有什么意义呢？

当然有意义，因为分歧经常会扰乱人心，会让人怀疑自己曾经的判断，会让自己动摇原有的分析。

　　我们经常见到那种昨天晚上还信誓旦旦，今天早上一个洗盘就吓得屁滚尿流的人。

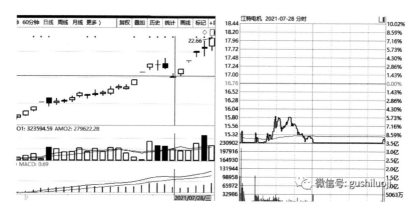

图2-45　江特电机分时图

　　这种人本质上就是不接受分歧，不接受任何前进途中的磨难。

　　这个时候，如果深入去思考分歧的意义，去复盘历史上大牛股都曾经有过的分歧，就会逐步消除恐慌，慢慢接受洗盘。从整体上去鸟瞰某日的某个洗盘，而不是就盯着当天的分时图来吓自己。

　　其实，

　　我们考验股票的时候，股票也考验我们。

　　我们考验分歧的时候，分歧也考验我们。

—— 不要浪费任何一次危机

丘吉尔说过："不要浪费一次危机！"

我其实更愿意把这句话加上"任何"两个字，变为：不要浪费任何一次危机。

因为危机对于善谋者来说，是一种天赐良机！

如果没有危机，谁都能看到机会，谁都能轻松上车，谁都能躺赢到终点。只有偶尔穿插着危机，才能把智者留下，把普通者赶下车。

这句话很残酷，但事实就是如此。

回想起革命和长征的历史，就是在一场场危机中磨砺人、筛选人的历史。有些人掉队，有些人逃走，有些人叛变，只有革命意志坚定者才能坚持到最后。

特别是当前途出现困难和分歧的时候，才更能看得出谁在力挽狂澜，谁在惊慌失措，谁在随波逐流，谁在铁肩担道义。

投资的逻辑跟历史的逻辑类似，股价前进的过程中，同样充满了分歧。

分歧的本质就是对股价前进产生了异议，就是共识出现了危机。

其外在的表现就是价格的停滞或者倒退。出现在 K 线图上，就是上影线、大阴线、炸板甚至天地板等。

分歧的出现，会带来恐慌，带来迷茫。有的人坚守，有的人加仓，有的人缴械投降，有的人仓皇而逃。有些原本看好者，也会产生动摇，即使持股，内心也是"动荡不安"。

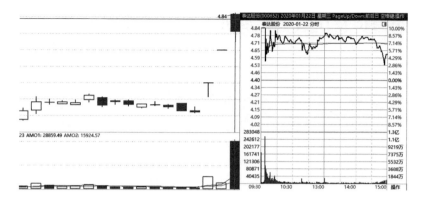

图 2-46　泰达股份走势图

图 2-47　光大证券走势图

特别是这些年受到某些论坛和公众号的影响，很多人理解的龙
头战法，就是连板战法、数板战法，而对不板、不连板不愿意去面
对，更别提阴线了。

其实，这是对分歧和危机的理解不够深刻。

如果你不看好一个赛道或者一个股票，其分歧确实是灾难，因为你本来就不好看，买入只是投机而已，首鼠两端很正常。

但，如果你战略性看好某个赛道或某个股票，它的分歧不但不是灾难，反而是千载难逢的机会。

为什么?

其一，分歧是我们观察强弱的绝佳窗口，它以危机和灾难的形式来让我们识别谁是强者，谁是弱者。如果没有分歧，每个股票都那样涨，我们难以识别谁是真正的斗士，谁是真的头铁。温室之内，难见松柏。岁寒，然后知松柏之后凋也。

正如诗云：

> 未曾清贫难成人，不经打击永天真。
>
> 自古英雄出炼狱，从来富贵入凡尘。
>
> 醉生梦死谁成器，拓马长枪定乾坤。
>
> 挥军千里山河在，立名扬威传后人。

其二，分歧给我们提供了一次相对低价和低位的"补射"和"重仓"的机会。如果股价一直涨，连续涨，除非你当初买的仓位很够，否则难以有个舒服的加重仓点。而分歧恰好给我们提供一次倒车接人的机会。

其三，分歧是对我们投资智慧的一次考验和筛选。如果你真的看好一个股，如果连一次分歧都无法穿越，那我可以很明确地告诉你，你根本从来都没有看好过它。就像如果你真的喜欢一个人，连吵一次架都难以弥合，那你们根本没有喜欢过。

人世间的任何东西都不是一帆风顺的，任何事物的发展也都不是走直线。

再好的股票再好的赛道，都不是一马平川，坑坑洼洼在所难免。我们投资水平的进步，不表现在一马平川的地方，而表现在坑坑洼洼的地方。

投资定力和段位，只有在一次次分歧中才能提升。

投资心境和品格，也只有在一次次危机中能够升华。

下次如果你再超级看好一个股，遇到巨大分歧和危机的时候，不要恐慌，而是问自己：我看好它的初心还在否？

如果还在，请你穿越这种分歧，并把危机利用好。

最后你会发现：

你不抛弃她，她也不就会抛弃你！

—— 围城打援：游资的三十六计与孙子兵法

当今的龙头玩法，比以往更诡异一些。

2022 年的龙头喜欢从活口中来。当然，以前的也从活口中来，但 2022 年的活口往往是从不被人重视的活口中逆袭而来，从后排中爆冷门产生活口，然后冷门变热门，比如浙江建投。

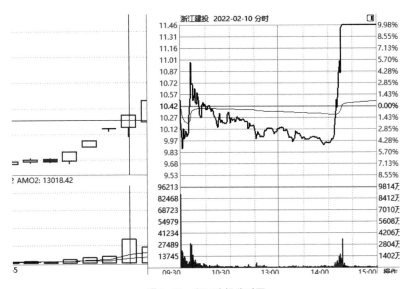

图 2-48　浙江建投分时图

当大家把注意力高度聚焦在冀东装备和保利联合上的时候，浙江建投冷不丁地突然杀出，然后就开始了个人秀。

有样就会学样。

东数西算的题材中，2022 年 2 月 23 日也这样搞，我们看看。

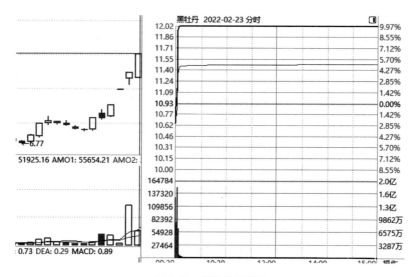

图 2-49　黑牡丹分时图

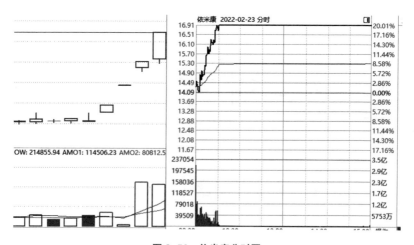

图 2-50　依米康分时图

图 2-51　真视通分时图

这几个家伙在干吗?

是身段不够,封单不够,靠逆袭获得市场的人气,进而去获得竞争龙头的机会。这种情况在以前也有,但 2022 年更特别一些。

当某个赛道周期在,人气也在,但是前排买不到,只有后排独立闹革命,于是最近开启全新的玩法。

我把这种新玩法叫围城打援。

围什么城?

我们看看图 2-52。

用 20 亿,围住宁波建工这个城,然后去打援,谁做逆袭,谁做换手龙,就打谁。

这种玩法既不浪费好的题材、好的周期,又能参与其中赚钱,特别是让没有通道的小伙伴也能全程参与一个超级题材。

这也是在龙头同质化年代，被逼出的一种玩法。

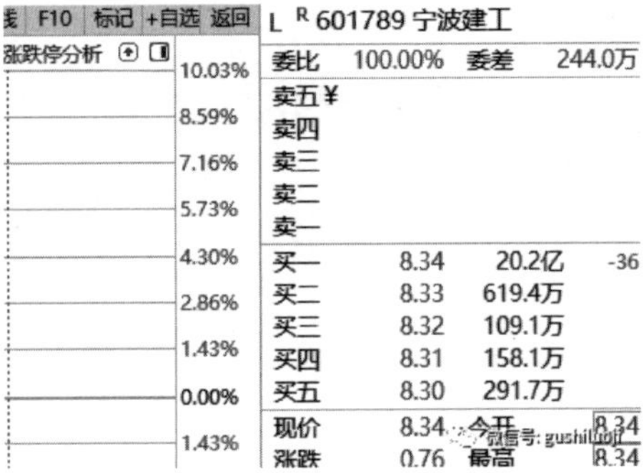

图 2-52　宁波建工实时交易盘口信息

所以，今后再遇到大题材或者大事件，不要只盯着大单围城的那个股，来个围而不攻、围城打援试试？

第三章

持股能力：最容易被忽略的能力

—— 千万不要"在主升的股票上做短线，在不死不活的股票上死拿做长线"

很多朋友都容易犯一个错误，或者说陷入一个误区。那就是：在一个不死不活的股票上，死拿做长线，而在真正主升浪的股票上，却去做短线。

这样做最大的缺陷是，真正的主升浪不敢吃，顶多咬一口就跑；而那些不死不活的股，却抱得紧紧的，以至于浪费了大量时间。最可恶的是，后者往往从不死不活慢慢变成真的死去。

这种死去，就是趋势性的下跌。

人容易同情弱者，那种不动的股票，天生就容易给人一种安全感，虽然这种安全感很虚假。很多人在一个一潭死水的股票上能持股很久，但这种持股的劲头和精力却一点也不分给主升的股票。

太多的人，遇到主升的股票不是去持股，而是去咬一口，然后逃之夭夭。

说起来也奇怪，主升浪才是我们利润最大的来源，遇到主升为什么不去死拿呢？

也许，很多人内心是害怕涨的，是驾驭不住涨的，只是他从来不觉得。

要不然，你怎么去解释，那么聪明的人，不死不活的横盘区都渡过了，为什么刚上涨就吓跑了呢？

同样面对阴线和洗盘，横盘区、下跌区、不死不活的地方无论怎么出现大阴线，无论怎么洗盘，都动摇不了持股的意志；而主升浪区，随便一个阴线或者不涨停，就把自己吓个半死。这种情况太常见了。

事实上，这是一种典型的战略矮视，也是一种没有进行深刻反省的交易恶习。每个人在成长过程中都会经历这么一段，当然我本人也曾经被这个恶习干扰很多年。

后来，经过深刻反省，我认识到，在股市里，我们最铁的盟友和最伟大的朋友，是已经在涨的势，是正在发生的主升浪，而不是已经过去很久的和还没有发生的主升浪。

我们要做的，就是拥抱这种主升即可，直到这种主升结束。

我们要把最大的精力和情感，倾注在怎么与这类股发生关系并一路相伴，而不是抱着那些不死不活的股票去做明天的美梦。

如果要谈格局，要谈持股，也是尽量跟这种股票谈，而不是跟那种明显下降的股票去谈。

无论面对涨停、大阳线还是某日洗盘的阴线，我们都把最好的脾气和容忍给这类股，而不是给那些不死不活的股。

恰如，请把你的爱和好脾气给那个正在爱你的人，而不是给从来没有爱过你的人。

你说呢？

——— 你为什么拿不住股？

很多人拿不住股，稍有风吹草动，就容易被洗下车。

事后总结原因时，他们总是埋怨"庄"太狠，或者分时太颠簸。

其实这是一个定力问题。

定力好的人，不但能拿住股，反而在股票晃荡的过程中伺机加仓；定力不好的人，股价稍微经历"风雨飘摇"，甚至分时图级别的"虚晃一枪"都容易逃之夭夭。

当然，并非谁天生就定力好，关键要逐渐培养。

那么定力从哪里来？

是什么让你在股价"飘忽不定"之中，依然还能坚定地持有某股？

这个问题我思考了很多年，有些能用文字说清楚，有些难以用文字表达清楚。在这里，我把最重要的思考分享给大家。

我思考的结果是：不要过于在信号上纠结，要多在选股上下功夫。

很多时候，我们拿不住股票，主要原因是太在乎信号，太容易被信号牵着走，平时总结和思考股市规律的时候，爱以信号为窠臼，什么盘口绝招，什么分时技巧，什么 MACD，什么放量，什么烂板，什么背离，什么走坏，等等。

这些都是信号层面的东西，并非它们没有价值，而是说，如果你的交易以它们为中心，如果你过于沉迷于其中，那么，在"兵荒马乱"的市场之中，你就很容易被其中的一个或多个信号甩下马。

我炒股的前些年，最大的弯路就是在信号上花了过多的时间和精力，自己觉得掌握了很多绝招，其实都是在信号的世界里打转。

并非说信号有错，而是如果仅仅看到信号，看不到信号背后更大更高维的世界，那么终其一生，也难有大作为。

后来我终于明白，信号背后股票本身的对错，要比信号大一万倍。多下功夫思考股票的对错，多下功夫选对股，才是更高维度的东西。

现在，如果选股关不过，或者说股票我看不上，我根本不把它放入自选股。它的任何信号都与我无关，我只在乎我看重的股的信号，即：选股对于我而言，永远是第一的，是战略级的。我不会再让信号牵着我走，而是让好股牵着我走。

我也曾经花费大量的时间研究分时图，美其名曰绝招。后来发现，过于在分时图上用力，也是得不偿失的。所以，很多人在后台让我写分时图和盘口，我总是不想写太多，因为那是微观层面的东西，过于在乎，容易在"观大略"层面迷失。

更关键的是，对微观的小规律过于迷恋和沾沾自喜，就一定会失去定力层面的势大力沉和岿然不动。

我们容易拿不住股，其实最关键的就是以信号为中心，而不是以股票为中心。过于迷信交易能力，而忘记选股和持股能力。

最后，分享一个超级大佬在这方面的心得。我曾经亲自请教他投资的真谛，他说，投资比的是谁

看得准,

看得远,

敢重仓,

能坚守。

说得太好了, 每当我迷茫时, 耳边都会响起他的话。

对了, 本文标题"你为什么拿不住股"的中"你", 其实不只指你, 也指"我"自己, 因为我也经常犯这个错误。

不过, 犯错不可怕, 我们要知道问题所在。

龙头是一段周期内的"长期主义"

有的人只陪伴我们一段，而有的人则陪伴我们一生。

如果人生也是周期的话，这句话可以改为：

有的人陪伴我们局部周期，而有的人陪伴我们整个周期。

比如，2015 年的牛市，在那个大周期中，我记得中国中车几乎陪伴全周期。当然，那个时候还没有那么多周期理论。再比如 2022 年吧，信创周期，其实竞业达是陪伴"一生"的。

于是乎，我就想，每当一个超级题材来的时候，我们一定要分清楚，什么股可能陪伴"一生"，什么股只跟随我们"一段"。

能够成为前者，才是真正的龙头。而后者，就是套利股。

关于龙头的定义很多，对龙头的理解也随着不同的功夫有不同的感受，所谓"一层功夫一层理"。

经常有人说，市场喜新厌旧。这个道理对不对呢？看放在什么"周期"。如果俯瞰整个股市，以年为单位，或者以季度为单位，甚至月为单位，我们会发现，股市确实是"喜新厌旧"，但是如果以日为单位，或者以周为单位，也甚至以月为单位，往往不是。最能赚钱的股往往不是每天冒出的新面孔，而是前几天一直出现的老面孔。

也就是说，在最小周期里的新，往往不如相对大周期的老。真正的好的投资，不是每天去追逐那个最新的品种，而是能够在一段时间内守住最核心的那个股。

换种说法，作为股票，能提供稳定和陪伴价值的股，远远大于提供新鲜亢奋价值的股。虽然后者走马观花，好不刺激。但，真正做交易的人都知道，能够发现和反复在前类的股票上做，才能真正赚到钱。而后者，往往饥一顿、饱一顿，大赚一笔，大回撤一次，总体计算下来，能扯平已算不错。

我把前面那种股叫陪伴一生（一个情绪周期）型的股，把后面那种股叫爽"一段"（一个周期的某个阶段，或者某几天）型的股票。

在龙头交易过程，我们会发现，很多人经常把后者当龙头，其实后者大多数是补涨股、套利股或者挡刀的小弟。它们往往分时生猛，突然在人没有发现的时候涨停，突然人气又蹿到第一。但这种股持续性很差，哪天不高兴了又核按钮。

最关键的是，这类股的面孔常换，这两天可以是这个，那两天可以是那个，换得太勤。

而真正陪伴型的龙头则不然，它们就不急不缓地一直在，从周期的初期，到周期的中期，乃至周期的末端，它都在陪着。

历史上最有名的这个类型的股就是九安医疗。中间历经多少新鲜和刺激的股，但都是你方唱罢我登场，只有九安医疗一直陪伴到最后。这种类型的股，才是真正的龙头。

很多人经常说自己喜欢龙头，其实未必。他们喜欢的也许是每天最先涨停、每天人气第一、每天分时图霸道的股。他们喜欢的是一种技术图，而不是陪伴一个周期的韧性、连绵与久远。

如果还不懂的，我给大家打个比喻：

龙头是灵魂伴侣，而不是一段风流。

有个著名作家，有次窦文涛问他：您为什么那么爱您的另一半，也没有听过您有花边新闻。

你猜他是怎么回答的? 他老人家说：

她身上有我对女人想象的一切，我不需要从其他女人身上去找我没有得到的遗憾。

这话，真好!

一轮行情，如果有一个股票具备这轮周期所需要的一切，那我还到处去挖掘其他股干吗?

—— 把短线变长，把长线变短

A 股正在变化，其参与者很多也都在应变，或者说——转型。

怎么转？最核心的就是告别过去的自己，升级自我，迭代自我：

把短线变长，

把长线变短。

大多数游资，或多或少参与打板，有的甚至以打板起家。对于打板起家的人来说，最大的特点不是打板，而是超短思维。就是其交割周期通常就是一天，即今天买明天卖。即使遇到连板会多拿几天，但只要风吹草动马上扔掉。也就是说，打板思维的起心动念就是明天的溢价，其原始动机就是隔日收割，交割周期超短。

那么，这种情况在今天的价值股或者趋势股中，就得转变。怎么转？

答：把短线做长。

什么叫把短线做长？就是买入后，无论是打板买入还是其他方式买入，尽量多拿几天，拿一个波段，拿一个赛道周期。主动遏制隔日交割的欲望。

这要求买入的刹那，起心动念不再是明天，而是很多天；不再追求隔日溢价，而是追求纵深千里。

这就是把短线变长。

这种变长表面上看是交割周期延长，但其背后是思维的转变。

追求隔日的超短，其思维就是短期爆发力，考虑更多的是盘口、封板强度、分时图、K 线结构、形态、热点等等。

追求波段的纵深千里，则必须植入主线思维，植入赛道和逻辑思维，加大对基本面的重视，加大宏观视野的东西。

其对股价强度的要求不再是某一日的惊艳四方，而是若干日的浩浩荡荡。

由短到长的转变，变的其实是心，是性。

如果要做价值趋势股，必须完成这种转变。否则，就还是在重复自己的过去。

这种转变在今天意义非常大，因为随着注册制的来临，A 股可能越来越在乎行业龙头，越来越与美股、港股接轨，越来越在乎赛道的周期和主升浪的高度，而不是短线的一个涨停板能获得几个溢价。

看看今天的金龙鱼、宁德时代、中金公司、隆基股份这种超级龙头，来回在这里折腾的人，往往不如从一而终、躺在波段里不动的人。

其实，海外早就是这样了，看看特斯拉、微软、苹果、亚马逊。

这些股就是典型的这种思路的产物。A 股的未来，更多的是复制这种玩法，而不是关起门来自娱自乐。

那，把短线变长变为多长呢? 是永远持股吗?

这不是另外一个极端，我们还做不到巴菲特那样。我这里倡导的把短线变长还不是无限长，而是一个主升周期、一个赛道周期。

为什么?

因为短线者在把短线变长的同时，遇到了另外一批把长线变短的力量，那就是——机构。

对，你没有看错，很多机构开始把长线变短。

按理说，机构是价值投资，应该持股周期很长，但今天遇到两个问题：

（1）新生代的很多基金经理年龄越来越小，有的是 80 后 90 后。这些小基金经理风格更为激进，他们并非我们想象的长期持股，而是来回换。我就遇到很多公募，刚刚买了没有多少天，就卖了。机构也喜欢波段操作。

（2）股价波动加快。由于一批短线资金转为波段，再加上资金多，好股少，一旦发现好的股票，本来计划半年一年涨到目标，现在突然两个月，甚至三个星期就涨到目标了。这个时候机构也不是傻瓜，再涨高了，估值就没有优势了，于是很多机构就兑现了。也就是说，本来计划长线，结果短线就完成任务了。

这就是"把长线变短"。

当把短线变长的力量遇到把长线变短的冲动同时存在时，A 股就出现了新的玩法——转型。

只不过各自转型。

超短的往长的地方转，机械长期的，往短的地方收割。

于是，大家共同的目标就聚集到一个地方：

价值龙头，

赛道思维，

周期持有，

波段玩法。

—— **选股大于技术　持股大于切换**

　　很多人喜欢来回换股，来回切换。一会高低切，一会龙头到补涨切，一会大盘到小盘切。

　　切换太勤，事实上不如选个好股守住它。

　　因为你无法做到无缝衔接，掐头去尾，换股不如守住好股赚得多。

　　我理解换股背后的心思，主要有：

- 把周期划分得太细，太微观看市场，恨不得把每个毛细血管都拆开，然后在每个很小的情绪周期里跳跃。于是乎，一会买，一会卖。
- 希望抓住每个机会，抓住每个暴涨的股。龙头能抓住，补涨也能抓住，中军能抓住，甚至杂毛的套利也去抓。
- 希望规避每一次回踩和波动，俗称不参与调整。

　　但是，理想很丰满，现实很骨感。希望通过换股太勤来抓住每个机会、回避每次调整，其结果往往是经常错过好股的主升。

　　上述三个心思中，第一个对换股勤影响最特别，也最敏感。看得太微观，太局促，太细小，肯定容易导致换股勤。

　　就拿这波 Chat GPT 来说，很多人用显微镜看市场，把市场划分得太细，以至于分歧了若干次、高潮了若干次、退潮了若干次。而如果能大局观一点、能远一点看市场，很明显，Chat GPT 不就是在第一波大主升中吗?

我看很多人在几天前就开始讨论 Chat GPT 有没有第二波了。而市场很明显地在告诉我们,这个主题连第一波都还没有走完。这个题材里的核心领涨股一直在第一波主升里。如果放着第一波的主升不参与,非要去等待第二波再去做,不是明显的刻舟求剑吗?

当然,把市场划分细也不一定都不好,但要分情况。如果是很普通的、细小级别的题材,就像一阵微风吹来,我们可以把市场的粼粼波光当成一个周期,甚至把水珠的滴数都数清楚,也未尝不可

但如果是超级大级别题材,就如同海啸袭来,你还在乎那些粼粼波光干什么? 惊涛骇浪之下的周期划分应该是滚滚的巨浪,而不是朵朵的浪花!

看市场太近、太小,当然换股会勤。适度把市场看远、相对宏观一点,当然守股会紧一点。

就如同我们看车,对于新手,眼睛是盯着方向盘的;而对于老司机,目光则是看着风景如画一般的远方,谁还在乎车头下面的几粒石子?

看远点,看大点,方能放开手脚。

股市亦是如此。

当你能够把整个主题、整个题材看成一个周期的时候,你自然会守住整个主题的核心股,不轻易把它搞丢。

很多人总是热衷于练习交易技巧,而不是练习持股能力。事实上,守股、持股能力和恒心远比交易技巧重要。来回换股,本质上是不敢下长注、不敢下狠注,不够决绝。而守股,练就的恰恰是这些

品质。

我忘记在哪遇到一位高人，他曾说过十二个字，我一直记到今天，在这种特殊的市场氛围下，我分享给大家，与诸君共勉:

选股大于技术，持股大于切换!

超级好的股票，犹如超级好的朋友，要长期珍惜

最近很多朋友在总结一年的得失，不约而同地提到俞敏洪的新东方在线。

是的，这是 2022 年一个超级牛股。它的背后，可以总结出很多得失。

恰好，我一个上海的朋友重仓这个股。上次我们在上海见面，他跟我说："你不是多次跟我讲重大事件、重大预期反转吗？我发现去年最大反转的一个企业就是新东方。"于是，他把海外的几千万全部买上新东方在线。

大概赚了 2000 多万，又买了一栋别墅。

我的这个铁杆朋友，曾经在 2016—2019 年，几乎每个月都跟我一起搞读者交流活动。后来疫情了，就不方便了。记得 2016 年，我的《股市极客思考录》刚出版不久，我在广州富力中心搞的第一次纯公益的读者交流会，他就从上海飞过来倾力支持。

而今，他的龙头投资经典案例，也是经典作品，新东方在线，石破天惊。

所以，年底我看几个大佬谈新东方在线，我很有谈的冲动。

包括投研会的几个朋友，我看他们都从自己的角度谈了新东方在线。今天我也想谈谈这个问题，我主要从两个角度去谈这问题。

第一个角度：不要苛求"最底部"。

很多人都说没有"及时"发现新东方转型，没有在"底部"发现新东方在线的基本面已经发生重大变化，结果错失好股。其实这有点

偏执和完美主义。在这个世界上，有很多好股我们都无法在最底部发现它。问题的关键是，当我们发现它时，它已经有一段涨幅，算不算"有意义的发现"？

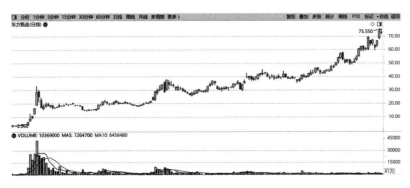

图 3-1　东方甄选走势图

当然算。

很多人总是耿耿于怀没有"最早"发现它、没有"及时"发现，其实是对机会的理解偏于"点"，而不是"段"、不是"域"。或者说，对机会的理解是"一次性的"，而不是"持续性的"。

很多人事实上发现了新东方，即使没有发现它，它也发现了你。互联网时代，重大股票都是敲锣打鼓地让你知道，怎么可能发现不了新东方？只是纠结于没有"第一时间"发现而已。其实，这是刻舟求剑的思维误区。

第二个角度：超级好东西，要有长线思维。

这个问题我在 2015 年就在思考，那个时候我的《股市极客思考录》刚刚问世，我也召开了很多读者交流会、读者座谈会。记得当时，

我的一个核心观点就是:

普通的好股,市场资金可能短线炒;超级的好股,市场会长线炒,因为不舍得让它短线走完。

超级的好股做长线,这句话是我当时的口头禅。

当然,这里说的长线,不是巴菲特意义上的长线,而是相对于做龙头战法的中短线来说,它会偏于长。

那个时候是 2015—2016 年,今天是 2022 最后一天,时间已经过去七八年了,龙头战法也已经变得跟当年不一样了。但无论如何,提起龙头,大家潜意识都会想到是短线,顶多是中线。一般而言,持股周期不超过 2 个月。

超级好股做长线中的"长线",是超过 2 个月的。或者这样想,偏于中短线的思想,是以日为单位思考问题,长线思想是以"月"为单位思考问题。

或者干脆这样说:长线思维。就是,不把它当成短炒完就走的东西。

这个是我对超级好的股票长线的期许。虽然不是很长,但已经跳出市场流行的短线思维。

为什么超级好的基本面最好要做长线呢?

我在七八年之前就理解到,市场不舍得把这么好的股票用短线的方式炒完。

别看短线也讲题材、也讲业绩、也讲基本面,那是没有遇到超级好的,一旦遇到超级好的基本面,市场是不舍得用短的方式把它挤干榨尽的。长线资金的承载需要它,大的资本的运作需要它。

或者我们这样说, 对于炒惯了短线中线的人来说, 习惯了短线思考一个题材和基本面, 习惯了用情绪周期来换着炒作题材, 甚至喊出"炒新不炒旧""有新题材、坚决不炒旧题材"等口号, 这些都是短线的思维定式。

这么多年, 我也被这种定式影响, 所以, 连"超级基本面长线"信念, 也差点给忘记了。

实话实说, 新东方在线我也没有交易到。当然, 如果它在 A 股, 我可能能做到。不过, 这不是最主要的, 最主要的是没有把"基本面好"与"基本面超级好"区别对待。

对于前者, 短炒没有问题, 但是如果真的遇到后者, 短炒它真的是暴殄天物。

很多人都是短线上在新东方在线上过把瘾、做过跳蚤, 但在长线眼睁睁错过它的超级上涨。

今天我把这个观念分享给大家, 是真的希望在今后的路上, 无论你以前是短线还是长线、是价值派还是情绪派, 一旦遇到千年等一回的超级基本面好股, 一定要长线珍惜它。

不要把它当成短炒股。

不要在短线折腾完它之后, 就再也不关心它。

其实股票是这样, 人生又何尝不是这样?

虽然每个人, 每个朋友, 都只能陪伴我们一段, 但, 对于那种超级好的朋友, 能够给我成长提供持续性能量和思想的朋友, 我们应该长期交往下去, 不要只用短期的激情。

—— **卖飞、错过好股怎么办?**

事情得从李泽楷谈起。

李泽楷曾经重仓腾讯,而且是以风险投资的形式进去,但是后来李泽楷把腾讯卖了。虽然赚了很多倍,但李泽楷会后悔一辈子。

因为他如果不卖腾讯,可以赚更多,更多,可能是世界首富。

后来,李泽楷经常表达他的后悔之意。

但是,我却认为李泽楷没有资格后悔。

为什么? 卖掉了还可以买回来呀。

腾讯还有几轮融资呢。再说,腾讯在香港刚上市的时候才几块钱,如果李泽楷真的懂腾讯,可以在二级市场再买回来嘛。事实上,张磊、但斌都是在腾讯上市后买的,一点也不影响大赚。李泽楷在香港,腾讯在香港上市,李泽楷从来没有考虑在二级市场买一股腾讯股票,天天说自己卖了腾讯后悔。他没有资格后悔。他根本就没有搞明白腾讯的巨大价值。当初投资腾讯,也是运气而已。这说明:

投资的本质是认知,而不是运气。

腾讯当时在香港刚上市股价才 3 元,价格很低。李泽楷身在香港,从来都没有想到再买回来,他自始至终都不懂腾讯。

所以,卖飞不可怕,不懂它才可怕。

李泽楷如此,我们也是如此。

我曾经认识一个大游资，因为某一天忘记买东方通信，结果东方通信暴涨，后来他就像祥林嫂一样到处说，在很多群里唠叨：

东方通信是我模式内的股票呀，就是因为那一天我错过了，没有买到，结果……

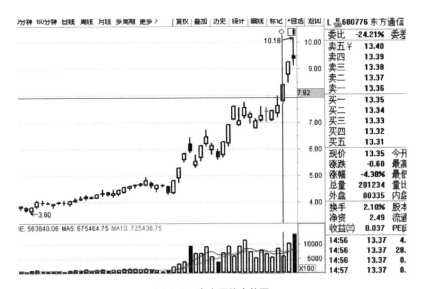

图 3-2　东方通信走势图

后来我实在受不了他，就私信给他：

错过了你可以再买回来呀。

如果因为某一天错过了，你失去了某个牛股，说明你根本就没有看懂这个股票。难道一个好股的买点只有一天吗？

如果你的买点只有一天，说明你很短视，即使这一天你买了，也可能在第二天或者第三天洗盘的时候，你把它给卖了，你也吃不到东方通信那么高的利润。因为你根本没有看懂这个股。

我们有多少人都是这样的，因为某个股"错过了"或者卖飞了，就彻底跟这个股票绝缘了，就彻底失去这个股了。

有的干脆再也不看这个股了。

这怎么可以。

谁规定卖错了不能再买回来？

就拿中金公司来说，我的操作也经历过卖错了再买。

我第一天就买了中金，不过套住了。第二天冲高的时候卖了，我看后来涨停了，不行，反手又打板买回来了。

图 3-3　中金公司分时图

当天卖错，当天买回。

后来我在这个股上又经历一次，卖错买回；或者没有买，第二天再追高买的过程。

卖错，卖飞，忘记买，没有买，很正常。只要我们理解了股票的级别和性质，可以第二天再买回嘛，或者当天再买回来。

为什么总是耿耿于怀错过或者卖飞呢?

那些为卖飞而遗憾的人，也许遗憾的不是卖飞，而是没有搞懂这个股是怎么一回事。

提高认识，是解决这个问题唯一的出路。

龙头突遇"利空"怎么办？

在我做龙头股的生涯中，经常遇到突发利空。

最初做龙头的那些年，每当出现利空，我也会瑟瑟发抖，恨不得半夜挂跌停卖出。

所以，我很能理解今天一些朋友对利空的态度。比如，某个龙头遇到利空了，有些群里的人"幸灾乐祸"——明天等着核吧，或者说谁让你买的。

其实，有这种想法的人，很多都是不做龙头的人，或者做龙头经验很少的人，至少是没有花心思去搜集龙头与利空之间数据关系的人。

因为我交易体系的"主营业务"是龙头股，所以我对龙头与利空之间的关系积累了丰富的经验。根据我的观察，利空分为以下几种：

一种是假利空：表面是利空，其实是变相承认。这种利空，对龙头不但不是负面影响，反而是加持。此地无银三百两。

还有一种利空，就是基本面澄清。从非龙头战法选手的眼里看，是利空；但从龙头战法选手的眼里看，不算。比如，某产品占收入比例很少，某产品还处于谋划或者实验阶段，某产品没有你们想象的那么好，等等。

这种利空，对非龙头选手来说，确实是利空，因为基本面澄清了嘛。但，对龙头选手来说，未必。为什么？

因为，一个股成为龙头，炒它的人看重的不一定是基本面，而是看重它的情绪载体作用，此时基本面占股价因素很少，所以，基本面澄清，又能在多大程度上影响基本面呢？

还有一种利空，无论是在龙头战法选手眼里，还是在非龙头战法眼里，都是利空。比如减持，比如公司逻辑变化，等等。

对于此类利空，确实要小心。但即使如此，利空未必能终结龙头。为什么？因为龙头很大程度上还与周期阶段和情绪状态有关。如果某个股以及所属的板块，处于强烈的上升周期，情绪没有发泄尽，那么利空是被忽视的，甚至把利空当成利好，当成低吸和套利的品种。

那么，利空难道对龙头一点影响都没有吗？

也不是。

关键是看龙头所处的阶段。如果龙头本身势头衰竭，此时一个轻微的利空都能要它的命，甚至利好也救不了它。

也就是说，利空只有与势头共振，才能让龙头止步。

不过，有一种利空是龙头特别害怕的，那就是直接窗口指导，比如中通某车。不过，这已经不是简单利空了……

写这篇文章也不是说让大家忽略利空，利空我们当然要注意，但我更希望大家在乎龙头的环境和阶段。

如果妫日中大，势如破竹，一呼百应，那么此时利空只是给龙头降温而已，影响不了龙头。就如同2006—2015年房地产出了那么多利空，影响房价吗？

如果龙头本身已经衰竭，或者寿命将要到头，此时别说利空，哪怕是一缕轻风，都有可能让龙头趴下。

时也，势也。

所以，今后大家做龙头再遇到利空，不要轻易被利空蒙蔽，而应看清楚利空的性质，特别是要看清楚龙头的阶段和势头，而不能就利空谈利空。

另外，一个股如果没有成为龙头，也许扛不住利空，但是一旦它成为龙头，被市场寄于无限厚望时，它的命就与寄予它厚望的众生联系起来，而不再是简单的利好利空问题了。

最后，分享一个理念：如果股票也有命，那么龙头无疑是命最硬的那个。

第四章

龙头价值观

—— 分类思想: 不同的钥匙开不同的锁

今天分享一个重要思想，就是股票要分类做。

在很多人眼里，股票都差不多，关键是买点的不同。有的人创新高去买，有的人低吸，有的人打板，有的人按照估值做。

但，在我眼里，买点区别不大，倒是股票之间区别大。

记住，这是一个非常重要的思想认知。

为什么说买点区别不大？

因为买点高一点或低一点，顶多是盈亏的量变，而股票的对错，却是质变。

或者说，买点的窍门是量变级别的修为，而股票的对错是质变级别的修为。

所谓股票的对错，就是要把股票分类。不同的股，不能简单地用同一个买法。

这个市场上流传着很多似是而非的股神语录，有真有假。但这些语录背后的潜台词和默认条件却不会流传。因为名言都言简意赅，朗朗上口，如果加上条件就不好流传。

比如：买在分歧，卖在一致，首阴战法，等等。

而这背后藏着的选股学问、股票归类的思想，却少有人去问津。

一定把股票分类做，不同的股票，配合不同的买法。

有的买法，只能龙头专用；有的买法，只能趋势主升浪专用；有的买法，是横盘区股票的专用。

不可混淆。

股票分类来思考，这是今天分享给大家的!

怎么分类?

我以为，这个问题只要你重视，你总会找到答案。

最近看张捷财经观察的视频，他的一个观点我很认同："最重要的原创和发明，（最关键的）不是技术实现，是技术想法。"

（注意这里的技术不是技术分析的意思，而是一种新的专利发现，也就是新的发明创造。）

思路的正确和逻辑的清晰，比用什么方法去达成重要。只要你往那个方面去想，你总能找到方法怎么去给股票分类。

—— 股票最大的分类: 龙头股和其他股

我们看历史剧, 会发现朝堂上的人分两类: 一类是皇上, 一类是其他人。

从这个视角看问题, 我们会发现很多方面都是如此。

2020 年白酒热的时候, 有人也说, 白酒其实就是两类: 一类是茅台, 一类是其他酒。

而股票最大的归类, 在我看来也不外是龙头股和其他股。

那么什么是其他股? 不是龙头的股就是其他股。什么又是龙头股呢? 超越其他股的是龙头股。

这种解释肯定会让很多人抓狂, 怎么可以这样"耍赖"?

其实, 我们认清了其他股, 龙头股自然就明白了。

那么到底什么是其他股? 凡是不敢自己带头涨, 没有独立和主动行为, 喜欢跟风和"察言观色"的股, 就是其他股。也可以叫跟风股、平凡股、墙头草、骑墙股。

那什么是龙头? 凡是敢一马当先, 有独立股格, 领涨且掌握自己命运的股, 就是龙头股。也可以叫领导股、领头羊、超级强势股。

在我的世界观里, 股票的第一种划分方法就是龙头与其他股。需要强调的是, 我这种划分法不代表真理和科学, 只是我个人的认知方式。如果你喜欢, 也可以用其他划法。

把股票分为龙头和其他股后, 我就会做以下事情:

- 在龙头上，我会重仓位，会多格局，会倾注最大的心力和注意力，用一个屏幕专门去盯着。

- 在其他股上，我不会太重仓，也不会怎么格局，如果出现很好的套利机会就做，如果没有，就走马观花，看看而已。

- 在龙头上，我可以多冒险，主动进攻。而其他股上，则尽量保守，等待机会送上门。

- 在龙头上，我会时时刻刻琢磨它，直到通透。而在其他股上，想不懂就不想了，不会魂牵梦萦。

有的事情，龙头能干，其他股不能干。有的情感和格局，只能给龙头而不能给其他。

把龙头和其他股分类后，做很多事情就轻松多了。

股票千千万，如果都以同样的心去面对，必然顾此失彼，眉毛胡子一把抓。分类后，就有了区别对待。

我们知道有一个著名的 80/20 法则。比如，这个世界上，20% 的人掌握 80% 的财富；企业运营中，20% 的客户贡献 80% 的利润；等等。

而在股市上，这个现象更为极端，可能是 90/10 法则。只有 10% 的人能做好股票，90% 的人做不好。股票本身，10% 是好股，90% 是差股。一年给我们贡献利润最大的股票，也许只占我们交易的 10%，另外 90% 是不贡献的，甚至是拖后腿的。

既然如此，那我们何不把最大精力放在关键少数上？

这与龙头思维异曲同工。

对待 20% 关键客户的态度，肯定跟对待 80% 普通客户的态度不一样。同样，对待龙头的态度，也和对待普通股的态度不一样。

同样是被套了，龙头稍微格局下，可能会出奇迹，而普通股一旦套一点，我才不想跟它谈格局。龙头和普通股，是两个待遇。

我以前有谈仓位的文章，当时用的词是：聚是一团火，散是满天星。

什么时候是满天星？就是无法聚焦龙头的时候。如果能聚焦龙头，绝对是一团火，我才不会满天星呢。

除了心力和仓位之外，龙头与其他股的分化还是交易的需要。

同样是买卖点，比如分歧低吸，比如先手，比如反包，比如抄底，这些听起来激动人心的东西，其实只有在龙头上才具有高度的有效性和威力，而在跟风股和杂毛上，压根就不是那回事。

为什么很多人经常埋怨，说这个方法也不行，那个方法也不行？因为每种方法都有其使用的范围。

皇帝拥有的三宫六院权，平民也能享有吗？

古语有云：君不密，则失臣，臣不密，则失身，几事不密则成害。

皇帝混蛋，顶多让贤臣离去，而普通人不密，则可能招来杀身之祸。

总之，龙头与普通股是两个世界。一轮行情来的时候，我们应该把最大的热情和尽可能多的心力放在龙头上，尽量回避在普通股上纠缠和斗智斗勇。

正如我们的人生，多与贵人相处，少与庸人斗嘴。

多交人中龙凤，多做股中龙头！

未定龙时，人找龙；
定龙之后，龙找人

练武师父说，练功前三年，是人养功；而后面一辈子，是功养人。这个说法太精辟了。

我做龙头战法最大的感受也是这个思维，只不过，话略微变一下：

没有龙头之前，人找龙。龙头诞生之后，是龙找人。

什么意思？

市场并非时时刻刻有龙头，即使有，龙头在初期也很难认出。这个阶段最大的任务就是人去找龙头。

而龙头一旦确定，剩下的就是龙头找人。

找什么人？

找有龙头信仰的人，找伴随龙头的人，找理解龙头的人，找懂它的人，找知音。

所以，龙头战法分为两个阶段：第一个阶段，寻找龙头阶段；第二个阶段，交易龙头阶段，龙头已经水落石出，不用找了。

这两个阶段可以分为：做可能成为龙头的股票，在已经是龙头的股票上做。

第一个阶段是人找龙，第二个阶段是龙找人。市场上，很多人喜欢前者，就是龙头还没有确定的时候，喜欢去猜测，去寻找，而一旦龙头真正诞生了，有人又害怕了。所谓叶公好龙是也。

为什么?

因为确定龙头之后，一般都比较高。

很多人要么是恐高，要么是用情绪周期、板块效应等东西自己吓自己，结果，找龙者多，骑龙者少。

要知道，你找龙的时候，龙也在找你! 你找龙辛苦，龙头找有信仰的人也辛苦。

人找龙只是一时，而龙找人一世。

真正衡量一个人的龙头信仰，不是在你找龙阶段，而是龙找你阶段。龙头出现了，你——

在不在，

应不应，

来不来，

做不做?

最害怕的是，当龙头大摇大摆地在你面前晃来晃去，你却对它视而不见，甚至还到处在问:

龙头在哪里?

龙头场

很多人不敢做龙头，一个重要的原因就是被伪装成龙头的股伤害过，或者恰好做错了一个龙头。所谓"一朝被蛇咬，十年怕井绳"。

但如果反着来，如果做惯了龙头，可能再也回不去了：

再也不想去做杂毛了，

再也不想去跟风了，

再也不想去做后排了，

哪怕看一眼，你都不想看。

那时，你就建立了纯粹的龙头价值观。这种价值观会保护你的龙头"洁癖"，会提高你的龙头"审美"。到那个时候，你的自选股自然而然就干净了。

所谓五岳归来不看山，黄山归来不看岳。你的眼里自然装不下非龙头股。

但这一切，需要从你主动排斥杂毛做起。

哪怕杂毛赚钱也不去做，只吃龙头的饭。此种做法，需要大舍之勇气，也须岿然不动之意志。

但只要有意识地去努力，会慢慢养成只看龙头的习惯。

不过，只要坚持久了，一定会明白此种做法之妙。

当然，这需要一个过程，这个过程，就是修心、修性的过程。因为它要主动面对各种诱惑。特别是，有的钱知道能赚而不去赚。

　　这样做的最大好处，就是培养龙头"场"。

　　一旦建立了这种场，它就会反馈给人，形成同声相应、同气相求的效应。所谓人找龙，龙找人，就形成了良性的循环。

　　到那时，你的自选股里，除了龙头，还是龙头。

完全是好的作品一直滋养着演员，好的股票滋养着投资者

一笔好的交易，最好是要达到两个结果：

一个是赚钱，不赚钱肯定是不好的交易；
另一个是赚品格，就是赚钱的同时，这笔交易要滋养你的品格。

对于第一条，很多人都认可。但是对于第二条，估计重视的人不多。因为在很多人眼里，赚钱就是一切。

但，我要强调的是，第二条甚至比第一条还重要。因为赚钱

有体系为之，
有偶尔为之，
有运气为之，
有误打误撞为之，
也有错误的交易反而能为之。

但，如果赚钱不是在自己的体系和掌控之内，那么那种钱迟早会吐给市场。凭运气赚的钱，迟早会"凭本事"亏回去。

只有那种自己体系赚到的钱才能持续。所以体系很重要。

但，体系坚守比较难，毁掉比较容易。为了保持体系的坚固和纯

粹，每一笔交易最好能滋养体系。

什么意思? 就是每一笔交易不但赚钱，而且能"赚品格"。这种品格不是泛道德的意思，而是说，每一笔交易要积累模式内的经验和磁场。

比如，如果你是价值股交易者，你就应该积累价值股的经验，而不是去做没有价值的热点股；如果你是龙头交易者，你就应该积累龙头的经验，而不是四处出击，积累大杂烩的经验。

其实，人做股票的时候，股票也会把它的气质释放给人。你交易什么股票，什么股票就缠上你，久而久之，就会"臭味相投"。

就像紫砂壶。我们知道，一把紫砂壶最好只泡一种茶。红茶专门用红茶的紫砂壶，绿茶的专门用绿茶的紫砂壶。如果混用，那么养壶将没有价值。

我宜兴的朋友跟我说，人在养紫砂壶的同时，壶也在养人。只有保持每把壶的纯粹性，这把壶泡的茶才好。

茶滋养壶，壶滋养人。前提是茶要是纯品。

很多领域也都这样。

比如演艺圈。对于有追求的演员，并不是什么片都演，也并不是给的钱多就演。好的演员，其实是追求作品能够提升自己。

正如张译所说: 完全是好的作品一直滋养着演员。

一个演员，最大的运气莫过于接一部能够滋养自己、塑造自己的电影(电视剧)，而不是片酬高的。诸如《一地鸡毛》于张译，《士兵突击》于王宝强，《少林寺》于李连杰，《三国演义》于唐国强，《大明王朝》于陈宝国……

好的角色养人，坏的角色毁人。

股票又何尝不是呢?

有段时间我痴迷于补涨，也是研究了好一段时间。突然有一天我醒悟了，如果我会做补涨了，眼里都是补涨，那该怎么办? 恰如手里有个锤子，眼里都是钉子。

如果我学会补涨股该怎么做了，忘记龙头了怎么办?

如果我积累了大量的补涨股的经验和技巧，冲淡了龙头主题怎么办?

这么一想，突然后背发凉。

于是放弃了补涨股的研究和总结。

并不是说补涨不赚钱，而是说，人的注意力和纯度是 100，如果其他地方占得多，这个地方就一定占得少。

对于有的模式，我不去研究、不去过问、不去关心，要比去研究、去过问、去关心的好。

其实，你在做股票的时候，股票也在做你。

你以为你从一个股票上带走的仅仅是钱吗? 不，你带走的是一种同气相求的冥冥共振。

做龙头，龙魂会跟随你。做补涨，补涨会缠着你。

每一笔交易都不是一个简单的过客，它都带着记忆，带着气息，带着因果和轮回。

正因如此，我们争取与龙相伴，争取让龙头滋养我们，主动舍弃和忘记那些龙头以外的东西。

海子曾有诗云:

从明天起，做一个幸福的人

喂马、劈柴、周游世界

从明天起，关心粮食和蔬菜

我有一所房子，面朝大海，春暖花开

这句话，我稍做修改，献与诸君：

从明天，做一个纯粹的人

补涨、套利，统统走开

从明天起，只关心龙头、主线和前排

只在龙头的世界里，面朝大海，春暖花开

龙有九条命

自然界中有一种动物的生命力特别强，哪怕你把它斩为无数节，它依然能活。

也有一种植物生命力同样顽强，哪怕你把它压在石头下，放在悬崖上，抛到山谷里，它依然存活。

甚至吞到鸟肚子里，等鸟儿拉出来后，它依然能发芽。

这是生命力的倔强，是韧性和顽强的体现。

同样，股市里有一种股，它具有无限的韧性、反复性和顽固性。哪怕市场再不济，它都会自我保护，自我成长。

当然，并不是所有的股都这样，只有一种股这样，我们把这种股叫龙头股。

做股票，最重要的就是把龙头和非龙头区分开来，也就是把最有生命力的股票单列出来，特殊对待。

凡有此意识和心态者，即为龙头之心。

为什么要区分？因为龙头可以格局无限，普通股则一不对就溜之大吉。

我们经常看到，龙头和小弟跟风有命运式的本质区别。曾经几时，每每大盘暴跌之际，龙头依然拓展空间，一待大盘回暖，龙头果断连板。而其他股，则东张西望，惶惶不安。

龙头是那种只要给点阳光就灿烂的品种。而普通股，往往是给点阳光，稍微涨一点就容易被人卖掉兑现。

龙和非龙，是两个物种，两种世界，两套价值观。

龙头就如同石头缝里面的种子，会不顾一切地向上拓展。龙头也如同天选之子，每每关键时候，好事也来垂青。仿佛所有的利好，所有最新的新闻，它都能沾边。

其实，并非龙头命好，而是龙头命硬，硬到一路穿越，而穿越的过程中，总会与各种利好和新闻结缘。

龙头的本质，其实是一种生命力，是人心所向来加持的生命力，是无限流动性带来的生命力，是无限修复能力带来的生命力，是无数次格局和接力后，意外利好都能沾边的生命力。

总之一句话：龙有九条命！

天之大宝，只此一轮红日；
人之大宝，只此一息真阳

中医上有一句著名的话：

天之大宝，只此一轮红日。

人之大宝，只此一息真阳。

对于天空来说，最重要的是一轮红日。有红日，则万里晴空，风景无限。无红日，则淫雨霏霏，死气沉沉。

对人来说，最重要的是真息真阳。从中医角度，这个真阳就是命门之火，坎中之火，也叫元阳，通俗的解释就是肾阳。

此话源自明朝中医泰斗张景岳。他以太阳于天地的重要性，来比喻命门之火对人的重要性。

这种本源性思考，也启发了我对股市的思考。我经常想：股之大宝呢？什么是股票市场最重要的东西？

有人说是环境，也就是时势造英雄；也有人说是龙头，也就是英雄造时势。当然，这两种观点常结合起来使用。

于我而言，更在乎英雄。

我认为，赚钱效应和大的时势是稳定的，而时势和时局之下，谁是主角才是最重要的。这个主角，或者说时代的弄潮儿，时代的英雄，在我的定义里，就是龙头。

一段时间之内，只要发现一个龙头，千万不要有这种思想：龙头已经很高了，我现在才知道它有什么用呢？

这是典型的线性思维。

其一，谁告诉你龙头高了就没有价值了？

龙头高了，可以等等做它的第二波，可以去做它的箱体套利，可以围绕它反复做。

五年前，我在北京大学国际关系学院给很多朋友分享龙头思维的时候，我就表达过一个观点：一龙吃三年。

当然，用词有点夸张和文学色彩，但本质要表达的就是，一旦发现龙头，当然——这里说的是总龙头——就不要轻易放过。除了追高之外，龙头还有很多种"吃法"，可以各种"烹饪"。

不信，你去看看九安医疗，去看看中国医药，去看看浙江建投。

其二，谁告诉你龙头就"高"了？

龙头的"高"是相对的，如果不高，也未必是龙头。不要轻易给龙头定义高。当然，我这里不是鼓励大家追高，而是鼓励大家追龙。

我们可以看看最近的几个赛道，房地产、医药，那些不高的，或者说那些没有龙头高的股，其竞争龙头失败之后，是什么一个命运？简直是一路狂跌，一泻千里。

低了，未必就安全。

或者说，安全与高低没有必然联系，而与流动性有关。

通过最近这几个龙头案例，我们可以清楚地看到，龙头就是流动性最充沛的品种。

龙头几乎会吸引来源源不断的流动性。龙头只要还有一口气，一个理由，就会有无限流动性前来捧场。

甚至龙头跌的时候，流动性也那么不依不舍。

也就是说，龙头的流动性不但表现在它上涨过程中，也表现在它出货和下跌的时候。

只要是总龙头，哪怕是下跌，

都那么不慌不忙，井然有序；

都那么顾盼生辉、依依不舍。

原因无他，乃市场之真阳耳！

—— 龙头的本质是无限流动性

龙头的本质是什么?

龙头与其他股最大的区别是什么?

我们今天换个角度来思考。

为什么普通股跌了就不再反弹,一直 A 杀,而龙头会经常被人救起,莫名其妙地又来一波? 这其中的蹊跷在哪里? 答案是:

龙头在某种程度上就是流动性。

什么意思?

跟风、补涨、杂毛也许某个人或者某些人喜欢,而龙头几乎是最大多数的人喜欢。

龙头涨了有追涨派,

龙头跌了有低吸派、首阴派,

龙头跌停以后有翘板派,

龙头烂板有弱转强派。

有这种想法的不是一两个人,而是市场上最大公约数的人。

有人可能会问,难道补涨跟风就不能去做反包、去低吸吗?

可以。

但，补涨跟风，只要你去玩花招，比如反包低吸弱转强，容易失败坑人，而龙头则不容易。

龙头以它过往的成功率，建立了强大的信任感。杂毛和补涨，以其不争气的 A 杀，建立了负面信任感。凡是遇到龙头，只要你觉得是买点，它就是买点。凡是补涨和后排，你觉得是买点，往往是别人的卖点。

这样，龙头就成了流动性聚集点，这让市场上很有心的人，凡是遇到龙头，就喜欢去参与。

或者说，只要是龙头，只要你定龙定得准（这句话是关键），你都会拥有意想不到的流动性。

所谓流动性，你也可以说是接力资金和后备参与者。

也正是从这个意义上讲，龙头有九条命。

信仰龙头，本质上是信仰市场上最有生命力的股票、最有流动性的股票。

—— 常无欲以观其妙，常有欲以观其徼

老子《道德经》有句话：

常无欲，以观其妙；常有欲，以观其徼。

有时候我想，我们看股也应该如此。

抽身事外和置身事中，分别用不同的境况去看龙头，更容易看到龙头的本质，也看得更全面。

我曾经有个观点：龙头具有无限流动性。

很多人不认可。因为很多人置身股中时，常常一买就跌。

但，如果我们真的过了识龙关，也就是真正认识龙头，而不是普通的补涨、强跟风，你再去看龙头，一定会看到"汹涌澎湃"的流动性。

只要你不错误归因，不把非龙头股票的特征套在龙头上，而是就龙头谈龙头的特征，你一定会感受到龙头的流动性很强。

怎么个强法？

我们不谈龙头的涨，就看龙头的跌吧。

有时候，龙头被我卖出后，这个时候我的心态是空的、仓位是空的，也就是处于"常无欲"状态，那么这个时候当然就是用"自由"和"超然"的心境去看龙头。

而此时，我依然能发现，龙头的流动性照样是暗流涌动。

通过分时图对比，通过龙头与普通的二板股、三板股对比，我发现，同样是跌，龙头的跌是慢的，是依依不舍的。

甚至，龙头的每次回拉，都撩动无数人不安的心。

真是流动性黑洞呀。

跌的时候都那么有流动性，怪不得涨的时候，天下游资竞折腰。

其实，当手里止盈掉龙头的时候，是希望龙头快点跌，或者干脆早点跌停，这样能让一个周期尽快出清干净，再来一局。

而此时，龙头就是不跌停，甚至还反复上攻，这就更证明了龙头具有无限的流动性。

而当我看到这一点，我就更暗自下决心：如果下次再发现一个超级大龙头，看我怎么干它！

那时，就是"常有欲"了。

—— 拥抱龙头就是拥抱市场上的先进生产力

前几天看到长春大学金海峰教授引用的一段古文，感触很深，原文曰：

何其处也，必有与也；
何其久也，必有以也。

什么意思呢？如果不追求学术的考究，我们可以做如下通俗的理解：

你怎么样，不用你说，看你平时与什么人为伍，看你经常处理什么事情，就知道了。能不能把一件事情做得长久，也不用你说，看你的初因和愿望够不够根本就知道了。

这段话，前半部分我感触最深。

"何其处也，必有与也。"一个人怎么样，过得好不好，事业怎么样，确确实实不用你自己去说，看看你平时跟什么人打交道就知道了。天天狐朋狗友，天天陷入毫无意义的争论和交流，看似天天社交，其实对提升毫无用处。天天处理一些鸡毛蒜皮的事情，根本提升不了自己的境界。我见过很多人，在一些群里为了一些无聊的事情去争论，去辩驳，甚至谁跟他的观点不和就去怼谁，这样怎么可能提升？

毫无价值的争论，低水平的问题，只要你参与，你就输了。而热衷于此类问题的人，只要你天天与他相处，你也输了。因为你与不该

"与"的人和事"与也"。

同理，在股市上，我们也应该用这种思想。

我一直认为，龙头战法是选择的学问。任何技巧和买卖点，首先要置于正确的股票之下。

有的股票，只要你去买它，不管你赚不赚钱，你就输了。因为你在选股上没有品位和洁癖，企图用买卖点的精彩和战术的巧妙来取代战略和选股的高冷。

怎么买卖，是技巧问题；但买卖什么，是品位问题。

技巧再难，只要勤奋，总可以解决。但品位问题，培养起来难，毁掉却容易。

龙头战法其实就是坚持只做龙头这种品位的股。

这种品位，以前我经常用"领涨""破局"这种词来描述，今天我换个新词。这个词也是我跟高段位朋友交流而突然 get 到的。

龙头的品位，其实源于做龙头的资金。

那么，做龙头的是一群什么样的资金呢？

答：先进生产力的资金。

它们最能抓住市场的主要矛盾，最能拓展上涨空间，最能攻城略地，最能打、最活跃，当然也最创造生产力。

如果做龙头，就应该天天与这类的资金为伍，与这类资金选出的股票为伴。任何时候进入市场，任何时候打开股票软件，眼里首先追寻的是这类资金、追寻的是这类股票，而不是一进入市场就到处去套自己的模型、套自己的买卖点。

必须把先进生产力的识别放在第一位，而不是把自己的模型和招式放在第一位。

这就是"何其处也，必有与也"。

与先进生产力相处，必会有龙头出没。与烦琐的招式相处，则会陷入战术的汪洋大海。

并不是说战术不重要，而是事有先后、物有本末。求本的事情必须放在第一位去解决，如此才能"因其久也，必有以也"。

社会上的先进生产力是推动社会进步的最根本要素，股市上先进生产力的资金，也是制造龙头的最根本要素。

或者这样说，龙头本身就是最先进的生产力，它以最高的效率、最大的进攻性、最无畏的勇气，带领市场前进。

做股票，就是要把握住这种最先进生产力的股票，让自己的资金，成为最有生产力的资金。

注

古语有云：鸟随鸾凤飞腾远，人伴贤良品自高。

做人如此，做股票也应该如此。伴随边缘股，会让人边缘。伴随龙头股，会让自己的资金最有生产力。龙头就是市场上最有生产力的代表，它们最有战斗意志，最凝聚人心，最具有流动性。龙头现在不仅游资讨论，机构也在广泛讨论。

龙头最大的价值在于：
它的存在和上涨符合大多数人的利益

龙头股最大的价值是什么？

它的存在和持续上涨符合大多数人的利益！

对于重仓龙头的人来说，这当然不用多说，龙头的存在和上涨，他是最直接的受益者。

而对于没有持仓龙头的人来说，龙头依然符合他们的利益诉求。比如，对于做补涨股的人来说，只有某个赛道产生了一个大龙头，补涨才能有依葫芦画瓢的"葫芦"；只有龙头高位不倒且持续开疆拓土，补涨才能"见贤思齐"，才能有补涨的空间。

再比如，对于做白马趋势的人来说，龙头持续带来的赚钱效应，也会激发白马趋势的上涨欲望。小河有水大河满，大河无水小河干。龙头和大盘趋势股之间，其实不是矛盾的关系，而是共生的关系。某段时间，趋势白马不好做，市场龙头也少；龙头少，人气凋零，白马趋势也未必好。最好的状态是白马趋势稳定中军，龙头小盘活跃气氛。比如，2019年年初是如此，2020年年初也是如此，2021年碳中和、医美行情也是如此。2022年年中新能源行情更是如此，长安汽车和中通客车共同涨，宝馨科技和派能科技同飞，这才是最好的状态。

所以，龙头不仅仅能代表某个股自身的涨幅，而且代表市场的整体赚钱效应和上涨诉求。

很多人看到龙头上涨就"恨"，甚至希望它跌，然后自己的股涨上去，这是不对的。

因为如果龙头不涨，其他股往往也万马齐喑。我们要做的是共生齐涨。只不过，在齐涨的过程中，龙头具有一马当先的模范效应。

龙头也不是孤立产生的，它往往诞生在人心思涨之时，诞生在一个超强的主题和赛道内。龙头诞生后，它的涨幅和赚钱效应，又能反哺母体赛道，甚至反哺整个市场。

所以，龙头股的存在和上涨，其实符合大多数股民的利益。

这就是龙头最大的价值和意义所在。

不信，大家想想没有龙头股的那些日子，赚钱容易吗? 而有龙头的日子，是不是赚钱好多了?

我只担心我配不上我的苦难

陀思妥耶夫斯基曾说：

我只担心一件事，我怕我配不上自己所遭受的苦难。

不知道大家看到这句话是什么感受，做龙头的人一定会感慨万千。

我最担心的是，那些曾经追高、曾经吃过炸板、曾经挨过核按钮的人，吃过那么多苦，是否能锻炼出龙头品质，能否在真龙来临的时候，配得上它！

谈龙头不难，嘴上说说信仰也容易，但是把信仰化为行动却很难。特别是，当你受伤之后，是否还相信它？是否还会为龙头热泪盈眶？

陀思妥耶夫斯基还说：

上帝与魔鬼在那里搏斗，战场便在人们心中。

股市何尝不是？

涨涨跌跌同样是搏斗，战场不在盘面，而在人的心里。

只有在内心深处，反复进行多次思考和斗争，才能在盘面上贯彻一个念头：

我愿意放弃所有的机会，只为让自己配得上龙头!

否则，就是对不起自己曾受过的苦难:

那些破板、炸板，以及核按钮!

注

本文是专门为龙头选手而写，如果不是龙头选手，也许不适用。

我的自选股里有两个股票

鲁迅的《秋夜》里有一句著名的话，是这样写的：

在我的后园，可以看见墙外有两株树，一株是枣树，还有一株也是枣树。

关于这句话，有很多争议和讨论。有人说是写无奈和惆怅的，有人说是写孤独寂寥的，有人说是病句，也有人说是名句。在我看来，这分明是名句，分明是写孤独的，特别是当我看到了下面网友模仿的句子：

我床上有两个枕头，一个是我的，另一个还是我的。

很明显，这就是孤独，就是精彩的名言。鲁迅写这句话的时候，在我看来，表达了一种心灵空旷和无限孤独，是一种意境。

其实很多意境，如果自己没有亲身经历过，可能永远体会不到那个深度。比如，我曾经写道：龙头是英雄，而不是群雄。

我记得这句话是 2021 年写的，那还是做九安医疗时有感而发。我想，哪怕到今天，彻底跟我一样对这句话有强烈共鸣的人也不多。

并不是这句话有多么高深，也并非这句话有多么难懂，而是只有长期专门做龙头的人才有那种独特的感觉，才会把英雄和群雄分得那么清。

对于非龙头选手来说，比如打板派、趋势派、技术派甚至价值派，股票区分应该没有那么苛刻，只有符合条件与不符合条件的区分而已。但在龙头选手看来，就没有那么简单。龙头就是龙头，非龙头就是非龙头，绝对不能越界，一定要吹毛求疵，甚至严格到令人发指，特别是：

把龙头和普通强势股分得很清楚，

把龙头和补涨分得很清楚，

把总龙和分支龙分得很清楚。

有的事情，龙头可以干，但强势股和补涨股不能干。就像有的事情雍正可以干，但年羹尧绝对不能干，比如穿龙袍、翻牌子。

如果不分清楚，那就是掉脑袋的事儿。

龙头股不是强势股，也不是普通的牛股，而是具有第一性、排他性、独特身份地位的股。关于这一点，我在《股市极客思考录》（升级版）最后几篇新增的内容上，写得非常清楚。

但，很多人喜欢抹杀这个区别，或者觉得都差不多。比如，都是房地产股，都是连板，基本面也类似，图形也类似，买 A 和买 BCDEF，不都差不多吗？

不，差很多!

我们一定要透过图形看到它们背后巨大的鸿沟——龙与非龙。就像你和你的领导那种差距，虽然都有五官，都西装革履，都吃一样的午餐，也都在一起办公，但你们差距很大很大。

而股票中龙与非龙的差距，比这种差距还大。

这就是为什么我们看到今天的盘面，同样都是房地产，有的可以地天涨停，而有的趴着跌停不动。有的引来无限流动性，"朱门酒肉臭"；而有的无人问津，"路有冻死骨"。

这是龙头规律：只有龙头才具备源源不断的流动性！

如果搁在平时，搁在市场上涨的时候，搁在歌舞升平的时候，它们差不多。但只要市场翻脸，只要流动性吃紧，只要有风吹草动，它们的区别马上就表现出来：

一个天上，一个地下。

一个活，一个死。

一个扶大厦于将倾，一个闻风丧胆。

龙头的价值和风骨，不在平时，而在非常之时。但龙头的习惯和纯粹性，却在平时。只有平时就坚持把龙头和非龙头划分得清清楚楚，才能在非常之时，保持龙头的纯粹和洁癖，享受龙头的溢价和流动性。

所以，我在"龙头宪法"里写道：你的自选股里，应该只放龙头。

不要害怕自选股里的股票少，不要害怕龙头孤独，因为龙头本应该稀少而孤独。

对于真正纯粹的龙头选手，他自豪的应该是自选股里的股票少，而不是股票多。

如果有一天，你打开自选股，能对人说：

我的自选股有两个股票，一个是龙头，另一个也是龙头。

我想，这该是多么值得骄傲的事情呀！

差别

看历史书时，第一次强烈地感觉到：

貌似相同的东西，其实有着无边无际的差别。

有的人在史书上能占好几页，甚至单独占一章，而有的人，成千上百万加在一起，才占几行，甚至寥寥几个字。

同样都是人，差异怎么这么大？

同一概念名称，常常会掩盖巨大的差异。

比如，同样都是书，有的叫《周易》《论语》《红楼梦》，而有的叫某某某。表面看，都是那些纸，那些字，但差别是无穷无尽的。

再比如，同样是电影，有的叫《教父》《宾虚》《飘》《泰坦尼克号》，而有的叫某某某。同样是银幕，同样是两三个小时，但差别无穷无尽。

再比如，同样是公司，我们的公司叫公司，苹果华为也叫公司，同样是有限责任公司，在工商和注册那里，公司名字的字数也差不多，但差别更是无穷无尽。

相同的称呼和概念，掩盖了太多太多的鸿沟。

同样是明星，有人是李小龙，有人是某某鲜肉；有人是邓丽君，有人是某某歌手。

同样是将军，有人叫白起，有人仅仅是将军。同样是医生，有人叫张仲景，有人是某某大夫。

同样是科学家，有人叫爱因斯坦，有人叫某某教授。

同样是政治家，有人是伟人，有人是政客。

当然，当我们把例子延展开去想，大家是能感受到巨大差别的。但，当它们一旦变成文字，比如刚才上面的行文，它们占据我们的阅读时间以及占据页码的空间，居然差不多。

这合理吗?

文字就是这样，它往往以相近的名称字数，抹杀事物之间巨大的差异性，特别是当把它们放在同一平台的时候。

股票更是这样。

同样都是股票，有人叫茅台，有人叫 ST 某某，如果你把它放在自选股里，二者占有你盘面的空间是一样的，但它们的差异是无边无际的。

我们都有自选股，自选股里可能列着 5 个或者 15 个股，甚至 25 个，但当我们把它们放在一起的那一刻，也许我们就犯了一个致命的错误:

等而视之。

它们之间是有巨大差别的，有的可能是总龙头，有的可能是补涨，有的可能是纯观察备选股、纯备胎。但，当它们挤在一个自选栏的时候，它们占的空间是一样的。占你早盘最宝贵的时间（通常是看盘前 20 分钟）可能也是一样的，更可怕的是，在你关键的决策时间里，只要你翻看它们，它们占有你的注意力和精力资源也是一样的。

请问：

这合理吗？

这是用无差异的方式把无边无际的差异抹杀了，这是用差不多的方式来解决差距十万八千里的问题。

那应该怎么办？

应该用差异来解决差异：

如果有一个股是总龙头，用一个屏幕去看它，去盯它！

为了它的地位和影响力，给它配碾压一切的注意力资源。这就是本文的核心思想。

去小事而大事明。去杂毛，而龙头明。

行文到这里，大家应该能理解我在《龙头、价值与赛道》里写"龙头宪法"的用意了吧？能够明白"龙头宪法"的真正价值和深度了吧？

请看"龙头宪法"前两条：

(1) 你的自选股里，应该只放龙头，谁符合买点买谁。凡是非龙头，放在备选栏，放在次要栏。

(2) 早盘前 30 分钟，只看几个龙头的走势，非龙头瞅都别瞅。如果要看非龙头，等半小时过去再说。

为什么把这两条放在最前面? 难道仅仅是口号吗?

非也。

它是解决一个无边无际重要的问题的: 把最重要的资源配给最重要的股。

就像把最宝贵的爱献给最值得爱的人!

群雄

但凡武林有大事、有热闹看，"群雄"必定少不了。

群雄是什么角色呢? 前几天看六神磊磊的观点:

- 排挤乔峰的是他们，赞美乔峰的也是他们，说乔峰是王八蛋的是他们，说乔峰牛的也是他们;
- 羡慕慕容复的是他们，瞧不起慕容复的也是他们;
- 围攻明教的是他们，说明教牛的也是他们。

磊磊的话让我想起了股市。

按照龙头的语境，股票如果是人的话，可以分为三类:

一类是英雄，类似乔峰、张无忌、杨过;

一类是群雄，比如某门派、某长老;

一类是群众，默默无闻，与世无争。

其实，在股市里，做英雄类的股也好，做群众类的股也好，最怕做群雄类的股票。

为什么呢?

因为，英雄类的股领涨抗跌，有英雄气概，为了兄弟，两肋插刀; 群众类的股安静恬淡，安贫乐道，与世无争。这两类股都不会有大的风险。但群雄类的股票则不然，它既不甘寂寞，总想跃跃欲试，又不能独当一面，扛住分歧。行情一来，蹭着热点猛涨，行情一去，立即见风使舵，怎么可能侠肝义胆，两肋插刀？

而且，群雄还喜欢扮演英雄，总让人以为它是龙头类的股票，其外形、架势和派头，有时候确实与龙头无二，但当你真的把它当成龙头的时候，它又稀里哗啦。

综观金庸小说，群雄最主要的戏是两件：一个是大声叫骂，一个是大声叫好；一会儿乔峰牛逼，一会儿乔峰傻逼。群雄听别人说话，就两个反应：一会儿"一派胡言"！一会儿"言之有理"！

这跟股市里有一类股票是一样的，这类股票我叫群雄股，它们经常是墙头草，两边倒。市场好的时候，恨不得能开个一字板；市场不好的时候，恨不得核按钮开盘。没有一点英雄的气质。

我也多次为这种股票所伤，写这篇文章与大家共勉，提醒各位龙头爱好者：

我们做股票，要做就做最强，做总龙头，要么就不做。

千万不要叶公好龙，看着总龙头不敢做，反而去做下面的跟风小弟，甚至是分支龙头。

这种做法，与群雄何异？

不要做群雄，要做就做英雄！

神与半神

最近，有媒体将娱乐圈演员进行"封神榜"，挺有意思。

我们直接上图让大家看看。

传说：成龙

神：周星驰　李连杰　张国立　周润发

半神：刘德华　陈宝国　梁朝伟　陈道明

帝：吴京　甄子丹　葛优　张嘉益　郭富城

顶级演员：古天乐　孙红雷　徐峥　黎明　张涵予

国民演员：黄渤　沈腾　王宝强　邓超　张译

知名演员：黄晓明　段奕宏　刘烨　陈坤　胡歌

崛起势力：易烊千玺　雷佳音　肖央　刘昊然　王凯

缠绵85生：黄轩　张若昀　陈晓　井柏然

小有名气：董子健　彭昱畅　肖战　朱一龙　杨洋

新生之光：王一博　王俊凯　白敬亭　李现　龚俊

成龙是传奇级别的存在，主要是票房和全球影响力。

然后是神，再之后是半神，再之后是帝。帝之后，就不用细看了。

这个排序，我想很多人都会有一定的意见，但是整体上，反映的确实是一种地位和等级。看了这个排序，我突然想到股票，如果龙头也有排序，也会有地位等级。

- 传说：旷古及今，超越时间与空间，诸如九安医疗、东方通信、中通客车、浙江建投、顺控发展。
- 神：总龙头，代表两市整体气氛，超越具体行业，诸如中国医药、湖南发展。
- 半神：板块龙头，代表行业炒作的极致，诸如王府井、道恩股份、光大证券。
- 帝：实力派，白马价值趋势龙头，代表基本面，诸如小康股份、三峡能源。

帝之后，就是各种补涨、卡位和跟风舔狗，意义就不大了。特别是各种套利补涨，很容易被人遗忘，甚至核按钮。

股票是有级别、有分类的，最大的分类是龙头与非龙头。

龙头中，又有级别，有的是几年难得一遇的龙头，此种龙就是传说。这种传说一旦出现，必须倾巢出动。

传说之后，就是各种龙，有的代表板块，有的代表两市，有的代表赛道。这些龙头出现，也必须敢于亮剑。

帝之后，就不要参与了。因为帝以下，就是凡尘了。

龙头者，就要常在神与半神之间，往上看传说，往下止于帝！

不要轻易卜凡尘，自觉抵制凡尘间"繁华"的诱惑。

骨血论：大多数核按钮都是降低审美引起的

2022年8月12日盘中惊现一个核按钮，那就是文一科技，见图4-1。

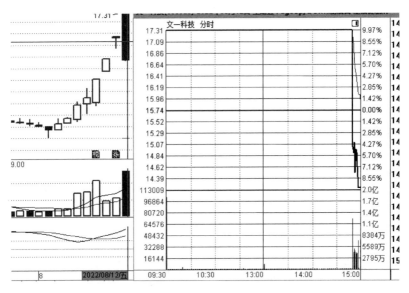

图4-1 文一科技分时图

对于这种核按钮，大家可能都已经屡见不鲜。几乎每周都有，有段时间甚至每天都有。

比较剧烈的核按钮，还有2022年6月2日的阳光乳业，见图4-2。

这是比较剧烈的核按钮。还有一种不是那么剧烈，但是也算核按钮吧，那就是A杀跌停式，见图4-3。

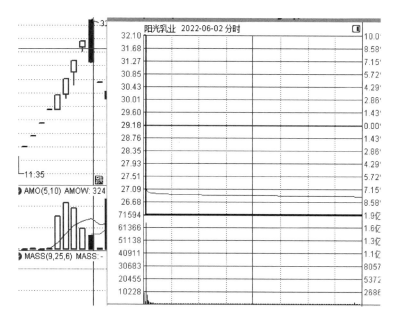

图 4-2　阳光乳业分时图

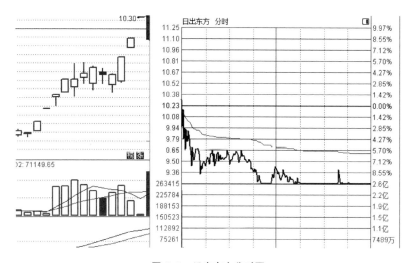

图 4-3　日出东方分时图

日上集团和日出东方，是 A 杀式。这种核按钮虽然不是从涨停板杀下来，但是，也比较恐怖，因为它有时候会连续跌停崩溃。

面对这种情况，我们如何避免？

要回答问题，就要问核按钮是怎么来的。

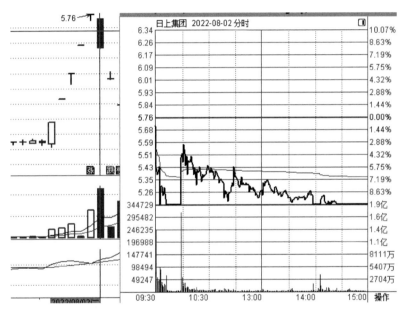

图 4-4　日上集团分时图

我的观点是，核按钮虽然由情绪突变引起，但这只是外因，不是内因。我认为，核按钮的内因是自己内心深处降低标准引起的。

降低什么标准？答：审美标准。

虽然不是所有核按钮都与审美有关，但大部分核按钮都是与降低审美有关。

有人可能会说：这些股票很美呀！

我说的美，不是图形美。

诚然，这些股票涨起来确实很美，特别是盘口也"硬朗"，甚至比一些龙头还"干净和爽朗"。

但，我们谈的审美不是图形美，而是市场地位。

我说的降低审美，不是指图形和盘口的美，而是市场地位，是说降低龙头的认定标准，降低核心度。

一句话：降低品位。

没有在"英雄"上做文章，而是在"群雄"上做文章！

根据观察，我发现补涨股、套利股、模仿股最容易出现核按钮。而它们一个共同特点就是：长得像龙头，但不是龙头。

它们跟龙头一个巨大的审美和品位差异在于：龙头具有开天辟地性，有破局性，而补涨股则大多数具有跟风性、模仿性。

正是这一差异，导致了龙头与补涨的"骨血"完全不同。

龙头是野生的骨血，在很大程度上可以抵抗情绪的突然转凉，而补涨因为是温室的花朵，是人工栽培，一旦天气（情绪周期）骤变，则容易瞬间凋零。

凋零的极致，就是核按钮。

说到底，核按钮的背后，又何尝不是没有龙头骨血的股承载不了别开天地的使命，一旦风云突变，在重压之下撂了挑子呢？

龙头品质：论大面的根源与龙头的纯粹性

市场只要不好，很多股就开始大面。

而今天只是开始，明天竞价可能继续面。比如瑞泰科技，见图4-5。

图4-5 瑞泰科技分时图

推而广之，大面更多，我们看看下面的分时图，如图4-6。

再看看K线图，更是惨不忍睹。如图4-7。

图 4-6 众多核按钮分时图

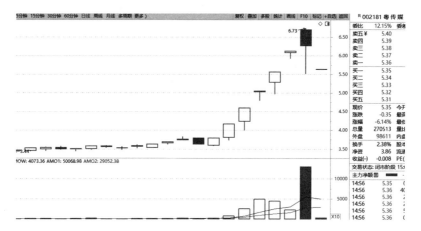

图 4-7（1）　粤传媒走势图

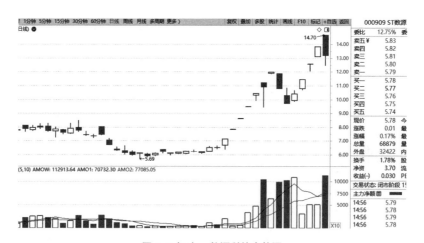

图 4-7（2）　数源科技走势图

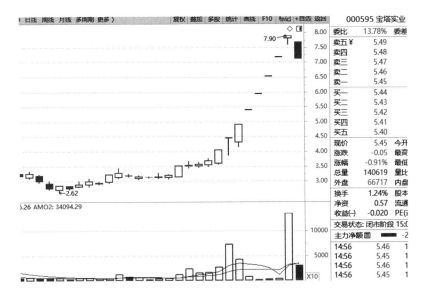

图 4-7（3） 宝塔实业走势图

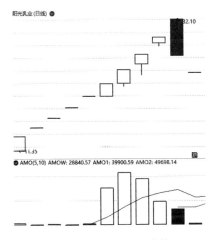

图 4-7（4） 阳光乳业走势图

这就涉及一个问题，为什么大面？

我们能不能找到其根源？

窃以为，大面的根源有两点，或者说，大面都喜欢从两个地方来：一为退潮的时间窗口，二为后排跟风。相比前者，我觉得后者更不可"饶恕"。

因为，如果是退潮问题，我们还可以狡辩、可以找借口，比如就说情绪把握起来不准，涨潮退潮飘忽不定，等等。但，如果我们是因为买了后排跟风而被核，几乎不能进行任何狡辩，因为我们知道，后排问题没有讨论的余地。

后排就是后排，清清楚楚，无论它的 K 线走势和分时图再猛，它依然是后排。只要我们不眼红，戒除后排问题还是比较容易的。

如果明明知道谁是龙头，明明看得清清楚楚谁是后排，非要侥幸去做后排，这就更不可原谅。

因为，这涉及品位问题。

什么是品位？就是内心深处有没有龙头信仰，有没有纯粹性。

按照龙头战法的原教旨要求，龙头选手不应该过于关心补涨、跟风和后排，并不是这些东西不能去研究，而是，如果你是龙头选手，你研究后排那么深入干吗？

有些朋友，总以为学的越多越好，除了总结龙头战法，又研究一套补涨战法、跟风战法、后排战法、几进几战法（诸如一进二、二进三、三进四等等，这其实是用战术和模型取代龙头理解力）等等。我就曾跟一个朋友说，这些问题我不去研究，因为我只要研究，就会有"成果"，只要有"成果"，就会去试，只要试，就会冲淡龙头的纯粹性。

你掌握的越多，会的越多，也就意味着你"关照"的越多。大面的概率，也一定就会越多。

后排，我根本不去研究，没有研究就没有买卖，没有买卖就没有伤害。

本文开始那些案例，虽然有时间退潮的原因，但它们还有一个共同的身份就是都是跟风，都是群雄。

跟风也许今天核按钮，也许明天核，关键不在于哪一天，而是它的结局一定会是核按钮。至于哪一天，具有偶然性，但其非"寿终正寝"性，几乎是必然性。

因为这是跟风的宿命。

而龙头，并非一定不核按钮，但其概率小很多，其信号明确很多。怎么理解?

- 龙头见顶，大多数会来回磨叽下，直接核的，往往概率没有那么大。
- 即使核，也往往是别人核多了，示范效益多了，它被逼无奈。在此种情况下，龙头的核，我们有足够的时间准备，有足够的信号提醒。

而做跟风的后排，我们哪里有这个福气?

所以，做龙头，不仅仅是进攻的需要，很多时候也是安全的需要，是防守的需要，是撤退的需要。

其实，大面还有一种根源，这种就是最大的根源:二者叠加，做后排且在退潮窗口。

既是后排，又在退潮窗口做，这种就更不可能饶恕了。龙头都不敢在退潮窗口去做，何况跟风呢?

总结下上面的思想：大面的根源在于，要么是后排，要么是退潮窗口。

其实，这样总结，还是逻辑和现象层面，而不是最根本层面的。

我认为最根本的层面在于一个人的内心，在于品质。

什么品质，就是龙头品质。

龙头品质是什么? 答:

纯粹而不将就。

宁愿直中取，不愿曲中求。

宁愿进攻中去冒险做英雄，不愿后撤中去苟且做群雄。

—— 不要轻易认龙头，除非一眼万年

八万四千法门，每一法门都可以修成正果。

股票也是，趋势投资、主题投资、量化投资跟龙头战法一样，都是一种投资流派，每一派修成者，都可以稳定盈利。

但，因为龙头一词听起来高大上，所以，本来很多做其他投资的，都喜欢给自己贴个响亮的龙头二字。这种现象，我在四年之前写的《龙头信仰》一书中就有详细论述。

比如，明明是庄股，是坐庄的，非要说自己是龙头；明明是做补涨的，也说自己是龙头；明明是潜伏套利的，也说自己是龙头；明明是小作文的，也说自己是龙头。龙头名字香，传播大，引来天下各投资流派竞折腰。

为什么别人那么喜欢说自己是龙头战法，自己做的股是龙头呢？除了龙头的名字好听之外，还有一个秘密：那就是利用龙头假设和默认来出货和引诱接盘。

提起龙头，会给大家以下默认、假设：

（1）不怕高，可以一直追，消除人追高的心理障碍。

（2）让人联想起特力A、贵州燃气、东方通信，给人一个远大宏图的联想。

（3）继续接力，继续买，因为龙头的本质就是接力战法。

（4）壮胆，号召别人进来。

（5）格局，震荡和洗盘暂时不用卖，因为是龙头嘛。

当然，如果是真龙头，是总龙头，以上假设和默认都成立。但是如果是补涨，是小作文股，是潜伏股，是产业链股，以上5个假设和默认会要你的命。

问题是，如果你真的是龙头选手，如果是真的龙头股，以上五点没有毛病；但是如果不是龙头，而是伪装成龙头的股，那么这五个假设可是让你吃不了兜着走。

所以，我反复说，为了避免把非龙头当成龙头，必须提高龙头的审美，不能让别人喊着龙头口号就把龙头选手搞进去了。

或者，至少要明白，你做的到底是龙头还是其他股。如果是龙头，就按照龙头的默认。如果不是龙头，你明明白白地告诉自己，这不是龙头，只是套利。

所以，我提倡龙头，并非说只有龙头能挣钱，而是说，如果你要做龙头，就必须做真龙头，如果你不确定，就不要把龙头这个词随便冠在某个股上。

因为龙头一经定义某个股，就说明，你已经给它一系列默认和假设。

正因如此，我们要提高龙头审美，不随便认龙头。

除非，找到那种一眼万年的感觉。

第五章

谁是龙头

—— 谁是龙头（一）：整体观

在一个游资群，我跟几个朋友交流龙头。

交流瞬间，迸发出一种灵感，一气呵成分享我对龙头的看法。这段话比较精炼，我觉得比编辑成长文更好，于是就决定直接分享出来。原文如下：

- 有的股一开始就与众不同，嘴里含着金钥匙出生，为什么还要比来比去。龙头的识别和定义，不是比照片，而是比本质。
- 很多龙头战法选手就是喜欢研究卡位、晋级。其实本质上，他们是喜欢研究分时图，通过分时图来定义和判断龙头。这个方法非常不好。
- 龙头的定义是整体气势，而不是某一天甚至某几天，谁比谁涨得快，谁比谁分时图如何。我希望大家能够从根本上重新看龙头。

摆脱从分时图和细枝末节上思考龙头的习惯，要从整体上思考龙头。

谁是龙头（二）：九安医疗篇

大概是在 2021 年 12 月 10 日，我在中国南部的某一个城市，跟几个高手在一起围绕一个问题进行交流。核心内容是关于九安医疗的地位和定性问题。

我的观点：九安医疗是龙头。

某方的观点：九安医疗是补涨。

那个时候，九安医疗第二波还没有出来，它的总龙头地位没有确立，我们争论的是它的第一波的性质。

某方之所以认为九安医疗是补涨，其理论是：它在拓新药业后面。是拓新药业为医药打开了空间，所以九安医疗就是拓新的补涨。

我听了当时就不同意，立即反驳：如果没有拓新药业，难道就没有九安医疗吗？九安医疗不是任何人的补涨，它有自己的独立逻辑。

补涨有一个基本逻辑，那就是如果没有前面领涨和开路的那个股，它就不可能产生。因为是"补"嘛，后补，替补，补充，看齐，模仿……，"补"就说明你有补的对象。

既然如此，那么我们就可以用反证法：补涨一定是对着某某股去的，如果没有某某股，就没有它，则它是补涨。

那么很简单，如果没有拓新药业，难道九安医疗就不会这样涨吗？

显然不是。

九安医疗上涨的最核心驱动力是它的检测产品卖到美国，它有自身独立的逻辑驱动，它不是因为任何外界其他股才上涨。

但，我这个思路遭到其他几个人的反对。

他们的观点是，从情绪周期上来看，从时间先后来看，是拓新药业打开整个医药赛道的空间，然后九安医疗去模仿拓新。

呜——

怎么有这种想法？

如果按照这种逻辑，难道成吉思汗是完颜阿骨打的补涨吗？难道朱元璋是赵构的补涨？

同样，我的想法对他们来说，也觉得这个人怎么会这样想。

也许你会说，事后走势证明，我是对的，九安医疗最终成为最大的龙。

不，不，我不这样想。

有个哲学家提出一个问题，说阿喀琉斯追不上乌龟。另外一个哲学家的弟子辩驳道："我走两步看看能不能追上乌龟不就知道了？"这个弟子遭到他师父的批评。他师父说："理论问题，就要从理论上去辩驳。你拿事实算什么？只能证明你没有理论武器。"

所以，我不希望从最后的"事实上"来事后说明对错，而是搞清楚认知的根本逻辑。

我和他们的分野在于，我认为龙头的定义核心点在于内因，他们认为龙头的定义核心点在于外因。

我侧重于从基本面和本质对龙头进行认知，他们侧重于从时间层面和情绪关系上对龙头进行认知。

应该说，我们是从不同的维度看世界。

　　我的维度，我习惯称之为原教旨维度。当然，我并不是说别人的维度不对。事实上，不同的维度，可以互相补充。我也经常用外因角度看龙头，我也会采用情绪周期，但物有本末，我定龙的本是内因。

—— 谁是龙头（三）：长跑与短跑

同样是跑步，如果决定长途跋涉，绝对不会在出发的时候就把劲儿使完。但，如果一开始就确定是短跑，肯定会用尽全力。

股票也是如此。哪怕是短线，也有"长短"再细分。有的短线就是隔夜，今天买明天卖。有的短线是一波流，趁着情绪，能打多高打多高，但是只要情绪松了，多一毫米都不打，立即出光货。

前者被称为隔日套利，很多打板套利派属于这种；后者被称为过把瘾，一波流。它们有个致命的缺点，就是 A 杀。

除了这两种之外，短线还有一种模式——龙头接力。

这种模式比长线短，但比前两种长。

对于龙头选手来说，选定股票时，就"已经很高"了，不高怎么证明龙头的"领涨"和"地位"？龙头选手为什么还要去选它呢？

因为它还可以更高，甚至好戏才开始。比如小康、九安医疗、顺控发展、竞业达，都是这样的。

从这里我们就可以看到，龙头其实是相对长跑。

既然是相对长跑，那么好的龙头品种往往是那种一开始没有把劲儿用光的股票。包括利好释放，包括分时情绪，都没有用光。

那种一开始就拼命跑的，从来不注意节奏，往往不是龙头，因为它的目标不是远，而是快。

为什么写这个角度？因为很多人经常把龙头和最强盘口的股混为一谈。特别是一些软件和 App，上面有功能自动贴标签，把 ×× 贴为龙一，××是龙二，其实它们特别在乎日内盘口。

而最大的误区就在这里，龙头不是从日内盘口上去定义，而是从多日盘口的总和去定义。

这个维度对于我们认识龙头很有帮助。

凡是在乎短跑的，未必是龙头选手的爱，虽然其他选手很爱。在乎长跑气质，才是龙头选手的最爱。

把劲儿留着，把别人拖垮了再去冲刺，才是龙头该有的样子。懂得这个道理，就会更加彻底懂得龙头的分时，为什么看着很慢，但是走起来很稳。

靡不有初，鲜克有终。

是也！

—— 谁是龙头（四）：破局者即是龙头

古代很多鼎鼎大名的人物，都出自一个地方，有的甚至是同一个县乃至一个村的。

比如刘邦的队伍中，大多数都出自沛县：

萧何：开国丞相，沛县人；

曹参：名将名相，沛县人；

夏侯婴：名将，沛县人；

周勃：名将，沛县人；

樊哙：名将，沛县人。

他们都是乡里乡亲，做着很基层的工作，有的甚至是卖狗肉出身的。但后来，就是沛县这个小地方走出来的人，打下了大汉江山。

还有一个例子，是朱元璋的淮西集团。徐达、常遇春、汤河等人都是朱元璋的玩伴。他们小时候，也都是很不起眼的乡下小孩。

难道这些地方都是人杰地灵吗？

非也。

我们可以换个角度想。历朝历代中，有能力的人大有人在，但这些有能力的人被开发出来的不到10%，只是冰山一角。人的绝大多数能力都在冰山下面沉寂着，没有被开发出来。

如果你仔细观察，就会发现，无论多么基层的地方，都有很多有本事的人，哪怕是一个村、一个街道、一个生产小组、一个工厂或者一个施工大队，你都会见到几个什么事情都能办得特漂亮的人。但这些人呢，缺少一个带领者，缺少一个破局的伯乐，缺少一个能跳出局面把大家放在一个可以历练的大平台上的人。

其实，人的很多能力都是历练出来的，只要你在那个位置，天天琢磨那个事情，你就会增长那方面的能力。位置决定脑袋，你屁股坐在哪里，你就天天想哪里的事情，慢慢地就做出成绩来了。所以说，如果真的有这么一个破局的人在，古代王朝一朝的文武百官，一个县就能配齐。

这就是一人得道鸡犬升天，一个地方只要有一个天纵英才的人物，就会带出来一批成功者。

关键是，你身边有这么一个天纵英才能破局的人物吗？

关于龙头，众说纷纭。无数次有人问我：我知道龙头战法好，但你告诉我怎么去找龙头？

我能怎么告诉他？有时候我用十几页的纸来写（见《龙头信仰》中关于龙头的定义），他依然不知道。

于是我就想，能不能用故事、用场景、用历史来表达？

龙头是什么？就是上文中能破局的人，就是天纵英才的人物。因为他的存在，一帮屠狗辈能够青史留名。

股市中的龙头也是如此，凡是能够破局的股票，就是龙头！因为它的存在，一个板块都能鸡犬升天。

龙头就是一种存在。

一种破局者姿态的存在！

注

本文受历史启发来谈龙头，算是换个特殊的角度看吧，当然，这种角度并非是真理，而是一种启发式的类比式的认知。

其实很多领域都包含一些龙头哲学。我小时候在一个村子长大，也确实觉得我们村有很多能把事情办得很漂亮的人。但是，我们村之所以没有产生很多企业家和大人物，我确实觉得缺少更大能"破局的人"来带领，如果任正非、王传福或者曹德旺是我们村的，我相信我们那里很多把事情办得漂亮的人，有很多会成为企业家和职业经理人。而如果王阳明或曾国藩是我们村的，我们那里能把事情办漂亮的人，则可能青史留名。其实，离我们不远的一个村就有这样的故事，那是一个将军村。

有语云，火车跑得快，全靠车头带。

车头，就是龙头。

而人的群落中起带动作用的，就是龙头！

希望看完本文的人，对龙头的理解，增加一个境界。

谁是龙头（五）：绕不过去的存在

龙头是一种存在。

这种存在是什么样的呢？我给大家讲个武林故事。

民国武林之中，高手辈出，有这么一个人，但凡圈内高手聚会，或私下闲聊，无论大家聊什么话题，聊到最后总会把话题落到他身上。或者是谁跟他切磋过，或者是谁把他逼到平手，或者是谁知道他最近又练成什么功夫，甚至谁谁谁在哪里见过他一面，都觉得是特别有面子的事儿。

这个人就是孙禄堂。

孙禄堂在当时武林圈就是这样一种存在，但凡聊到武林，必谈及此人。这种存在就证明他是龙头。

前段时间看《雪中悍刀行》，也有这么一个人物，只要谈到谁的武功高，大家总喜欢把他跟王仙芝比。只要谁吹牛，大家也喜欢问他如不如王仙芝。无论谁谈论武功，最后都喜欢拿王仙芝说事。那么王仙芝就是当时武林当之无愧的龙头。

孙禄堂、王仙芝，就是这样一种存在，这种存在，就是龙头现象。

在股票圈，特别是龙头战法的圈子里，我们给这种存在起个专业词汇，叫"绕不过去"。

什么叫绕不过去？就是只要某个赛道和题材方向前进，总有一个股，大家集体重视。那么这个股的存在，也就是龙头现象。

只要这个赛道里还有一个股，大家总喜欢去问：它比那谁谁谁如何？它是那谁谁谁的补涨还是对标？如果那谁谁谁怎么了，它会如何？

那么，那谁谁谁，就是所有人心中第一性的存在，这种存在，就成为其他股的尺度和参考，也成为其他股难以逾越和忽视的高峰。

这种存在，就是龙头的存在，也就是龙头的现象。

如果这种说法大家无法理解，我们用最近的一个例子做说明，再恰当不过。这个例子就是谷爱凌！

只要在今天谈到奥运和体育，无论谁来谈，无论在哪个圈子里谈，无论一开始从哪里谈，无论中间谈些什么内容，最后谈着谈着总会把话题往谷爱凌身上落，可以说谷爱凌就是今天体育界一种龙头般的存在。

明白这点，大家就应该明白我以前给龙头下过一个定义。

什么是龙头？答：

龙头就在口口相传之中；

龙头就在众目关注之下；

龙头就在大摇大摆之畔；

龙头就在街谈巷议之间；

龙头就是人中龙凤，龙头就是鹤立鸡群！

龙头就是天下第一，龙头就是艳压群芳！

如果有一个股票，或者有一个公司，也具有这种特质，那么它就龙头！

谁是龙头（六）：区分龙头与非龙头的小窍门

我们常常说要做龙头，尽量不要做补涨和跟风，那有没有一种好的区分方法呢？

当然有。

其实我曾用人文笔法讲龙头的定义，比如说，龙头是英雄，非龙头是群雄。

很多人估计听着不够切肤，那么今天我用一个窍门来帮大家区别。

说是窍门，事实上也是一种观念和思想：

凡是开拓资金做的股票，往往是龙头。

凡是踏空资金做的，往往是非龙头。

什么意思？所谓开拓资金，就是敢于引领和尝试的资金，就是勇敢的资金。所谓踏空资金，就是失去龙头但是不想错过行情，于是另起炉灶、自己制造补涨和跟风股的资金。我这样说很容易，其实理解起来并不容易。当然，这个说法并非严格的定义，而是一种性质上的认识。

如果能深刻地认识到踏空资金的属性，我们一般就可以回避跟踏空资金同车。踏空资金既然踏空了，它再发动股票，其性质和地位就跟领涨的龙头大不一样，其面对波动的心性也不一样。

可以说，踏空资金和引领资金完全是两个秉性。

从这种秉性上，可以很好地区分龙头与非龙头。

—— 谁是龙头（七）：核心度

我第一次被龙头股震撼到，是看到一个叫海虹控股的股票，该股现在已经改名为国新健康。当时是炒互联网，它因触网概念被爆炒。我们来看看它的气质，如图 5-1。

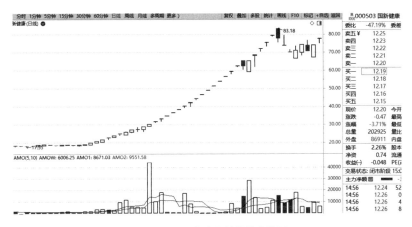

图 5-1　2000 年海虹控股的走势图

该股已经无法用文字来形容。

后来，又被一系列类似的股震撼，诸如图 5-2 到图 5-7。

我把具有图中所显示出的神韵的股票统称龙头股。它们有的久远，比如宝钛股份、杭萧钢构、莱茵生物、成飞集成；有的很近，比如中国中车、沪硅产业。

在 A 股的一些朋友中，我算是比较早采用龙头战法的人，也是很早研究和公开研究成果的人。

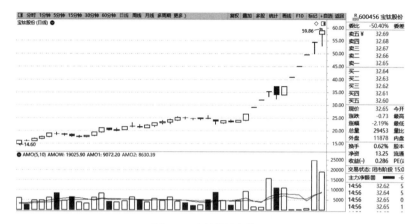

图 5-2　宝钛股份走势图

图 5-3　杭萧钢构走势图

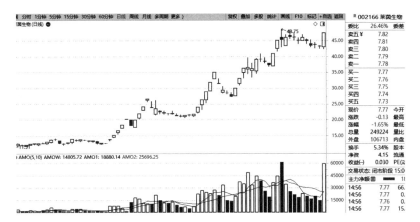

图5-4 莱茵生物走势图

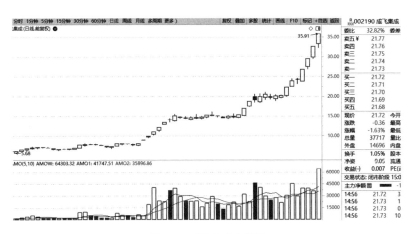

图5-5 成飞集成走势图

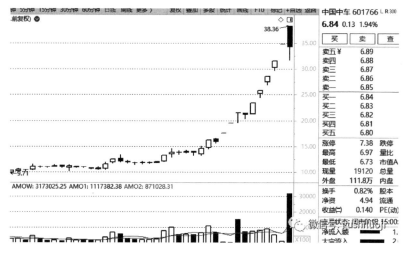

图5-6　中国中车走势图

图5-7　沪硅产业走势图

最开始，我和我早期用龙头战法的朋友，虽然定龙方式有差异，但都没有把身段定龙放在第一位。后来不知从什么时候开始，身段定龙成了主流。

所谓身段定龙，就是某个题材起来，突然发现某个股高一个板、提前一天涨停，就把其定义为龙头，其他皆为跟风和杂毛。

这种身段定龙在 2018 年和 2019 年大行其道。但，这种定龙方法的效力越来越递减。

请看最近的例子。金融股在北交所的过程中作为一个细分赛道，慢慢发酵，但无论金融股反抽还是回暖，都不理会金融的身段股中天金融。

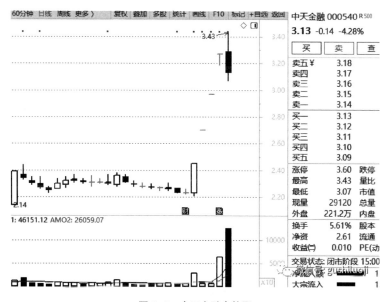

图 5-8　中天金融走势图

而券商内部也是的，并不是说第一创业（图 5-9）在北交所消息公布之前提前一个身段涨停，市场就 100% 认可它是龙一，另起炉灶的现象太多了。

新能源也是，太阳能的北京科锐（图5-10）身段最高，又如何？

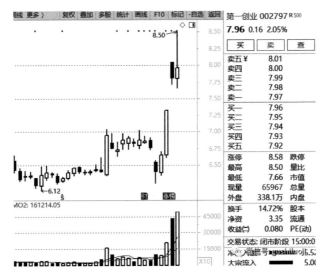

图5-9　第一创业走势图

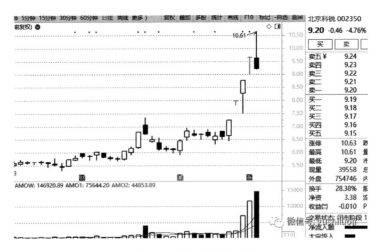

图5-10　北京科锐走势图

这种现象已经有很长一段日子了。去年炒稀土的时候，就已经不认身段优势了。作为稀土身段股的宇晶股份的核按钮，与作为稀土核心股的盛和资源的主升浪，可以同时存在。

如果认真统计，细细去找，还能发现很多。

这种现象叫身段优势背叛，或者身段定龙的效率递减。

很多习惯身段优势定龙的人，特别是保留着身段卡位思维方式的人，可能对这种现象一时无法接受。

毕竟，这种定龙思维被某些论坛和公众号宣传了很久，几乎就把身段当成龙头的代名词了，甚至成了龙头战法的主流价值观和"共识"。

但，事实就是事实，越来越多的案例和数据证明，身段定龙的市场越来越小，认可身段为龙头的人越来越少，身段的优势也越来越递减。

当遇到这种问题，我不知道大家怎么去思考、怎么去解释。

在我的世界观里，我认为身段定龙是龙头战法的极大误会和一段弯路。

我接触到早期的龙头战法者，甚至我们读书读到的那些善于做龙头的人，回看他们定龙的案例，几乎都没有把身段优势放在最高位置。

本文前面的一些龙头股的案例，比如海虹控股、杭萧钢构、莱茵生物、中国中车、成飞集成，甚至前几年的特力A、四川双马、三江购物等等，都不是身段定龙的典范。虽然，身段优势在某些情况下会起作用，但核心维度绝不是身段。

我早年也喜欢看一些超级大佬关于龙头的论述，他们的价值观和起心动念，也不是把身段放在第一位，有的甚至没有身段概念。如果你恰巧读出身段，也许是巧合，就像你从《红楼梦》里也能读出性启蒙一样。

身段概念的提出以及身段定龙的产生，并非完全没有意义，它让我们多一个维度认知龙头，也为龙头打开一个新的识别符号。但把它推到定龙至高无上的地位，甚至把身段当成龙头的绝对思维，不得不说是龙头战法的一段弯路。

这种弯路的始作俑者今天已无从知晓，也许是真的出于自己的认知和股市世界观。但，必须强调，这种认知后来被一些坐庄收割的人利用，被吹票让人接盘的人利用，被套利引导者利用，最后越来越偏离龙头本身。

还好，历史是个长河，终归流向正朔。

龙头战法的身段优势，慢慢地被另外一个更为本质的优势取代，这个本质的优势是什么呢？

答：核心度。

什么是核心度？

就是赛道和题材的正宗性，可炒作因素的正统性，有时候还包括长庄资金介入的深度性。

核心度不再以谁比谁提前一天涨停为窠臼，而是追求某个赛道来临时，可打的牌的多寡性，特别是基本面的受益性。

也可以理解为，身段只是外形，而核心度是本质。

现在的定龙方式，正在从外形崇拜，走向本质崇拜。

这种转变，也是真正龙头正法的回归，这种龙头战法，我称之为原教旨主义龙头战法。

- 其追求的不再什么某一天的卡位和领先，而是追求整体的势大力沉和浩浩荡荡。
- 其追求的也不再仅仅是连板和涨停时间，而是扩大到基本面的受益程度和长庄的资金深度。

其实，这种变化与其说是变化，不如说是回归龙头的初心。我最初爱上的那些龙头，无论是海航控股还是中国中车，无论是杭萧钢构还是成飞集成，都不是以身段来定义龙头的起心动念，而是以其精神和本质。

不仅仅是股市，社会也是如此，历史也是如此。不能因为某某人最先起义，他就一定能当帝王。也不能因为某某人最先进入组织，他就是最终的领袖。

龙头，人中龙凤是也。

时间优先因素虽然有一定作用，但最本质上，还须天命所归。

这里的天命，不是顺境中能够卡位和坐享其成，而是逆境中能力挽狂澜、带领队伍找到方向；而是骨子里智慧无双、勇气无数，鼓舞着大家前行！

谁是龙头（八）：风动、幡动、心动

《六祖坛经》载，惠能一日思惟，时当弘法，不可终遁，遂出至广州法性寺，值印宗法师讲《涅槃经》。时，有风吹幡动，一僧曰风动。一僧曰幡动。议论不已。

惠能进曰："不是风动，不是幡动，仁者心动。"一众骇然。

风动幡动是客观世界，心动是主观世界。惠能乃一代宗师，观照主观之心实乃修心证佛，明心见性！然，活在现实世界的芸芸众生，如果要经营现实世界，必须究竟客观世界之逻辑。

这就启发了我对龙头股的思考。

龙头可以分为两种，一种是客观之龙头，一种是主观之龙头。何谓客观之龙头？就是要有风动、幡动的引子。

很多人看龙头，仅仅看外衣，就是K线图能否出现连扳、能否晋级和卡位、能否持续上涨。其实，龙头的真谛应该看其本，所谓的本，就是什么原因让它连板、让它晋级和卡位。

如果有一种确确切切的原因，且这种原因能够用计算机计算出具体的业绩，那么它所引起的龙头，我称为客观龙头。

比如：它的产品在涨价，它的销量在增加，产业供不应求，订单和用户量在增加，主营业务出现困境反转，合同和大单在增加，等等。

还有一种龙头，你压根就找不到原因，如果非要说原因，只能说在"心里"。就是山还是山，水还是水，甚至风还是那个风，但是炒家的内心世界起波澜，一时兴起觉得这个公司的"理解"和"认知"

需要重新来一下，于是把某个赛道或某个股爆炒。这种情况下，也能产生龙头，这种龙头我称为主观龙头。

简言之：客观龙头就是"风动""幡动"，主观龙头就是心动。

如果是修佛修心，肯定心动胜过风幡之动，所谓破山中贼易，破心中贼难。但投资的世界不可一概而论。

其实，龙头诞生的温床，一直在客观和主观之间交替轮换。有时候，客观诱因的龙头多，而另外一些时候，主观龙头的诱因多；有时候客观龙头涨势凶猛，有时候主观龙头涨势凶猛。

很多人天然以为，客观龙头代表现实世界的巨大变化，其龙头更有现实投射，所以应该更猛。

其实未必。很多天马行空的龙头，往往是主观龙头，比如东方通信就是主观龙头，特力Ａ也是。2021年最风光无限的顺控发展，就是主观龙头，前段时间的华菱线缆也是主观龙头。

主观龙头由"心"而发，由于不受约束，往往具有一定的魔性。

但，主观龙头有个最大的问题，那就是来无踪去无影。既然由心而发，那么心在何处？如何猜测背后主力之心？

主观龙头的参与性和仓位的狠劲都不好拿捏。

正因如此，主观龙头的数量和拥趸者逐渐减少，与之相反，客观龙头的数量、级别和群众基础越来越多。

由于客观龙头建立在现实世界的物质变化的基础上，它的温床有运动轨迹，它的逻辑有经济学基础，容易被稍微具有学历的人理解和接受，所以今天越来越多。而主观龙头往往是天马行空，只有天才炒家和骨灰级的股神能够驾驭，所以曲高和寡，少了下来。

这就是最近龙头生态的最大变化。

前几天有朋友问我，为什么空间板的龙头越来越少？而爱康科技、合盛硅业、北方稀土这样类型的龙头越来越多？

很多人以为是外形的转变，就是不走连板了，走趋势。

这种解释并非本质。本质是大家更喜欢追逐客观龙头，而不再热衷于彼此造"主观"。你是什么样的理解力并不重要，重要的是客观世界正在发生什么变化，而这种变化带来的龙头才具有最大公约数和安全感。

那主观龙头会消失吗？肯定不会。一旦客观世界找不到那么多变化，主观世界之"心"又会蠢蠢欲动起来。

这是个轮回。

轮回之中，资金最先观照现实世界的冲击和刺激；冲击和刺激消停之后，岁月静好之下，才会主观造妖。

但，喧闹之下，各种涨价潮、各种产业驱动、各种色彩斑驳鲜衣怒马屡见不鲜，资金不需要开动主观，只需要跟随客观的变动，就已经炒不过来，何须主观再造一个龙头？

更何况，主观龙头也确实越来越没有客观龙头的大气、厚实和承载力。若没有"风动""幡动"，也就是没有讨论。连讨论都没有了，何来心动？

即使有心动，那也是个人世界。而投资聚焦的是集体世界，它不在乎某个人的修为和心性，而是大多数凡夫俗子集体的生活下正在发生的变迁。

所以，道不远人，股不远人。

—— 谁是龙头（九）：初因与本性

我们经常看到这种啼笑皆非的事情：

某个股明明是炒 A 属性，炒着炒着，不知道是何方"神秘力量"硬生生地给它贴上 B 标签，蹭上 B 的概念和热点。不但蹭上 B 的概念，而且还要去当 B 这个概念的龙头。

你觉得有这么简单的事情吗？

每当这个时候，我就会想：这是何方神圣"嫁接"的？明明白白是炒 A，为什么被人为修改为炒 B，那么多高智商、高学历的人还愿意相信？小产权房改成别墅的标语，难道就成别墅了？这么一修改和嫁接，难道就构成新的买入理由了？

很多东西，如果放在现实世界，一眼就能看出荒诞，但一放在股市里，就堂而皇之成了正剧。

但，市场终究不会为这种荒诞买单。每当一个炒作的股票需要修改或者蹭属性才能继续炒下去的时候，几乎都容易变成闹剧。

比如，曾经有个股票，其炒作的根本动因是锂矿，但后来摇身一变硬要说自己是房地产龙头。结果呢？当锂矿炒不下去的时候，房地产也不会认它。

再比如，最近有个股，其炒作的本质原因就是消费，但突然成了国企改革的龙头。

这种改动表面上看很高明，但本质上很无奈。如果内在属性——当初上涨的本质原因能够强大，包括那种本质原因所代表的赛道能够强大，它还需要某种神秘力量去贴另外一个标签、修改为另外一个属性吗?

所以，凡是一个炒作正酣的股，突然放弃原有属性，把自己改成一大堆花里胡哨的标签的时候，我就开始给予足够的警惕了。

我们不否认，一个股票具有多重属性、多重概念，但，其上涨和炒作的"初心和初因"，也就是"起心动念"，必须能够"一以贯之""持续释放"，这是一个股票的根和灵魂。

历史上绝大多数超级大牛股，都是持续加强和维护这种"初因"，而不是去蹭其他概念和其他"因"才成为大牛股的。

比如小康股份，自始至终都是炒作跟华为合作的那个车;比如顺控发展，自始至终都是炒作碳中和属性;比如九安医疗，自始至终都是炒作它的核酸检测属性;比如振德医疗，自始至终都是炒作口罩属性;比如沪硅产业，自始至终都是炒作它的芯片属性;比如茅台，自始至终也基本上都是围绕它的那瓶酒。

自性的强，初因的强，才是一个股票持续上涨的核心。如果不去关照初因，什么热点来了就给它贴个什么标签，那说明这个股没有什么可以炒的，反而可能是想出货了。

好股票不是万花筒，而是一竿子捅到底。本性如此，内性如此。

当然，并非说一个股具有多重属性就不好，历史上，也有很多具有多重属性的股炒作成为龙头的例子。但，我们发现，靠变属性成为牛股更容易落入小作文和吹票的陷阱。比起靠多属性来成为牛股，我更喜欢靠单属性释放成就的龙头。而且，即使多属性，炒作起来，核心还是一个属性，另外的属性顶多是画蛇添足而已。比如君正集团当时炒作蚂蚁金服上市，有人就给它画蛇添足上疫苗属性，这不是多此一举吗？

炒什么，就是什么。有什么，就炒什么。

不要去炒那些没有的东西，更不要硬贴一个不属于自己的初心的标签。

通过改标签、嫁接和蹭换来的繁华，很可能昙花一现。

而那些无论风吹浪打还是兵荒马乱，坚守本性，不弃初心，不因别的热点暂时繁华而献媚，不因自身属性暂时分歧而弃之扔之，方能成就真正的大牛股。

股票如此，做人不亦如此乎？

谁是龙头（十）：本自具足　光芒万丈

一个板块内，可能同时存在天地板和地天板。

一个股最关键的还是它的内因，当它涨够了的时候，板块怎么折腾它都要出货。股票最大的函数是它自己的内因，而不是情绪。

很多大牛股炒作的是它自己，与别人有什么关系？

情绪周期给很多散户普及所谓联动、卡位这些东西，现在主力都反着用。

一方面反着用，一方面偶尔用。

板块联动不是没有用，而是被夸大了，被主力反着用了。很多东西不是我们不对，而是跟我们想法一样的人太多，那就错了。

关键还是看内因，内因起决定性作用。

少做博弈的龙头，所谓博弈就是外因，就是卡位，就是晋级那种龙。多做内因龙，就是炒作自身因素的龙。

因为我在某一天卡住你了，因为冰点我怎么样了，因为我身位怎么样了，这种炒作模式越来越难，因为打开抖音和自媒体，几乎全部只在这个角度上认知问题。外因式龙头为什么这么流行，因为不用思考，直接数板就可以，直接看图就可以。

大家看看最近好股是不是都是内因股？看看安奈儿、通润装备是不是炒作本身自有的东西？你看看为什么以岭药业还能横住，众生药业就趴下？因为以岭药业自身的产品还在疯卖，而不是一个概念在驱动。

只有自身强大，才能立于不败之地，才不用看别人脸色。

关键是，你不行，把你介绍给巴菲特你也不行，人家不会跟你打交道。人际关系中，你行，不用怎么介绍，人家加你微信后就愿意天天跟你打交道。交际的核心在于你自己厉害，而不是混圈子。

最后，引用一段六祖惠能的话作为本文结尾：

何期自性本自清净，

何期自性本不生灭，

何期自性本自具足，

何期自性本无动摇，

何期自性能生万法。

你是猎手，还是猎物？

我们经常听到这样一句话：

顶级的猎手是以猎物的姿态出现。

诚哉斯言！

每当一个"好股票"出现的时候，很多人都摩拳擦掌，感觉好"猎物"出现了。殊不知，自己才是猎物。而原有的那个猎物，只不过是猎手投的诱饵。

那我们怎么才能摆脱被猎的命运？

答：少做博弈股。

什么意思？

就是少做那种没有任何内在稀缺性、纯博弈、纯数板的股票。因为这种股票，绝大多数都是猎人释放的猎物。

你无论技术多高，悟性多牛，都不可能搞过"造物主"，久赌必输。

功不打法！

如果一个股票，无论是形态漂亮，还是数板漂亮，还是有所谓的人气，只要它是被另外一个"造物主"造好送给你的，那么，你就有可能是它的猎物，而不是猎人。

我不知道这段话大家能不能听懂。有的东西，我也不方便说得太白。

那么，什么股能摆脱被猎杀的命运呢?

答：造不出来的股。

什么股造不出来?

理论上，所有股都能造出来，只是成本高低而已。我这里所说的造不出来，是指轻易造不出来。如果要造，就要花大价钱。也就是说，如果某个股票花了极大价钱才能造出来，那么那个股一定具有"硬核"逻辑，而不是"形式"逻辑。

在这种硬核逻辑关照下的股，其本身博弈性会大幅降低，互相猎杀的情况也会降低。

如此，往往会呈现看山是山，看水是水。

也就是说，这种情况下，你看的是猎物，它才是猎物。

所有形式逻辑的股票，都有可能把你当猎物。只有本质逻辑下的股票，你才有可能是猎手。

什么是本质逻辑?

无法通过外形、小作文、挖空心思去阐述的逻辑。它的存在，依赖于事实层面的革命，而不是渲染层面的虚张声势。

内在流动性：股票韧性和生命力的源泉

股票的韧性，也可以说是股票的生命力、意志力。它是指一个股票能够在最大程度上顽强地上涨，或者说延迟下跌。

我们做股票，都渴望自己的股票具有这种韧性。但这种韧性的来源在哪里呢？

有人说是图形，即形态好看；也有人说是情绪；还有人说是板块效益；等等。这些说法都没有问题，也都对，它们代表不同的观察角度，也代表不同的流派和风格。

下面，我分享一个我自己的认知角度。我认为，股票最大的韧性来源于它自身的"内在流动性"。

什么叫"内在流动性"？很简单，它首先是相对"外在流动性"的。

所谓外在流动性，就是今天大盘涨了，大家都有买股的欲望，这种外在的上涨会给股票带来流动性。这种流动性，我称为外在流动性。

外在流动性重不重要呢？当然重要。

但，我认为外在流动性不是"本"。我们可以从外在流动性这个角度去做，但它没有内在流动性稳固和本质。

那到底什么是"内在流动性"？

答：不依赖今天大盘一定要涨或者明天大盘一定要涨才上涨的流动性。

这句话说起来很绕口，其实就是一句话：它上涨的"起心动念"不是寄托在市场上，而是内在禀赋，本性具足。

我们不否认、也不会愚蠢到不借助市场外在的流动性。但，我们首先必须找到具有内在流动性的股，然后才能考虑借助外在流动性。

或者说，当外在流动性来的时候，当上涨的气氛淹没一切上涨原因的时候，我们更苛求那种本来就具有"内在流动性"的股。

为什么？

因为你无法判断，今天下午，或者明天，或者后天，是否一定有外在流动性来帮助。当无法把命运寄托在外在流动性的时候，只有依靠强大的内在流动性来渡过市场的兵荒马乱。

或者这样说，我们更看重那种在没有外在流动性的时候，仅靠内在就能吸引流动性的股票。

第六章

白马价值龙头

当我们说龙头的时候，我们在说什么？

龙头是一个宽泛的词汇，当大家谈论龙头的时候，也许各谈各的，所以，就容易造成一个很大的误解：你说龙头好，那为什么我的龙头不好呢？

因为龙头这个词听起来比较高大上，很多人都喜欢往上面靠。特别是小作文流行下的今天，有些人为了让自己的票涨得更快，往往也喜欢给某某股票贴上龙头的标签。

可事实上，龙头从来不是人为认定的，龙头是市场定义的。

如果人来认定龙头，每个人都会把自己的股票意淫成龙头。

我跟很多人交流过，发现目前市场上认定龙头主要有两种方式：一种是基本面定龙，另一种是数板定龙。

基本面定龙就是认为某某股基本面非常好，它一定是龙头。特别是有基本面功底或者小作文类型的投资者，喜欢用基本面的最好来定义龙头。比如，前段时间炒稀土，很多人就直接把北方稀土定义为龙头，也有人把广晟有色定义为龙头。如果你跟他理论，他的道理比你还多，从大股东背景、产品结构、稀土类型一直跟你谈到稀土集团的合并。

数板定龙其实就是谁最高谁是龙头。

这种方法也被称为空间板战法，在某些龙头流派那里比较盛行。但，龙头并非机械地数板。当然，龙头经常表现为最高板，但最高板并非都能变成龙头。而且，如果你等一个股变成最高板再定义为龙头，那买点一定很高很危险。

至纯至善的龙头，虽然会用到基本面和数板，但最终的裁决一定是市场。这个市场并不是简单地说"走势反应一切""走势证明它最强"，而是包含了领涨、对抗暴跌、分歧日显示风骨、独特气质、反复超预期等。

恰恰是在这诸多市场因素里，龙性显现出来，龙头暗藏其中。此时，也许它不是基本面最好的，比如东方通信并非什么好的 5G 公司，金健米业甚至没有什么大米。也许它并非是当时市场的最高板，比如九安医疗不一定要涨到最高才知道它是龙头，小康股份也并非连板才能证明龙头。

仅仅基本面或仅仅最高板，显然是不够的。

正是因为不同人对龙头的认知不一样，所以，同样都谈龙头信仰，但信仰的对象不一样，交易的对象也不一样。

也许，某个人在龙头上大赚，但另一个人在龙头上大亏。事实上，他们交易的完全不是一个股。

这就经常给龙头战法带来争议。

我曾经看过很多大 V 说龙头战法云云，但他提到的案例几乎都不是龙头股。他们经常拿普通强势股、趋势股、涨停板股、补涨股、情绪股来分析龙头。其结论无论是什么，都容易把龙头的规律和性质与普通股搞混淆。

比如，分歧买入法、一致买入法、反包与超预期，这些东西只有在龙头上规律才强烈，成功概率才高。但如果用在普通股上，很容易又陷入传统的技术分析，而不是龙头思维。

　　所以，我认为，龙头战法的基石，是龙头的定义能力，而非战术能力。

　　正因如此，本书着力去增强龙头的定义能力，以此来提高龙头战法的水平。

龙头走过的路：从伯利恒钢铁到……

在中文词汇中，如果说哪些词高贵得让我发自内心地向往，那一定是这个词：人中龙凤！

做人中龙凤，成就高品质自我，一定是很多人的追求。

所以，龙头一词，天然就是中文词汇中金光闪闪的字眼。不知道从什么时候开始，投资领域开始出现"龙头"二字。一开始，大家把某种股票叫龙头，后来叫龙头股，再后来大家也把某种做法叫龙头战法。流传到今天，龙头或者龙头战法一词，已经被说俗了，俗得几乎成了贬义词。

岂不知，她是最高贵的词汇。

2020年终2021年伊始，投资圈见面，因为龙头一词，出现完全相反的两种画风：第一种，龙头失效了，龙头战法不管用了；第二种，还是龙头好，做股还得做龙头。

为什么？

核心原因在于对龙头的认知和定义不一样。第一种是从外形上定义龙头，把龙头与打板和追求连续涨停板绑架起来；第二种是追求龙头的精神实质，追求主要矛盾和优势产业下的龙头公司。

其实，龙头一词刚进入股市，最初是从精神实质上去定义的。当然，我们今天也不知道是谁第一个把龙头一词用在股市上。通常，大家把美国的利佛摩尔当成第一个用这种方法的人，因为他是有文字记载比较早在股市和期货领域发现龙头现象并利用这种现象的人。

虽然这个人至今争议不断，但他曾经用龙头规律做的一个投资案例，却没有任何争议。这个案例就是——投资伯利恒钢铁。

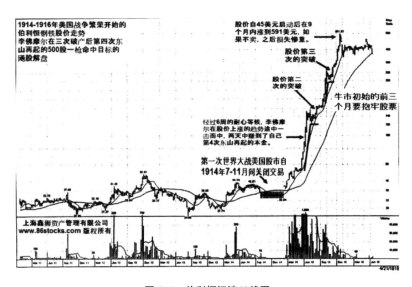

图6-1 伯利恒钢铁K线图

我发现很多人对利佛摩尔的"名言"倒背如流，但对他最精彩的投资案例却缺乏深挖掘。

在我眼里，伯利恒钢铁投资案例中闪烁的智慧超过他所有的"名言"。大家对利佛摩尔的名言，有的以讹传讹，有的断章取义，但伯利恒钢铁的案例却永恒地立在那里，只要我们去挖掘，总能看到闪闪的金子。

钢铁，在今天看来早已不新鲜，甚至是落后产能的代表，钢铁股也早已经湮没在陈旧的记忆里。可在1915年，彼时的钢铁却类似于今天的 5G、新能源、人工智能、互联网、黑科技，甚至还超过！因为那个时候处于第一次世界大战期间，因为那个股票处于美国——一个发战争财的国家里。

战争期间、发战争财的国家、战争类公司，当这些词集在一起，诸位可以想象伯利恒钢铁是一个什么股票。

我给的答案是：

主要矛盾中的主要股票！

该股没有涨停板，没有卡位晋级，没有身段比较，利佛摩尔眼里也不在乎这个，他在乎的只有：

强势！强势！强势！

基本面的强势，技术走势的强势，国际格局（一战）中受益最强，社会产业变迁（钢铁产业）中受益最强！

这些才是一个龙头的命根子。于是我们看到他的出击。

伯利恒这一案例，无论从价值投资去解读，还是从博弈投资去解读，还是技术面去解读，还是事件驱动、产业投资、戴维斯双击等角度去解读，都堪称经典。

这才是龙头战法的正宗！

一诞生就泰山北斗！

每次想到这次投资案例，我眼前就浮现这个钢铁公司的一些镜头；每当我想到这个公司，我也会反复追问龙头的根本是什么。

我的内心不止一次地告诉自己：

是主要矛盾！

是社会变迁中优势产业的头部公司！

是戴维斯双击！

是自上而下的鸟瞰！

如果从这个角度去思考龙头，口罩在 2020 年初是主要矛盾，可以称为龙头；新能源是今天社会变迁中的优势产业，其头部公司可以称龙头；中国中车是在 2014 年开始的"一带一路"中的国际格局下最耀眼的公司，可以称龙头；万科在城市化过程中是最大受益者，可以称龙头；深发展在香港回归前那个背景下，也可以称为龙头；四川长虹在家电进万家的背景下，亦可以称为龙头。

社会在变迁，龙头也在变迁。但无论怎么变，龙头都应当是当时背景下社会主要矛盾的产物；龙头都应当是鸟瞰国内乃至鸟瞰国际形势下的产物；龙头都应当是反映某时某刻的优势产业优势公司的产物。

过去十年，互联网红利方兴未艾，人类正在从方方面面搬家到互联网上，所以腾讯、抖音、美团是当之无愧的龙头。

过去十年，消费升级，货币泛滥，能够抵御通胀且成为最强需求的东西，诸如贵州茅台、片仔癀，是当之无愧的龙头。

而国际格局下，中国是发展势头最猛最容易出奇迹的国家，这些公司生在中国，就是龙头中的龙头！

你我生在中国，能目睹这些变化和奇迹的发生，非常有幸。

今天你我所见到的这些龙头公司，其实跟 100 多年前伯利恒钢铁这样的公司，本质是一样的：

诞生在最有势头的产业!

诞生在最有势头的国家!

其中的佼佼者就是龙头!

—— 拥抱头部: 勿作叶想, 勿作花想

每当一轮巨大的变革来临, 都有一批股受益。

但很多朋友会担心, 因为哪怕是核心股, 也是一会阴线一会阳线。

进去吧, 怕见顶; 不进去吧, 怕错失机会。

如何是好?

我们从历史中找一些规律和教训吧。

2019 年, 最大的产业变化之一就是猪。当年伊始, 猪肉股集体暴涨, 沾上猪的股票都龙飞凤舞。我们今天的那些新能源股, 很像当时的猪肉股: 板块运动, 个股前赴后继, 趋势走法, 机构参与, 研究员鼓吹。

但猪肉股的炒作, 很多人不是过早下车, 就是过晚下车。这里面好像是择时和买卖点的问题。所以, 很多人也来回在买卖点上求, 一会反包, 一会低吸, 一会打板, 一会追高, 一会 10 日线, 一会过新高, 不一而足, 忙得不亦乐乎。

但, 转念一想, 通过买卖点来解决这个问题, 似乎不够究竟和本质。就拿猪肉那轮行情, 最赚钱的做法并非在一堆猪肉股中上下车穿梭, 而是选择一个头部企业一直持有。

猪肉股的头部是牧原股份。从事后看, 牧原股份不但贯穿整个猪肉上涨周期, 而且猪肉周期结束后, 它还享受溢价。正邦科技、天邦食品、唐人神不涨之后, 牧原股份还在坚挺攀升。其上涨一直持续到

2020 年的夏天。见图 6-2。

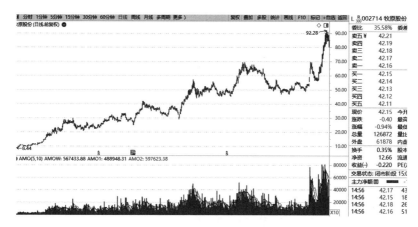

图 6-2 牧原股份坚挺攀升图

当然，这是事后看。能不能事前看？

很多人一提到"事前"，就想"预测"。其实我觉得，事前本领在于事后总结得够不够通透彻底。事前谁也无法预测一个赛道一个股票能涨多少，我们所有关于一个股票事前的预测，都是根据曾经有过的事后现象总结出来的规律。

牧原股份之所以比其他猪肉股涨的时间更长，一个重要的原因是它是头部企业。

那么，我们能不能由此设想：所有的头部企业，都会享受那个赛道其他股享受不到的优势？

为了证明这个设想，我回顾了很多股票，结果发现大部分情况下这个设想是成立的。我把这种现象叫作头部规律：

一个黄金赛道，头部企业会最后见顶，涨幅往往也是最大。

比如：房地产赛道头部企业是万科A，其上涨周期和高度，其他房地产企业难以望其项背；铜行业的头部企业是江西铜业，在2006年牛市中，它的周期和幅度也是最佳的；白酒头部是贵州茅台，其他白酒歇火后，它完全不歇火，继续前进；互联网头部企业是腾讯，至今依然领涨互联网。

当然，你也可以在赛道里找出其他股票比这些头部企业涨幅更大，但从确定性上讲，头部是最确定的，最不容易跑偏的，也最不用担心买卖点的。

有没有失效的呢？

当然也有，比如钢铁、煤炭、石油。失效的原因并非头部规律失效，而是赛道失效，是这些头部企业所属的行业处于夕阳产业，产业没有魅力了。

于是乎，我们可以得出一个结论：

如果产业方向和赛道没有问题，拥抱头部企业是最佳的策略。如果坚持这一策略，可以忽略或者忘记买卖技巧。

因为头部企业是一个产业的根，是一个赛道的最大受益者。

如果真能坚持这个"根"，那么一根根K线，一天天的盘中分时图，就如同枝叶和花朵，而头部哲学恰恰是要求忘记这些枝叶和花朵：

勿作叶想，勿作花想。

把最大的时间放在"只作根想"上。

这个"根"就是选出谁是最有前景的赛道，谁是头部企业。

比如：如果你还看好智能手机，就拥抱苹果；如果你还看好芯片，就拥抱英伟达；如果你还看好白酒，就拥抱茅台；如果你还看好互联网，就拥抱腾讯；如果你还看好新能源汽车，就拥抱特斯拉＋比亚迪；如果你还看好新能源电池，就拥抱特斯拉＋赣锋锂业；如果你还看好医药，就拥抱恒瑞医药和片仔癀；如果你还看好太阳能，就拥抱通威股份＋隆基股份。

这个方法最能享受一个赛道的成果，也能最大程度上回避折腾。

特别是在流动性泛滥的背景下，这或许是最佳选择。

龙头赛道一个最大的好处，就是不用担心踩雷，因为头部已经代表最好。

这种头部做法，也叫斩首行动。我把这种做法称为广义龙头战法。

—— 龙头之两种：价值型与情绪型

龙头原教旨的意思是第一性，就是指领袖、头部、塔尖和王中之王。

被冠以龙头名号的投资思想，本来应该符合龙头的原教旨主义，但后来却成了另外一种画风——被绑架在涨停板、卡位、情绪和追高的世界里。

以致有人说：不打板是龙头战法吗?

其实，全面的龙头思想应该包括两种：价值型和情绪型。

价值型就是博弈行业和赛道的头部公司，比如腾讯、茅台、特斯拉、美团。这类龙头思想的根基在于：

（1）目前最好的、最有革命性、最有商业魅力的赛道；

（2）头部公司。

也就是赛道的龙头性、标的的龙头性。

而情绪型的龙头思想是博弈市场情绪和投机气氛，常用的思维是身位、卡位、情绪、涨停板以及形态筹码。这类龙头思想的根基在于

（1）身位；

（2）地位。

这两类龙头思想谁对谁错？

应该说，文无第一，武无第二，两种龙头思想做到极致都不容易。我见过情绪型龙头用到极致的人，收益率惊人，积累了巨额财富；也见过价值型龙头做到极致的人，收益率同样惊人，富不可言。

目前来看，海外的龙头思想应用者，偏于价值型龙头；国内龙头应用者，情绪型偏多。

我在这里把龙头思想一分为二，并非制造它们的对立，而是说龙头有两面：价值一面和情绪的另一面。比如，炒作金龙鱼、九号公司，是偏于价值一面的龙头思想；炒作智慧农业、金徽酒是偏于情绪的一面。

但，在有些媒体和话语体系里，只知道龙头有情绪的一面，只知道涨停、情绪、卡位、晋级、数板，而不知道做金龙鱼、九号公司这类人也是龙头思想的信奉者，甚至是更原教旨主义的龙头思想。

企业是龙头企业，赛道是黄金赛道，这不是龙头思想是什么？

随着注册制的来临，A 股可能港股化，垃圾股可能变成仙股。A 股的投资也跟港股一样，喜欢情绪的人博弈仙股、涡轮，喜欢价值的博弈腾讯、美团。

仙股和涡轮在 A 股就是垃圾股和可转债，腾讯和美团在 A 股就是就茅台、金龙鱼这类公司。

有人说，你所说的价值型龙头不就是价值投资吗？

非也！

其一，价值投资标的可以是头部企业，也可以是非头部企业，只要基于企业内在价值，给予安全边际的投资，都算价值投资。但价值型龙头绝大多数是投资头部企业，且是黄金赛道。

其二，价值投资持股时间比较长，分享的是企业成长的钱和分红。价值型龙头可以长持股，也可以持股一个波段，甚至持股很短，三五天、十来天。它在乎的是赛道张力阶段和基本面剧变阶段。过了这个极端，也许它还符合价值投资，但价值型龙头就选择不理它了。

其三，价值投资是纯投资力量，价值龙头则接纳投机的力量。也就是说，价值型龙头可以用短平快的方法来做价值股。价值型龙头并不是一直拿着股票不放，而是进一片森林，把几个最大的猎物打光就走。

价值型龙头同时还引进一些筹码和技术的思想，比如形态结构、趋势、主力控盘。

最典型的价值型龙头的案例就是沪硅产业、金龙鱼以及去年的浙江龙盛。

价值龙头与情绪龙头最大的区别是根基，前者的根基是价值性，就是这个价值能不能炒作，其炒作的噱头是该公司有没有货。后者的根基是情绪，这个股有没有在某个阶段成为人气之王。

当然二者也有共性，那就是都在乎市场地位，都在于是不是核心股。

至于赚钱的快慢，有人说情绪型龙头赚得更快，价值型龙头赚得慢。其实未必，用好了都快。

比如，九号公司才几天就涨了快三倍了，金龙鱼也没有几天就要翻倍了，中金公司更是短期就能拿50%的利润。

更关键的是，价值型龙头可以重仓出击，甚至全仓。而且，一旦你错了，价值型龙头回撤的幅度没有那么大，试错成本低。

能够冠以龙头的，都不会慢，也都不会差。关键是我们对龙头理解要深刻，透彻。

注

很多人只知道智慧农业是龙头，而不知九号公司也是龙头。只知道有涨停板妖股，不知道有价值性妖股。本文专门为此而写。

其实，我写过好几篇类似的文章，初心在于注册制之后，A股可能出现全新变化，20厘米制度下，也许价值型龙头越来越多。

更关键的是，价值型龙头也越来越能容纳大资金。很多情绪型龙头的朋友正在往价值型龙头转型。

—— 龙头新变化：离价值很近，离投机很远

每一个龙头走过，很多人都会总结其"规律"，以便做好下一个龙头。

龙头的轮番表演，估计又会让很多人在小本子上写下自己的心得。

以史为鉴，可以知得失嘛。

但总结归总结，结论和思考方向可能完全不一样。有的人可能看到了更大的投机，而我看到的，却是另外一番景象。

那是什么？

答：是价值！

龙头战法这么多年，很多人总是从投机和博弈上去总结、去解读、去理解。于是乎，数板、形态和筹码的博弈，成了龙头战法呈现给媒体的主流。提起龙头战法，很多人第一印象就是打板、数板和情绪卡位晋级。

打开各种自媒体，包括抖音，谈龙头没有不从上面角度去谈的。

对不对呢？

我只能这样回答：投资没有绝对的真理和对错，不能说别人的就不对，自己的就对。

但，如果仅仅看到这个维度，停留在这个境界，容易让龙头战法陷入筹码博弈自娱自乐，变成打打杀杀纯筹码抢帽子的游戏。

这种情况，我是不愿意接受的。

事实上，这些年，如果真正是做龙头战法的人，会感受到龙头战

法最大的变化就是它越来越向价值靠拢，越来越惩罚纯筹码的投机。

当然，事物的变化是一个反复演进的过程。投机和纯筹码博弈永远不会消失，龙头也会经常表现出这一面。

但，如果你仔细回顾这些年的龙头，会发现一个现象：价值性在龙头中所在的比重越来越高。

主要表现为：

（1）当两个股票条件相同，特别是高度和身位相近的时候，价值性高的股票容易成为龙头。即，有价值性的人气股，成为龙头的概率远远大于纯筹码性的股票。

（2）一旦失败，价值性的股票亏钱的幅度和核按钮的惨烈度，远远小于纯筹码博弈的股票。也就是说，价值性股票容错率、风险和错误的后果，远远小于纯筹码博弈的股票。

（3）价值性越来越成为多数人包括纯筹码博弈的那批人起心动念的锚，以及舆论和对外宣传的武器。价值性的话语权在增加。

所以，如果你问我最近这些年在龙头的身上看到了什么变化，我毫不犹豫地回答：离价值越来越近，离投机越来越远。

就拿最近来说，前段时间很多人都用九子夺嫡的图来找谁是跨年龙头，一开始根本没有久安的份，后来久安成了最终的跨年龙。其最终胜出的最大因素就是它的价值性在所有妖股中是最立得住的。

而当久安在高位振荡的时候，很多纯筹码博弈的股票上演天地板，一夜之间跌去 20 个点。值此危难之时，扶大厦之将倾的，同样是一个基本面有想象力的白酒。

当然，行情不可能纯之又纯，夹杂着投机和筹码也在所难免。

但，我们看问题要看主要矛盾，要看趋势，要看方向。

你当然可以指出，三羊马、顺控发展依然是纯筹码的博弈。但，2021年价值类的龙头，无论数量和频率，都远远大于纯筹码类的，出勤率也远远高于往年。

比如江特电机、北方稀土、久安、百川、小康、华银电力、长源电力、上能电气、润和软件、拓新药业等等。

当然，这些股有的事后也被证伪。但当时，它们是以市场能解读的价值面的身份出现的，而不是纯筹码博弈。

也许在公募眼里，我们这些股都是渣渣。不过，话又说回来，如果在巴菲特的眼里，也许我们公募选的很多股也是渣渣。

不能要求一步到位。

如果我们跟过去比，跟纯筹码博弈比，龙头的价值化趋势还是很明显的。

这里的价值，并不单指业绩，而是指公司的基本面正在发生一种质的变化。这种质，要么是科技的进步，要么是新产品的问世，要么是受益国家某个最新政策，要么是主营业务的产品正在疯狂地涨价。总之，就是发生一种实实在在"硬"的变化。

龙头与这种"硬"变化的结合，成了当今龙头战法全新的主题。而远离这个主题，纯粹看图看情绪，越来越偏离龙头的未来。

今后再遇到一个股票，不能再大声疾呼：图形太好了！

而是应该问自己：它有质的变化吗?

顾城有一首诗：

你

一会看我

一会看云

我觉得

你看我时很远

你看云时很近

而龙头也可以用远和近来表达，它的未来会越来越：

离价值很近，离投机很远。

超级龙头

到底怎么表述才能说明白我心中的龙头？

在《龙头信仰》里，我用一花三叶、一龙三脉来表述龙头，把龙头分为股权龙头、白马龙头、黑马龙头。

生怕大家误解，我专门提醒了白马龙头，就是那种不以涨停板来衡量，而是以"基本面＋趋势"形成的龙头。我当时举的案例是浙江龙盛、美锦能源。

为了说得更透彻，我在《香象渡河》里用好几篇文章阐述白马龙头——不一样的龙头战法，专门用方大炭素来举例子。

但，即使如此，今天 A 股股民心中，提起龙头，几乎还都是用连板—空间板—连续涨停板来看龙头。

最近就有很多朋友说，市场不好做，因为没有龙头。

我就反驳回去：比亚迪不是龙头吗？

跟很多朋友聊天，他们都说新能源龙头是中能电气之类的，我就明确说，新能源龙头就是比亚迪。

直到今天，他们才发信息向我承认比亚迪是龙头。

各位，现在股市不像以前了。也许今后相当长一段时间内，A 股跟港股一样，大多数股票不涨，甚至暴跌；只有很少的股票涨，那几个少数股票就是龙头，比如腾讯、美团这样的。

未来行情会很极端，可能是一九行情，也许板块效应都没有了，好股就是好股，龙头就是龙头。不是股市在涨，而是龙头在涨。

图6-3　比亚迪走势图

就拿最近来说，市场行情是不好，但龙头行情好。

什么是龙头? 中金就是龙头，九号公司就是龙头，比亚迪就是龙头，金徽酒就是龙头。

目前股市和龙头的新变化我分享如下:

（1）投资分两极：投资一极，投机一极；

（2）应投资超级品牌、超级价值、头部企业；

（3）不做跟风，只做老大，如比亚迪；

（4）没有中间派，中间派死；

（5）聚焦核心，精选股票，能交易的只有3~5个，选多者死；

（6）白马越来越集中，聚焦龙头；

（7）越来越寡头化；

（8）A股股票数量越来越多，只能聚焦核心，要重质；

（9）建议少做纯博弈；

（10）不管10厘米还是20厘米派，市场可操作的票，越来越少；

（11）龙虎榜的机构票，需要高度关注；

（12）个人基础不一样，理解也不一样，抢买不一定是好事。

也就是说，我们A股全面注册制，股市生态会发生很大变化。面对未来，牛市概念、市场好坏这个概念在逐步淡化；牛股概念、顶部企业、顶部龙头、超级龙头这些概念会逐步加强。

为此，我专门用"超级龙头"这个名词作为本文的标题。为什么？因为我觉得今后股票就是两极分化，好的股票越来越超级龙头，就像永动机一样涨，坏的股票就仙股化。

龙头，应该在永动机类型的股票中去找，而不是在仙股中去找。

为了阐明我的这个观念，我曾在《一文道尽龙头战法的前世今生》中，明确了龙头战法的三大分支，特别是强调了价值性和白马龙头。

所谓价值性，就是基本面。所谓龙头就是顶部企业，超级品牌类公司。

其实这些观点，我在《龙头信仰》一书中曾经花费很大的气力去写，并反复强调价值性。之所以在这里还强调，就是因为我觉得很多人还对龙头有很大的误解，特别是认知机械化。

他们只知道连板的智慧农业、贵州燃气、天山生物这样的股票是龙头，而不知道中金公司、九号公司、比亚迪是龙头。

甚至有人说我知道它是龙头，但是——

但是个啥？

既然你知道它是龙头，为什么宁愿空仓也不愿意买一点点它呢？

可见所谓的知道：

未必是真知，

未必是深知，

未必是知得通透和究竟，

没有彻底地认知龙头和拥抱龙头。

所以，我今天提出一个超级龙头的标题，所谓超级，即"顶部企业＋顶部品牌＋公司发展不断超预期"。

如此一看，我们对龙头的认知会豁然开朗，不再局限于形态和涨停板，而是从公司的超级性来诉求龙头的超级性。

游资转型: 价值or情绪

越来越多的游资和涨停板派在谈"转型",转型的核心就是去拥抱价值。

这个转型我非常认可,也积极赞誉。

事实上,很多年前我就在积极宣传龙头战法要与"价值"相结合,要拥抱"价值",并特别提出白马龙头和股权龙头。

什么是白马龙头? 什么是股权龙头?

核心有以下几点:

(1)用基本面的裂变充当股价波动的源动力,而不是所谓碰瓷一个热点和概念。

(2)基本面充满巨大的预期差,而不是简单的基本面好。

(3)用趋势取代涨停板,用波段走势取代连板,改变过去在乎一城一地得失的做法,取而代之的是在乎一个主升波段的高度和级别。

总结起来就是三个词:基本面、预期差、趋势。

其实,我一直宣传和倡导价值龙头的路线,在几年前我就写了很多篇关于拥抱价值的文章,并在《龙头信仰》和《香象渡河》中,花很大笔墨论述价值和基本面。

特别是在《龙头信仰》中,把龙头思维的第一维定性为价值性。我曾经在书中用浙江龙盛、方大炭素等股票来分析白马价值龙头的做法。

时至今日，应该说这个思路得到越来越多人的支持，也成为很多游资转型的选择。

看到这条路越来越宽，越来越多人认可，我很欣慰。

但，今天我要反着思考了：价值类股票也不好做，价值中也掺杂着越来越多的情绪。

什么意思？

当很多人看到趋势价值的好处之后，纷纷把涨停板的资金调集到趋势股上来，不管三七二十一狂轰滥炸，本来是趋势性稳定的价值股，结果也变得越来越具有情绪性。暴涨暴跌，甚至核按钮，也开始出现在价值股之中。

特别是某些游资把价值股当成另外一种涨停板来做，不可避免地让情绪股的一些缺点也出现在价值股上。

甚至出现了伪价值，真情绪。

这该如何是好？

答：回归初心，回到原点。

初心是什么？是基本面、预期差。

原点是什么？依然是龙头战法，第一性公司，头部企业。

不能因为做价值股，做趋势了，就忘记了上述东西。如果是真的价值趋势做法，必须在乎的是：

（1）预期差。也就是说所投资的公司还有没有想象力，有没有高估，所有的牌有没有都打完了。如果有，对不起，这不是我们要的价值趋势做法，而是打着价值趋势旗号的情绪战法。

（2）龙头。不能因为做趋势、做价值，就忘记了第一性，毕竟是龙头战法，做趋势类股票更讲究的是其中的头部企业。如果不是头部企业，稳定性要大打折扣。

这两个东西可谓根本，离开了，就不是真正的转型为价值，而是按照道听途说来炒股，或者重回技术分析而已。

很多人以为涨停板不好做，于是天然以为趋势好做，于是在一堆研究员和基金经理的洗脑下，买一堆所谓的好股票。结果呢？我们看看图 6-4 至图 6-7 呈现的几个案例。

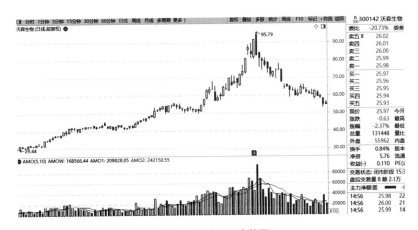

图 6-4　沃森生物走势图

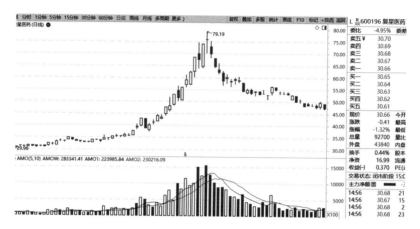

图6-5　复星医药走势图

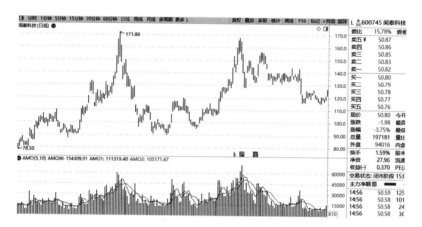

图6-6　闻泰科技走势图

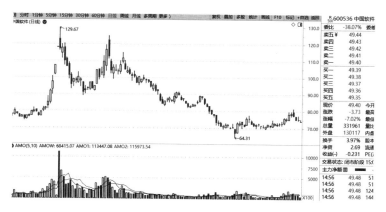

图6-7　中国软件走势图

　　它们曾经在其高光时刻被无数的研究员和研究报告吹为价值和趋势的典范，现在不堪入目。

　　问题出在哪里？

　　并不是从情绪转型为价值的路走错了，而是价值路上的细节没有把握好，没有真正在乎基本面落差和预期差，而是做了一个几乎没有任何估值优势的投资。

　　转型做价值，并非转型道听途说，也不是转型为读研究员的研究报告，而是要有真实的研究能力，特别是判断公司是否被高估的能力。

　　如果没有这个能力，从情绪到价值，很可能是从一个坑跳到另外一个坑。

　　当然，这方面我也要与所有的同人共勉，共同警惕价值路上的各种各样的坑。

　　所以，投资是一个没有终点的马拉松。

　　在这个路上，很荣幸与你同行。

基本面与情绪面：谁才是星辰大海？

不否认 A 股还有很多情绪面的东西，但经过一段时间的演进，我们可以明显地看到，情绪面的影响在下降，基本面的影响在上升。具体表现为：

第一，头部垄断。

每当一个赛道发力的时候，市场选择基本面最好的股票，也就是龙头企业垄断市场行情，而不是情绪股最好的充当旗手。

当然，这是一个过程，情绪面和基本面的博弈有所反复，有时候市场也会去寻找一些情绪面的股票。但，整体来看，赛道只要发力，该赛道内基本面最正宗的东西，总是最好的。

第二，碰瓷力量减弱。

当然，情绪和基本面的转化不能一日完成，赛道发力的时候，市场也会寻找情绪高标去做，碰瓷一个热点和概念股，但这种碰瓷的比例在下降、难度在增加，成功概率在下降。

相反，赛道内基本面最好的股票，其比例在增加，难度在下降，成功概率在提高。

正反一比较，很明显：基本面的话语权在加大，情绪面的话语权在降低。

第三，性价比：独乐乐与众乐乐。

情绪股一旦错了，回撤直接是核按钮，甚至是几个核按钮。基本面的股票呢，一旦错了，就错了，大不了回撤三五个，基本可控。只要你不是最高点最后一天去买。一旦对了，可以跟随趋势，享受浩浩荡荡的星辰大海。

当然，情绪类股票对了可以享受冲天炮，享受快意恩仇。但，那是建立在试错的基础上，而情绪个股的试错无论概率还是幅度，都是很大的。可以说是一将功成万骨枯。

我经常统计一些情绪股，发现很多情绪股即使今天涨停了，你也不能保证第二天不被莫名其妙地搞到一字跌停板，或者开盘秒砸跌停。

而基本面类的股票呢？则很少发生这种情况。

情绪类股票做得好的，往往都是一些骨灰级的老手，同时配合资金优势维护盘面。

一个是独乐乐，一个是众乐乐，你说哪一种好呢？

一个吃相文雅，相对讲武德；一个吃相难看，不讲武德。你喜欢谁呢？

当然，我并不是说情绪化的方法就此退出历史舞台，这种玩法一定还会存在很长一段时间。就像香港的仙股和涡轮，也有很多人玩。

但，我发现一个现象，很多游资长大后，逐渐就加入基本面队伍，慢慢退出情绪化队伍。或者说，布局在基本面上的资金在增加，参与情绪股的资金在减少。

难道仅仅是因为资金体量的变化吗？

难道就没有市场风格转变，他们被逼转变的成分吗？

那些靠情绪起家的，当然知道情绪怎么玩，为什么他们都在转型呢？

还不是 A 股的风格在变化。

我是搞龙头交易的，我密切注意市场的一举一动。对这种现象我很早就注意了。

很多人分不清龙头的本质，总是用情绪定义龙头，用身位、高度和连板来定义龙头，虽然这种定法暂时还有一定市场，但必须思考未来。

我们必须学会从价值的角度去看龙头。

比如，以前的口罩股，我不认为是情绪面推动了口罩股，我认为是强大的基本面，特别是需求面的巨大革命，刺激了口罩股。

同样是口罩股，为什么选择泰达股份、道恩股份、振德医疗，而不是其他?

是基本面和受益程度在发力。

再比如，核酸检测，涨幅最风光的为什么是九安医疗和热景生物? 是因为它们有基本面作为定海神针。

再比如，Chat GPT 为什么最终挖掘到算力，也是基本面在引导。

当然，其中也有情绪的成分，但主要矛盾逐步转为基本面。

所以，我在《龙头信仰》一书中提出重新定义龙头，提出龙头四维，其中第一个维度就是:

价值性!

所以，我本人也加大对基本面、产业面和头部企业的关注和分析。

当然，重视基本面，并不等于完全依赖基本面炒股，也要考虑市场选择和周期。但这里的周期是不是应该加大对机构周期的分析，而不仅仅是分析情绪周期呢？

经常有朋友跟我讨论龙头，我发现虽然都用"龙头"一词，但对其理解千差万别。

其中，很多人把高标股晋级做法叫龙头战法，也有人把打板叫龙头战法，等等。

别人怎么叫我们不好评论，但我以为，既然叫"龙头"，是不是就应该拥抱最强大的力量、跟随最强大的是未来呢？

> 谁的未来是星辰大海，
> 谁的力量能够调动千军，
> 谁的话语能主宰市场，
> 谁才应该是龙头。

白马龙头：第一性、领涨性、价值性

情绪连板类型的数板战法，越来越失去信众，最根本的原因在于其形式主义的思维观以及参与资金的内卷本性。

于是，大多数人都把目光投向了白马趋势股，并称龙头战法失效了，开始做价值股了。

其实这种认知是不够的。

白马趋势股，其龙头效应是非常强大的。或者这样说，龙头战法本来就包括白马龙头这个类型，只是数板情绪龙头一度让人误以为只有情绪那个类型的才是龙头。

这个道理我在《龙头信仰》中有多次论述。

来到价值股、趋势股，我们不但不应该放弃龙头思维，反而更应该加强龙头思维。只是，此时的龙头定义不要再用情绪卡位那一套理论了。那用什么？

九个字：第一性、领涨性、价值性！

- 何谓第一性？就是一马当先、率先冲锋，当仁不让，第一个破局。
- 何谓领涨性？就是号召力，一支穿云箭，千军万马来相见。它的上涨带起无数响应者，一呼百应。
- 何谓价值性？就是师出有名，标的是实实在在的行业翘楚，不是蹭上去的，不是擦边球，标的具有无可争议的行业地位和实业基础。

Chat GPT 以及后来衍生的算力的炒作，就非常经典地诠释了这种定龙头的方法。

从 2023 年初到一季度末，该概念经历了两波（注意，情绪周期流派已经经历了无数次冰点和高潮，但从白马趋势的角度看，其实就两波），第一波的龙头是海天瑞声，第二波的龙头是寒武纪，穿越贯穿的是三六零。这三个股都具有典型的非数板性，与情绪龙头思路完全不同。但，它们三个都贯彻了典型的"九字真言"性：

都具有第一性，启动的时候第一个站出来，率先冲锋；

都具有领涨性，因为它的涨，同板块都被拉起来了；

都具有价值性，在那一波同类属性的股票中，它们是基本面比较正的公司，能引来公募、私募和民间高手的共同认可。

这三个维度同时加持，就是白马龙头的范式。三者中：

- 价值性是底蕴。这一点也是争议最大的，因为很多没有价值或者价值不是很突出的也成了龙头。为什么我还反复强调它，是因为价值性是纲，是温床，虽然价值弱的股也有成为龙头的，但是随着时间的演进，慢慢强调价值性这个大的趋势没有改变。
- 第一性是龙头的灵魂，是龙头之所以是龙头而不是普通价值股的根本。并非所有的趋势股都是龙头，必须赋予趋势以第一性才是龙头。
- 领涨是影响力。所谓领涨，就是带起板块，就是板块的共同富裕。如果只是一个股的舞蹈，那是独角戏。只有一起舞蹈，才是龙头风范。

这种确定龙头的方式，就是白马龙头的逻辑。

　　我曾经把这三个再加上市场性，并称为龙头四维。现在之所以把这三个单独拿出来说，是因为我觉得这个三个最重要。

　　当然，加上市场性也不多余。只不过，第一性和领涨性本身是市场性的表现。

　　这，就是我的白马龙头哲学观。

第七章

龙头再认识

—— 龙头本质上是一段"势"的载体与表达

高手谋势不谋子，俗手谋子不谋势。

这是非常重要的一句话。记得当时我分享这句话后，什么样的跟帖都有。有的说难道"子"就不重要吗? 成败在细节呀! 云云。

我没有去争论，因为人家本身也没有错。但，关注的点不一样，战略维度不一样，重心不一样。

势和子的地位以及值得分配的注意力资源的比重绝对不一样。谋势不谋子，并非否定子，而是更强调势。

其实，这个道理不难理解。

当我以为知音难觅的时候，看到了下面这句话，顿时眼前一亮，这是高人呀!

龙头的本质是一段"势"的载体，忽略内在，单从分时强度执行交易，成功率不会高的。

当然，这句话并非是龙头的全部定义，但从势的角度，我觉得它说出了龙头的本质。

恰好最近有个例子。那就是大港股份。

前几天，很多人期盼大港模仿中通客车，而结果呢，事与愿违。

为什么?

原因当然很多，其中一个很重要的原因就是"势"不同。

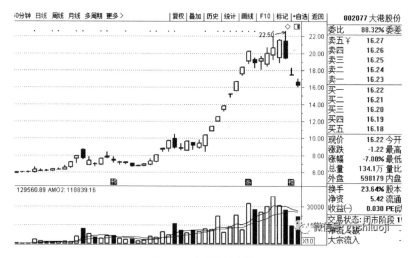

图7-1　大港股份走势图

中通客车能够走二波，且不洗盘硬走，本质上是受益于那个时候新能源汽车赛道以及国企改革概念的无限加持，受益于那个时候的 β。

而大港股份呢？谁来帮扶？

不能因为大港股份的形态与中通客车神似，就认为它是第二个中通客车。如果这样想，说明还停留在技术分析层面，把龙头当成一种技术的载体和表达，而没有搞明白，龙头的本质是势的载体和表达。

这是两种思维方式和价值观。

当今，龙头战法一词几乎被用滥，仿佛大街小巷都是龙头，但真正去深究龙头本质的人并不多。在使用龙头一词的人群中，大多数都把它当成一种技术或者模型的表达，比如数板、看图、分歧转一致、固定模型等等。

其实，这是谋子，不是谋势。

当然，谋子在有些时候也能碰上龙头，但从深刻度上来说，并不是龙头的本质。错误的钟表一天也有两次是正确的时候。

势才是龙头背后最强大的动力。

这个势，最好是来自主流板块的力量，是来自 β 的力量。

君安臣贤：龙头的权力结构

龙头战法不是超短，也不是长线，而是抓住主升浪那几天。通常，那几天是一两周不等，短则三五天，长则二十多天。

所有的龙头都有自己的寿命。无论是翠微股份、浙江建投、中国医药，还是未来的某个股。

所以，龙头战法并不是机械的、呆滞的"从一而终"的战法，而是及时翻身换马的战法。

通常，龙头的寿命——我也称之为龙头的"大限"——到来的时候，会有非常明显的信号，其中最明显的就是分时图杂乱无章，几乎没有小弟来护驾。

当小弟落荒而逃后，龙头必须第一时间组建班底，重新恢复板块建制，否则，龙头自己也将不再"称王"。

这个道理也可以反过来推，如果小弟踊跃护驾，新生力量风起云涌，那么龙头可以永葆青春。

这个道理，其实和我们看古代电视剧是一样的。

只要名将还在，肱股大臣还能舍命护卫，江山就会一直岿然不动。

比如，郭子仪护卫大唐，于谦护卫大明，曾国藩护卫大清，无不如此。

当我们搞明白这个道理，就会知道，龙头战法其实就是权力格局在股市里的投影。

这个投影的核心，是确定谁是君，谁是臣。

然后呢，就看，君安否？臣贤否？

—— 龙头更是一段"势"的建设者和超越者

前面文章，引用了一句话：龙头的本质是一段"势"的载体。

重点讨论龙头对情绪的承载和表达时，我曾说过这样一句话。当然，这句话并非是龙头的全部定义。

可能很多人没有注意这句话，不过也没有关系，今天就来详细的解释余下的内容。

我写文章有个特点，就是每篇文章都有"偏性"，因为没有偏性就没有"药性"，就无法"治沉疴重疾"。为了矫枉，往往会过正。

大而全、面面俱到那是专著、是系统的书的风格，而不是单篇文章的风格。作为单篇文章，重要的使命是单刀直入，解决某一个"沉疴顽疾"，所以有时候攻其一点不及其余。

面对只在乎所谓技法和局部细节现象，我觉得有必要校正，于是从"势"的角度来唤醒大家对龙头整体的认识。这就是写上一篇文章《龙头的本质是一段"势"的载体和表达》的缘由。

但那篇文章只说明了龙头的一种属性，那就是承载势的属性。而事实上，龙头还有另外一种属性，那就是"超越性"。本篇文章就重点来谈谈超越性。

什么是超越性呢？

超越性是指龙头不是被动地去表达、去反映情绪和势，而是去主动制造势、建设势。或者这样说，龙头除了是势的承载者和表达者之外，还是一段势的唤醒者、开山者、建设者、助澜者、最大受益者、最终殿后者。

何谓唤醒者？

答：龙头往往是势的提前信号，它能早于其他股为势暖场。正所谓春来我不先开口，哪个虫儿敢作声？

何谓开山者？

答：龙头往往会开启一段势，是势的贡献者，当然后面也是势的受益者。

何谓建设者？

答：龙头不是简单地被动地呈现和承载一段势，而是积极地维护势，特别是关键关口，龙头具有护盘的作用，而不是落井下石。龙头在重大危急时刻，具有扶大厦于将倾的一面。或者说，龙头是一段势的脊梁。

何谓助澜者？

答：龙头会对某段行情推波助澜，把势放大。龙头不满足对势的一比一呈现，它喜欢成倍地放大行情。

何谓最大受益者？

答：龙头是一段行情和势力的最极致表达，这种表达反过来也让它最受益于这段行情。我们经常听到的一句话就是这个意思：你不能从龙头上赚到钱，那么这段行情就很难赚到大钱。行情来了，浪费什么都不能浪费龙头，因为龙头是行情内最大的受益者。

何谓殿后者？

答：一段行情的结束，龙头不是最先撤退者，不是逃兵，恰恰相反，龙头往往是最后一个撤退的，它是一段势的守候者、殿后者。表现在市场上，龙头往往最后一个死。做龙头有格局，正是因为龙头经常扮演殿后者的角色。比如，九安医疗、中通客车、大港股份，都是那个赛道最后的守护者，不到万不得已，它们不会提前下跌。

综合起来，在一段行情中，龙头能够对"势"进行极致表达，这种表达不但体现在它能完美地承载一段势，更体现在它能对势进行建设和超越。这种超越最大的表现就是它参与制造势，而不仅仅享受势。当然，一旦势成，它又是势的最大受益者。

强调龙头是一段势的承载者和表达者，是强调龙头离不开势，特别是龙头的后期，也就是龙头老了的时候。而强调龙头是势的超越者，是强调龙头与其他股票的差异性，龙头毕竟不是普通的股，它参与打江山，参与造时势，且具有"挽狂澜于既倒、扶大厦于将倾"的风骨。

当然，不可无限拔高龙头的超越性，因为无限拔高就会脱离势。也不可把龙头当成对势的被动反映，因为龙头从来都不是老实的主儿，它无时无刻不想表现自己的领袖气质。

如是，方是全面地理解龙头！

谈谈龙头思维

最近，跟很多朋友交流，发现很多人对龙头有误解，也发现很多人口口声声谈龙头，其实不是做龙头的。

当然，我并不是说做龙头就棋高一着。其实，所有投资方法都能大成，如果悟性较高且勤于总结，都可以自成一家，且稳定盈利。

只是，我本人以分享龙头为主。虽然我也会分享其他技术和细节，但是我的重点还是围绕龙头。所以，有必要我把龙头思维跟大家分享一下，以免交流过程中，产生不必要的误会。

什么是龙头思维？

就是做龙头这个类型的股所应具有的价值观和思维定式。

谈龙头思维，就不得不谈其他几个流派的思维。

第一个流派：价值派。所谓价值流派，就是认为基本面和企业价值决定股票价格。那么这个流派平时做什么呢？就是到处去挖掘企业的基本面。当然，价值流派有长线，也有短线，只要认可基本面决定股价，就是价值派。价值派的思维是到处找基本面的变化，认为价值就是生产力。当下为什么流行那么多小作文？其实大多数就是默认这个流派是对的。因为小作文就是分析企业的基本面，让你看看这个企业有多好，那意思就是说，这个股会涨。

小作文正是利用人的这种心理，到处普及一个股票的基本面，特别是那些你不知道的。这就是价值思维。

第二个流派：信息派。信息流派认为，信息决定一切，如果有一个我知道但你不知道的东西，那我就可以赚钱。信息派以勾兑各种信息为主，其分享的内容，大多数就是人家前几天都知道的，你今天才知道的东西。

第三个流派：技术派。技术派大家最不陌生，几乎大多数散户都是技术派，就是喜欢看图，看形态，看指标，一会高了，一会低了，一会金叉、一会儿死叉……这个流派在国内大行其道，因为各路书籍和老师也喜欢按图索骥。这个流派认为，技术图表或者技术指标决定一切。他们就是看图炒股。当然，这个流派也有高手。

第四个流派：潜伏派。所谓潜伏派，就是喜欢在某个位置潜伏进去，等待爆发。自己不追高，喜欢按照基本面潜伏或者技术面去潜伏。

第五个流派：挖掘派。挖掘派其实是属于信息派和价值派的交集。他们按照基本面挖掘一个你不知道的信息，然后自己想买，买完了通过各种媒体推送给你。

第六个流派：龙头派。龙头派也就市场派，就是做市场选出的股票。

谈到龙头派，我们就要在这里多谈谈龙头思维。因为龙头派区别其他流派的，就是其独特的龙头思维。

龙头思维认为，无论是基本面、信息面还是技术面，无论它已经涨了几天，统统不管，只要它成了市场"公共"的股票，那么龙头派就去参与。对于龙头派来说，从来没有买晚一说。龙头派不在乎前面某某某、谁谁谁已经赚了多少，只在乎这个股还能涨多少，这个股目前是不是市场的核心。

用房地产开发来打个比喻。从土地到住房，经过几个环节，一个是卖地的那一块，一个是开发商那一块，还有一个是房地产销售代理的那一块，还有一个是炒房的那一块，最后才是住客。龙头思维从来不去管卖地的赚了多少，房地产商赚了多少，只管房子在市场上还是不是抢手货，买来房子后，还能不能享受房价暴涨。

类似于各赚各的钱，互不眼红。

龙头思维就是看市场行情，看房子的火爆程度，而不是算计人家卖土地的人赚了多少。

从这里我们可以看出，龙头思维所选的股，往往是已经被市场证明了的"公共的股票"，它不在乎谁挖掘的它，也不在乎谁已经走了，更不在乎谁吹它，或者谁唱空它，它只在乎市场，它相信市场的共同选择和市场未来的主线方向，只要这两个东西对，它不在乎任何外人的眼光。

所以，真正做龙头的，不需要去在乎噪音，要在乎，就只在乎龙头与市场整体的共振，就是那种牵一发而动全身的共振。

只要这个处理好，别人的观点，爱咋地咋地。

在龙头面前，管它什么吹与踩。

龙头立于天地之间，只在乎天地灵气，只受电闪雷鸣的影响。

那种受到自媒体文章和其他吹票、踩票影响的，根本不是龙头，而是宵小之辈类型的股票。这个道理想明白了，才真正明白了龙头是什么。

龙头就是"公共产品"，任何单一声音，都影响不了它。

它是"公器"，而非"私器"。

—— **超级龙头有哪些"共性"？**

每一段行情，都有属于它的见证者。

就像每一段历史，都有它的见证者一样。

回顾过往，人们往往无法记住芸芸众生，虽然他们是历史的创造者，但人们总会对英雄人物津津乐道，千古传诵。

汉有骠骑将军霍去病，唐有军神李靖，宋有千古岳飞，明有徐达、常遇春，而我们的革命史上有林、粟。这些军神，见证了属于他们时代的最强斗争。

如果股市也有人在百年后记载，那么每一段也都有属于它们的"军神"，这些军神也都永载龙头榜列。

它们有一些共同的特征，我试图总结如下：

第一，它们都是当时情绪的寄托者，都是情绪的承载物。当情绪亢奋到无处安放，唯有龙头能容纳它们。

第二，它们都是当时主赛道的产物，都诞生在最强主线内。往前推，我们可以明确看到，疫情主线有过九安医疗和英科医疗，稀土主线有过盛和资源和金力永磁，新能源主线有过江特电机和中通客车，白酒主线有过舍得酒业和贵州茅台，碳中和主线有过顺控发展和长源电力，而今天科技主线，毫无疑问，也有几个这样的股（因为涨幅过高，我这里就不说名字了。）

第三，它们无不反复带来奇迹。龙头最大的惊喜在于，它们不断制造惊喜。

也不知道多少次，跟它们竞争的股票都被它们甩开，扔进历史的尘埃，而它们却依然傲立于市。

也不知道有多少次，大盘风雨飘摇，冰点也被一些情绪派喊了很多次，而龙头却冰雪中依然绽放花朵。

龙头就是那种容易让人卖飞，反复给人意外惊喜的股票。

第四，超级龙头都是"市场的股票"。所谓"市场的"，是指换手为主，让人人参与，且不是某一方独霸。它接受群众检阅，不吃独食，广泛团结私募、公募、牛散、游资和散户。它们是市场的"公共产品"。

第五，超级龙头也有见顶的时候，天下无不散的宴席，但是超级龙头总会折腾几下再出货。除了政策性监管外，它们一般不对参与者搞突然袭击，它们 A 杀比较少，属于厚道类型的股票。

第六，超级龙头最终都会作为符号和标签，烙印在某段行情里，像胎记一样属于某一段行情独有的标识。当人们回望某段行情的时候，首先记起的，就是它。

这就是超级龙头的共性。

这次没有做到龙头不要遗憾，但我们应当记住这些特征，把它们如数家珍，记住它们的味道，熟悉它们的气质，那么在今后的行情中，自然就会识别出它们来：

那是一种英雄般的味道；

那是一种传奇的感觉；

那也是一段神奇的、像飞一样的旅行！

—— 龙头与小弟的关系：全面理解领涨和带动

上篇

龙头战法可谓誉满天下，但同时也谤满天下。

它仿佛七伤拳，功夫到了伤人，功夫不到伤己。毁誉之根者，在于做的是真龙头还是假龙头。

很多人仅仅根据数板或者高度来判断龙头，这就容易把真假龙头混在一起。当然，龙头往往都会比较高，但高的不一定都是龙头。

如果仅仅根据高度来判断龙头，那 80% 的假龙头都会混进龙头队伍里。这对龙头战法来说，当然是不可想象的。真龙头为假龙头背锅，就是这样产生的。

那么，怎么筛选掉假龙头，留下真龙头呢？

今天分享一个维度：带动性。

带动是什么? 就是共同上涨。

举个简单的例子，你富了，有钱了，你的同学老乡和街坊邻居都跟着富了，那你有带动作用，你就是人中龙凤。如果你富了，但从来不带动任何人，那么你再富，都不是个人物。因为你不去影响其他人，就没有龙性。

一人得道，鸡犬升天，说的就是这个意思。

股票也是这样，有的股票虽然高，涨停板也多，但它的同属性股不跟着涨，或者说它带不动同属性的股。这样的股算不算龙头?

　　有时候也算，比如庄股。比如中潜股份在 2020 年 3 月就是
这样。但这种庄股我们尽量不要去做，也不要把它定义为龙头。
因为绝大多数时候，只顾自己涨而不带动板块涨者，更容易是假
龙头。

　　我们不否认独涨也可能出大妖股，但是独涨更容易出核按钮。比
如 2021 年 4 月 23 日的华亚智能。它其实在前两天就已经很难带动
次新了，虽然勉强拓展空间，但早已经没有龙性，仅仅靠着庄性在支
撑。一旦庄不开心，反手一砸，没有一点市场合力去扶持它，核按钮
一点都不冤。

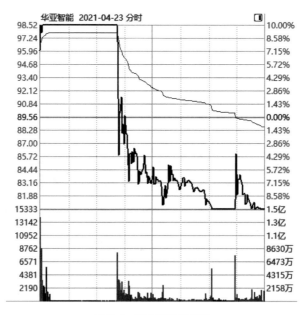

图 7-2　华亚智能分时图

历史上经典的超级大龙头，都有带动特性，比如道恩股份，带领口罩股一起拓展空间；光大证券，带领券商股一起拓展空间；王府井，带领免税股一起拓展空间；长源电力，带领碳中和股翻江倒海；顺控发展，带领所有次新股一起漂洋过海。

带动性为什么这么重要？

因为这是龙头的原教旨含义，龙头的本质就是领涨，没有带领，何来领涨。或者这样说，如果我们要做一个有原则的龙头交易者，那么我们就只去做有带领属性的龙头，那种没有带领属性但看起涨幅咋咋呼呼的股票，即使它有可能是龙头，我们也要忍痛割爱，大胆放弃。

大舍，才能大得！

若如是，我们顶多少做 10% 的独立上涨个股，但至少可以回避 70% 以上的假龙头。

龙头战法的段位，至少可以提高一个境界！

中篇

但带动性要全面地理解。

什么叫全面呢？如下：

这里的带动是一种整体感，并不是指它每天都去带领，而是指它从整体气氛上去带领。其中有可能，某一日两日没有带领性，它单独闹革命，但之后马上又开始带领了。

我们经常看到，某个股一两天之内没有带动性，甚至小弟都还在跌，但一旦它坚持上涨，过几天小弟就又起来了，那么该股就成了带头大哥，也就是龙头，这种情况不能说它没有带动性，应该说这正是它带动性的表现。

我们来举几个案例。

图 7-3 是长源电力，在 2021 年 4 月 8 号这一天，最大的恐惧不是分时图颤颤巍巍，而是当天碳中和的很多股都暴跌，有的甚至天地板，板块效应消失殆尽。很多人说长源电力没有板块效应了，没有带动性了，就不是龙头了。

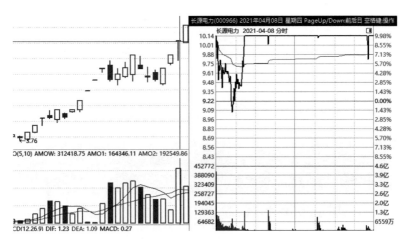

图 7-3　长源电力走势图

我只能说这种认知太肤浅、太机械。

带动性并不是亦步亦趋，而是一种在广袤天地中的遥相呼应。当然，它不排斥亦步亦趋的跟屁虫。但，如果仅仅理解为跟屁虫是板块效应，是带动性，而理解不到广袤天地的遥相呼应，那就把带动性理解狭隘了。

龙头战法不是情绪战法，情绪、板块只能是服务龙头的，而不能捆绑和限制龙头。有时候龙头可以摆脱板块和情绪，单打独斗一阵子，等板块和情绪回过神来，终究会再次承认龙头，并不得不迎接龙头圣驾。

我们再看浙江龙盛的案例，如图 7-4。

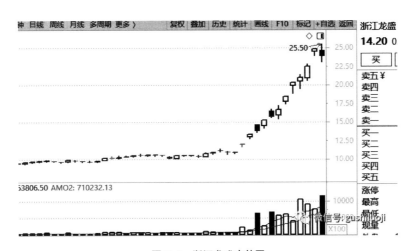

图 7-4　浙江龙盛走势图

浙江龙盛当时发生了一个重大新闻，引爆该股。什么新闻呢？

彼时，苏北有一个化工厂发生爆炸，该厂的主营业务与浙江龙盛高度类似，这一下让该行业的供给侧出现巨大缺口，于是，浙江龙盛就成为受益股。

就这样，浙江龙盛持续上涨。我记得刚开始涨的时候，也没有多少板块效应，也没有带起情绪，但它就是涨。只是到了后来，江苏省停了很多化工厂，化工板块才起来。也就是说，浙江龙盛单打独斗了很久才有带动性。

所以说，带动性应该从更大的视野去考量，而不能就看一两天。

这样，才能理解到带动性的本质。

就像茅台酒一开始涨也不带动白酒，涨多了，自然带动白酒板块了。

其实，龙头战法的本质和核心是龙头，而不是小弟。我们不能因为小弟有时候掉队和阵亡，就忘记了龙头的天马行空。

龙头可以在很大程度上独立领涨一段，这一段路，就是龙头最大的魅力和价值所在。

如果每天都小弟一堆，那谁都能做好龙头。关键就是当小弟若暗若明的时候，你还能不能认识到它是龙头，并信仰之！

下篇

当然，并不是说完全不看小弟。不看小弟，硬做龙头者，往往没有整体性；但，过于在乎小弟，特别是小弟的一惊一乍都怀疑龙头者，往往没有风骨。

龙头与小弟既彼此相连，又能适度分离。

这些年，因为 XXX 理论，很多人把龙头战法变成小弟战法，小弟不能涨了就开始怀疑龙头。

其实，这是阉割版的龙头思想，而不是真正的龙头思想。

它最大的误区在于，只认识到了小弟的反哺作用，没有认识清楚龙头的独立性，没有认识清楚龙头与小弟的适度分离性。

龙头的第一位属性是龙性，龙性的本质是带动性和独立性，即龙头首先表现为它带领迷茫的小弟，而不是小弟推动迷茫的龙头。第二位的属性才是与小弟的互动性。

很多人研究龙头，研究来研究去，甚至连小弟和补涨都研究明白了，最后把最大的主角龙头给忘了。聚焦龙头，才是龙头战法的本质。

切换战略：只看龙头切，不看高低切

龙头思维和其他思维可能不一样。

比如切换，经常有人说高低切、热点切，就是从涨高的股票切换到底部的股票，从 A 热点切换到 B 热点。

高低切有个基本假设：高了不安全，高了没有追的必要，低才安全。

热点切也有个基本假设：过于热了，这个赛道就没有价值了。换个赛道。

这个观点对不对？ 当然有它的合理性。谁也不是天生就喜欢高。

不过，龙头思维在处理这个问题上有点儿不一样。在龙头的世界里，更重视的是龙头与龙头之间的切换。

如果这个龙头涨高了，见顶了，被玩残了，不能玩了，要切换了，也不是去切换一个低位的股票，而是切换一个很有可能成为龙头的股票。

从一个龙头切换到另外一个龙头，而不是从一个高位切换到一个低位。

高低只是表象，切换到另外一个龙头才是本质。

如果没有另外一个龙头怎么办？那就不切，不做，空仓等着。

为什么特别强调这一点？因为很多人看龙头，只从高低角度去看，以为高了就要切，低了就安全，殊不知低位股有低位股的麻烦。更重要的是，龙头信仰者，内心应该只有龙头、龙性，淡化高低。

如果某个龙头很高，但是可以继续做，没有必要切。如果某个股低，但不是龙头，也没有必要切。

如果为了低点而切换，实非龙头思维。

龙头的产生需要条件，每天热点很多，走马灯似的，但能诞生龙头的热点不多。如果看到哪个热点就去切，往往疲于奔命。

最好的做法是，看到某个赛道出现了一个确切的龙头，再切过去。这比提前加入混战好。

有人可能会说：发现龙头会不会很高了呀？

大多数龙头，当我们发现它的时候，它都已经很高了。如果没有一定的高度，无法甩开同类股，你也不知道它是龙头。

那龙头的价值何在？

——它还能更高！

龙头要的是从高到更高那一段，而不是从低到高那一段。

当然，随着龙头识别水平和理解力的提高，有些龙头我们也有可能从一板二板锁定它。但，从相对高位或者从腰位发现龙头，依然是龙头战法绕不开的路。

从龙头自身来说，如果一个股，不把同板块的股票甩开，不出现鹤立鸡群的特质，你也无法知道它是龙头。

龙头是一种鹤立鸡群的气质，

龙头是一种睥睨天下的神采，

龙头是一种与天比高的勇气，

龙头是一种聚光灯下打明牌的游戏。

　　而这需要一个过程，这个过程就是板块混战的过程。每天有无数个板块在轮流混战。如果看到板块成为热点就要切过去，很容易扑空。

　　因为明天，或者后天，也许又切换到其他热点板块上去了。

　　此时就高低切是很危险的。

　　最好的办法就是等板块混战结果出来，龙头诞生，然后去做龙头切。

　　此时，市场的选择，就是你的选择。

　　而你所选，也就是市场所选。

—— 龙头：从一而终 or 轮流执政

一个题材热点的到来，市场常常围绕龙头进行炒作，但围绕的方式不一样。

第一种方式：选择一个龙头，中间不换，一直围绕它炒下去

比如，有段时间炒次新，就一直围绕顺控发展，其他次新股像走马灯一样换来换去，龙大就是顺控发展，一直不变。

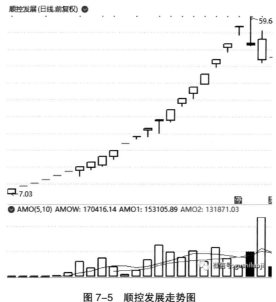

图 7-5　顺控发展走势图

再比如，有段时间炒券商，市场只认湘财股份，湘财完蛋，券商也偃旗息鼓。

再比如去年炒券商，市场围绕光大证券做，光大证券见顶，券商宣布结束。

再比如，呼吸机只认航天长峰，农业只认金健米业，军工只认光启技术。

这里的顺控发展、湘财股份、光大证券、航天长峰、金健米业、光启技术就是它们赛道的绝对龙头，其他股票再疯狂，都是它们的跟风或者后排。只有它们能够称为龙头，其他皆为杂毛。

这种炒作模式，我称为"从一而终模式"。

第二种方式：来回切换，城头变幻大王旗

就是在一个赛道内部，不同时期选择不同的龙头。

比如白酒赛道，去年的白酒，一开始是金徽酒做龙头，等金徽酒完蛋后，金种子酒做龙头，而金种子酒结束后，酒鬼酒来做龙头。等到2021年，酒鬼酒结束后，舍得酒业冒出来了，而后大豪科技又来做龙头，大豪科技刚刚歇脚，海南椰岛又起来了。海南椰岛刚刚要完蛋，皇台酒业又跃跃欲试。

当然，有人可能会说接受不了白马龙头的例子，这里的金徽酒、酒鬼酒、大豪科技、舍得酒业都不是绝对连板，用这种例子对很多人来说理解起来可能会吃力。那我们拿最近的碳中和的例子吧。最初华银电力是龙头，后来长源电力做龙头，等到再起了一波的时候华银电力又来做龙头，而华银电力似有衰竭之相时，福建金森又来了。

其实这种情况也出现在医美领域。最初是朗姿，然后是金发拉

比，再后是奥园美谷，再后是哈三联，再再后是融钰集团，也是龙头不停切换和轮动。

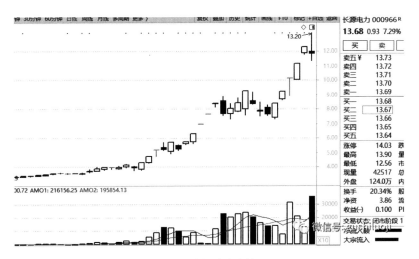

图 7-6　长源电力走势图

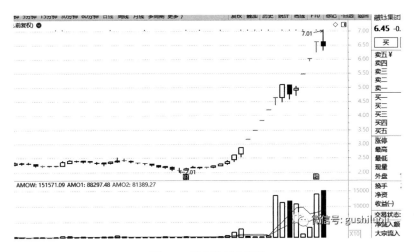

图 7-7　融钰集团走势图

　　这种模式，我称之为轮流执政模式，或者轮流坐庄，其典型的表现就是龙头来回切换，不会围绕一个炒。

　　当然，这种切换有时候时间跨度比较大，有时候时间跨度比较小。

　　这两种模式相比较起来，我们当然喜欢第一种模式：从一而终，简单，纯粹。围绕一个标的来回做，不换来换去，多酣畅淋漓呀！

　　比如，炒次新的时候，只需要围绕顺控发展就可以了，炒券商的时候只要围绕光大证券就可以了，炒稀土的时候只需要围绕盛和资源就可以了。

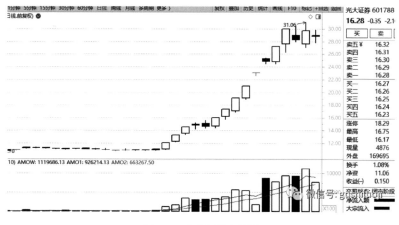

图7-8　光大证券走势图

　　但，事情总有另一面，龙头还有另外一种表现形式，那就是轮流坐庄。轮流坐庄其实也就是切换，只不过这种切换不是见顶的高低切换，更不是不同题材间进行切换，而是在同一题材之中进行切换。

思考这种切换的意义何在？

1. 思考龙性

在龙头战法内部有一句话：所有后排，皆为杂毛；所有杂毛，皆为风险。这句话在第一种情况下是成立的，龙头只围绕一个做，从一而终。后面出现的股票都是它的跟风。

但，如果认识到龙头还有另外一种形式——轮流执政，这句话就不能这样武断了。因为在这种情况下，后排可能会切换为龙一。龙头可能是风水轮流转，这次到我家。

比如，华银电力第二波的时候，就把长源电力的龙头位置抢走，如图 7-9 所示；而福建金森的到来，一开始很多人以为是华银电力的助攻，结果它直接把自己晋级为龙大，见图 7-10 所示。世界就是这么奇妙，前排并非永远是前排，后排也可能逼宫为王。

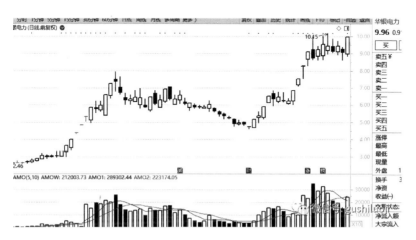

图 7-9　华银电力走势图

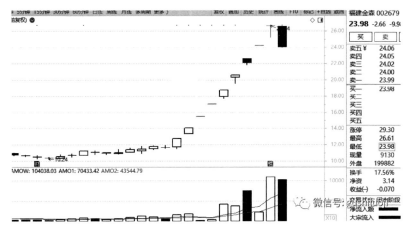

图 7-10 福建金森走势图

这就使我们对龙头的思考更加灵活，也更全面。

2. 移步换景，拥抱新龙

当认知到龙头存在轮流执政模式后，我们就可以随时随地拥抱新龙头，不要在一棵树上吊死。特别是当新龙头完全压过旧龙头时，要果断抛弃前排后排思维，进入新旧龙头切换思维。如此，方可以变应变，把握龙头活的灵魂！

那么，什么情况下，龙头喜欢从一而终，什么情况下龙头喜欢轮回执政呢? 请听下回分解。

—— 资金性质决定龙头性质

龙头的切换，可以从不同的视角去归因。但我认为，从资金性质的角度去洞察，最能直击本质。

A 股有斗志的资金，大体可分为两类：一类是情绪资金，一类是运作资金。

什么是情绪资金？就是偏于一哄而上又一哄而散的资金，往往属于超短资金，它们最在乎市场的"情绪和喜怒"。

那运作资金又是什么？就是偏于布局，偏于从产业和赛道去"经营"的资金。它们不是一味地去迎合情绪，而是想办法去谋划和布局。

为了更好地厘清这两种资金的特点和性质，我多说两句。

情绪资金最在乎的是情绪的此消彼长，它们最常用的词汇是冰点、高潮、退潮、分歧、混沌等等。它们喜欢板块助攻、龙头卡位和身段晋级。

而运作资金最在乎的是布局和引导，它们最常用的词汇是产业、赛道、布局、利用、拉升、出货，公告、利好、逆向。

在情绪资金眼里，一切都是博弈，什么都可以用情绪去解释。而在运作资金眼里，除了博弈外，更多的是考虑产业面、赛道方向和预期。

情绪资金往往喜欢合力，在合力所在之处推波助澜。而运作资金则喜欢造势，喜欢步步为营和安营扎寨。

总之，情绪资金的世界观是情绪，运作资金的世界观是布局。

那么龙头是情绪资金做成的，还是运作资金做成的呢？

都有。

我们把情绪资金主导的龙头，称为情绪主导型龙头。把运作资金主导的龙头，称为运作型龙头。

需要说明的是，没有纯而又纯的东西。情绪主导型龙头，也会有运作资金参与，而运作资金主导的龙头，也会引来情绪资金的推波助澜。甚至在某些股上，情绪资金和运作资金难以彻底分清楚。

我们识别和判断情绪主导的龙头与运作资金主导的龙头，要看其主要矛盾，即造始力量和关键节点，是什么资金在拱卫和把关。

在 A 股里，情绪资金主导的龙头和运作资金主导的龙头，其思路和风格不一样。

情绪资金主导的龙头，情绪周期、板块晋级和空间身段比较重要。而运作资金主导的龙头，虽然也会用到上述东西，但它看问题更侧重于产业、赛道和主线。当然，有时候它们也会重叠，但起心动念和用力深浅不一样。

这种思考和分析问题的方法，就是资金性质分析法。下面我们举例说明：

- 2021 年 6 月上旬比较猛的润和软件是典型的运作资金主导的龙头。
- 2021 年 4—5 月份的小康股份（图 7-11）也是典型的运作资金主导的龙头。舍得酒业、海南椰岛更是典型的运作资金主导的龙头。
- 2021 年 6 月最凶猛的传智教育则是情绪资金主导型的龙头。
- 2021 年初最猛的顺控发展更是典型的情绪资金主导的龙头。

福建金森（图7-12）情绪型资金也比较明显。

- 华银电力（图7-13）和长源电力，是混杂着情绪资金和运作资金，前期是情绪型强一些，后期的第二波，运作型强一些。

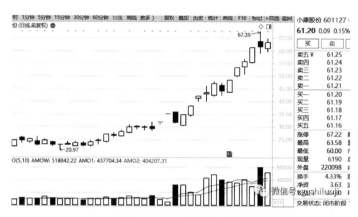

图7-11　小康股份走势图

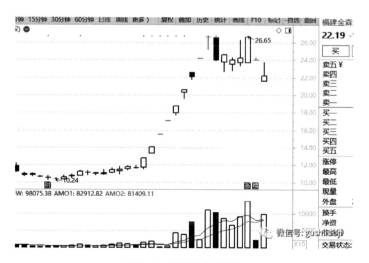

图7-12　福建金森走势图

图7-13 华银电力走势图

总之，资金性质以及掌握资金的人的思考方式，决定着龙头的性质。

不同性质的龙头表现出不同的切换属性。

纯情绪型的资金，喜欢围绕龙头从一而终，龙头完了，那个热点就基本废了。

而运作型的资金，则喜欢切换龙头，一个龙头玩废了，在同热点、同赛道内，再制造一个。或者说，在一个龙头的上涨过程中，下一个龙头就已经布局好了。更有甚者，多龙头并驾齐驱，不按照身段来定义龙头。

认知到这种情况有什么意义？

其一，彻底认知龙性。特别是把龙性的本质从身段和空间板中解放出来。

情绪型龙头以身段来确定龙性，但运作型龙头未必以身段来确定。

市场上流行一派，以板块内最高身段来定义龙头，其他的都是跟风。我称这种流派为空间板战法。这种认知对情绪龙头是对的，因为情绪型龙头一般不切换。但对运作型龙头则显得机械和肤浅。因为运作型龙头根本不需要按照空间和高度来定义，甚至相反，运作型龙头走到空间最高的时候，也许就是结束的时候。

运作型龙头以运作开始为标志，以启动为标志，来确定龙头。

海南椰岛是典型的运作型龙头，它拥有龙头才有的特权。所谓龙头特权，是我在龙头部落内部的提法，就是龙头才能享有的权利。比如，如果是龙头，高位至少可以抗震一次，可以反包一次，可以首阴一次，等等。

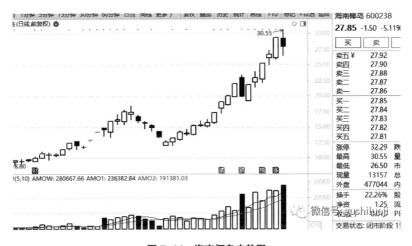

图 7-14　海南椰岛走势图

这里也回应一下江湖上一个著名的传闻：一板看出个毛，二板才能看出龙头。这句话对不对呢？

对情绪型龙头来说，有时候二板也看不出；而对运作型龙头来说，有时候一板就能看出，不需要第二板。

其实这句话想表达的意思是，只有涨高了才能知道谁是龙头，没有涨高，不知道谁是龙头。

这句话对情绪型龙头来说是对的，因为不涨高，情绪不来。而对于运作型龙头来说，并不需要涨太高，有时候在启动的时候，就知道龙性被激发了。

这里面有很多细节，等今后有时间了，我再详细说。今天是为了把理念和逻辑说清楚，暂时不展开案例和细节了。

刚才这段话也许很多人意识不到其中的厉害和重要性，但我觉得是非常重要的，因为它涉及对龙头的定义、对龙性的认知，以及我们在什么地方确定龙头。

其二，彻底以变应变。

对于龙头战法，应该坚持一点，那就是要么做龙头（已经确定是龙头），要么在可能是龙头的股票上做（预判可能是龙头）。

问题是，龙头切换了呢？

或者说，当龙头切换的时候，我们应该把新切换的那个龙头当成跟风、杂毛、补涨，还是当成新的龙头、新的"皇帝"？

如果知道龙头的性质，这个问题就很好回答。如果不知道龙头的性质，这个问题就糊里糊涂。

比如，前段时间，皇台酒业起来了，有个朋友说不要做，它是大豪科技的跟风，是杂毛，结果皇台酒业走出了龙头的气质。而海南椰岛起来的时候，也有人说它是皇台酒业的跟风，是杂毛，结果它同样是龙头。

对于运作型龙头，这种龙繁殖太常见了，一个赛道内，多龙林立，前赴后继，没什么大惊小怪。

相反，在情绪型龙头顺控发展那里，除了它是龙头，其他都是杂毛。而杂毛的命运就是不停地被核按钮，连个反包、反弹和出货的机会都没有。那些龙头才具有的特权、属性和交易模型，跟风和杂毛半点都不配拥有。泰坦股份（图 7-15）以及一堆后排，在情绪资金理解起来，无论多么能涨，都是跟风和杂毛，它们容易以核按钮结束，无法享受龙头才有的一些特权，比如高位反包、高位抗跌等等。

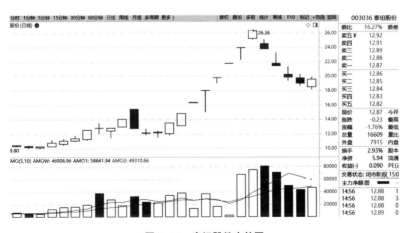

图 7-15 泰坦股份走势图

好，让我们总结下本文的核心观点：

　　股价背后是资金，资金背后是人，人的背后是人的价值观。从不同操刀者对市场不同的理解出发，我把龙头分为两种类型：一类是运作资金主导的，一类是情绪资金耦合的。不同性质的资金，其实是不同的人，是他们的世界观决定着龙头的性质。

　　前者主导的龙头，经常切换，或者说轮流执政，一个赛道内会前赴后继涌现龙头。后者主导的龙头，因为耦合性强，几乎不切换，往往一竿子捅到底。

　　认识到这两种不同的龙头，对我们洞察龙性和参与龙头有重大意义。因为我们有什么样的龙性认知观，就有什么样的龙头定义，也就会去做什么样的龙头。

　　其实，我们选择龙头的同时，龙头也在选择着我们。因为我们是什么样的性质，什么样的龙头就吸引我们。

　　我们在凝视龙头，龙头也凝视着我们！

—— 反派出演技

我曾写过一篇文章，是讲守正与出奇的。

正，是讲赛道底蕴；奇，只是个股选择。

很多股，看似无厘头，但成了龙头；而另一些股，看似某个赛道最正宗的股，结果被一个"二狗子"给卡掉了。

为什么？

其实这个问题，本质上就是守正与出奇。

"二狗子"能走出来，并非毫无逻辑，它最大的逻辑是依托一个强大的板块，也就是赛道温床。

很多人喜欢自上而下选股，选对板块和赛道，这没有毛病。但选择个股的时候，常常过于用"正"的一面选股。

这就犯了一个错误。

什么错误呢？只顾了守正，没有考虑到出奇。

我们发现，最近这段时间，某个热门板块和赛道，最终走出来的，并不一定是基本面最好的那个。比如，房地产走出来的那个妖股，并非是房地产业务最纯粹的；而基建走出来的那个，也并非基建最好的公司。医药赛道就更明显了，反复澄清没有任何特效药的（某北），也经常莫名其妙几个一字板。而按计算器能够冒火（某安，某雅）的公司，往往股价让人失望。这是为什么？

这就是守正与出奇的问题了。

板块和赛道是干吗的？它们并不直接选出龙头，它们是负责暖场的。

热点板块只负责请客，客人来了怎么吃，就是客人的事情了。

这个客，就是市场的偏好和流动性。

如果只懂板块效应、热点和赛道，但是不懂守正出奇，往往会抓不住龙头，特别是过于机械使用基本面的人。

比如，某个板块好，直接就用基本面选出谁是龙头的人，就经常受伤。

为什么受伤?

因为基本面最好的那个，一定是潜伏盘非常多的，一定是某个或者某几个席位买一独大的。这些独大买入盘，一旦遇到分歧，就容易溜之大吉。

而那些基本面没有过于出色的，往往在分歧时能够依靠合力的支持，出奇制胜，后发制人。

这有点类似庄子讲的，有用的树往往给砍了，而没有用的树却留了下来。

散木也，以为舟则沉，以为棺椁则速腐，以为器则速毁，以为门户则液橘，以为柱则蠹。是不材之木也，无所可用，故能若是之寿。

这也让我想起演艺圈的一句话：反派出演技。

一个演员，如果总是演正派，会给人过于刻板和脸谱化的感觉，演技难以出来。但如果演反派，形象大变，就容易把演技激发出来。很多演员遇到"好"的反派角色，会争破头。比如陈道明，大家总是以为他脸谱化，那是因为你没有看过他演的反派。比如，《黑洞》的他，就让人毛骨悚然。再比如《庆余年》，此君演得亦正亦邪。

还回到股市，我发现基本面也要亦正亦邪才好。

太正了，没有预期差；太邪了，资金不敢重仓。完全邪，得不到赛道和主线的支持；完全正，容易被潜伏盘搞死。亦正亦邪，方能游刃有余。

说到这里，我们可以回顾一下已经走过去的一个龙头中国医药。

很多人可能会说，因为中国医药出公告了，所以你才看好。还有人说，中国医药会一字板结束，然后见光死，还有什么意义？

其实，这些人都不懂我真正的逻辑。并非基本面让中国医药开板后继续又涨了5天，而是亦正亦邪的气质吻合了独特的周期让它开板后又涨5天。

事实上，纯基本面未必支持中国医药走这么高，曹山石老师就算过一笔账来吐槽：储备辉瑞Paxlovid新冠药10万盒，价格每盒1000元多一点。1个亿的货，5%的利润率，500万利润。配送商中国医药这个月拉了十个板，市值增加逾236亿元。

结果呢？中国医药继续暴涨。

中国医药的股价做了周期的函数，而不是简单的基本面的函数。

其实，这个思路我认为表达清楚了，但估计能理解清楚的人未必有那么多。记得一年之前，跟超级大佬一起聚会，我就表达过类似的观点，那还是炒小康股份的时候。

一晃快一年了，中国医药这个案例又增加了我对这个认知的理解。

也不知道下一次，下一个"中国医药"什么时候能到来，就像一个演员在等一个好的角色，一个导演在等一个好的剧本。

为什么最近龙头爱玩切换

相比 2020 年，2021 年的龙头喜欢玩切换。比如：

华银电力龙一走得好好的，突然被长源电力斜插一杠子，抢走龙一位置（见图 7-16）；而顺博合金曾被寄予万兴科技的联想，但被顺控发展干掉（见图 7-17）；中材节能也是最好的龙头品种，后来连菲达环保都不如（见图 7-18）。

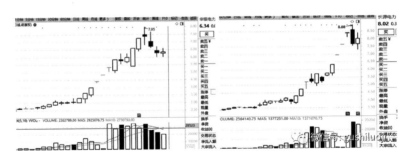

图 7-16　华银电力分分钟被跟风股长源电力卡掉

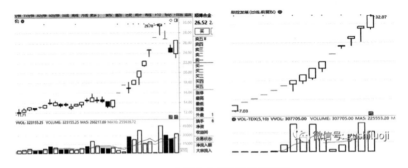

图 7-17　顺博合金被顺控发展干掉

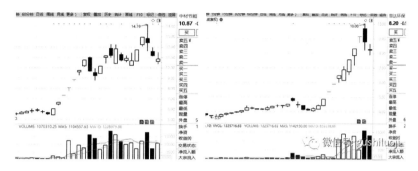

图7-18 中材节能居然连菲达环保都卡不过

2022年这种现象并不多。2022年龙头的规律更多的是从一而终，所有的后排跟风都是臣服在龙一旗帜下，为龙一摇旗呐喊。

比如：

口罩股的道恩股份，自始至终掌握龙一的权柄；

证券股份的光大证券，任你是谁也抢不走；

农业股的金健米业；

抖音的省广集团；

疫苗的西藏药业；

免税的王府井和海汽集团；

呼吸机的航天长峰；

军工的光启技术；

蚂蚁金服的君正集团；

稀土领域的盛和资源……

也就说，以前龙二卡位逆袭的现象并不多。前些年炒东方通信、金力永磁、万兴科技、中科信息、特力A，都是如此。

而2021年年仿佛就有点变天了，为什么？

我认为主要有两个原因：

其一，监管。

上海的监管是比较严的，动不动发一些监管公告，让龙一中断。

大家看看下面的信息。

【浙商证券】尊敬的投资者:"中材节能"（603126）近期累计涨幅较大，期间已多次发布异常波动公告及风险提示公告。公司上述公告明确称"公司股价短期涨幅较大，估值远高于行业平均，期间公司基本面未发生改变"、"公司股价存在炒作的风险"，并提示投资者注意投资风险。上海证券交易所将对该股上的异常交易行为进行从严认定，并视情况从重采取列为重点监控账户、暂停投资者账户交易、限制投资者账户交易、认定为不合格投资者等自律管理措施。请投资者理性投资，审慎交易。--请妥善保管您的账号及密码，投资需谨慎--

【重要提醒，无需回复】今日我司收到上交所提示函，提示华银电力（600744）的交易风险，公司已向持仓客户及网站等予以风险提示。
交易所将对该股上的异常交易行为进从严认定。请回避参与炒作华银电力。

任何资金收到这种监管信息，都会掂量一下要不要"兴风作浪"，毕竟对大资金来说，安全是第一位的。

那为什么非要选择一个跟风的来卡位呢？

因为赛道太好了，题材太具有魅力，资金不愿意放弃这个热点，所以就在该热点内选择一个股接着做。

这就是为什么长源电力这样的跟风能够当老大。

其二，偏离，也就是预期差。

什么是偏离呢？就是故意绕开最看好的那个。

当然这种情况不常见，因为最看好的那个往往代表人气。但也存在另外一种情况，那就是最看好的那个换手率过大，有人想做无法收集筹码，只能寻找一个预期差大的其他股来打造龙头。

比如，顺控发展一直被认为是顺博合金的跟风狗，但它能够把顺博合金给卡死，就是制造一个很大的预期差。

再比如，核电板块一开始是想走太原重工，但后来被台海核电出头了。

预期差这个规律在 2020 年就初现端倪。比如，军工股一开始最被看好的是洪都航空、中船防务和中航沈飞，但后来走妖的是光启技术。

只不过，2021 年预期差玩得更大胆。

当然，这种现象我认为也可以从主力的角度去理解，或者从庄的角度去理解。不可否认，卡位、切换当天，庄的引导作用非常大。如果一个更大的财团或者某个抱团团队来刻意打造，跟风很有可能卡倒龙大，实现"玄武门兵变"。

　　总之，今年的龙一卡位、切换现象非常常见，大家不要再抱着仅仅盯着龙一的做法，有时候龙二，甚至龙五龙六也要盯紧。

　　也许，躲着角落的那个角色，正在觊觎下一个龙头。

—— **切换的主因：偏离**

近来很多游资聚会，都爱讨论一个话题，那就是龙头切换。

我在前面也有一篇文章谈到为什么最近龙头爱玩切换，里面也有谈到切换的问题。当时我给出的两个思考：一个是监管；另一个是偏离，也就是预期差。

不可否认，监管让很多游资不敢主攻龙一，于是出现切换。但，这不是根本因素，因为历史上哪个龙头没有收到过监管？但它们继续充当龙头，比如我们看看下面这个。

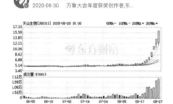

深交所：本周重点监控天山生物

东方财富网
2020-08-30 万象大会年度获奖创作者,东...

深交所称，本周共对60起证券异常交易行为采取了自律监管措施，涉及盘中拉抬打压、虚假申报等异常交易情形；对连续多日涨幅异常的"天山生物""西部牧业"持续进行重点监控，并及时采取监管措施；共对6起上市公司重大事项进行核查，并上报证监会1起涉嫌违法违规案件线索。

（文章来源：大众证券报）

天山生物被监管很多次，当年的特力A、东方通信、方大炭素都被监管过，也都继续充当龙头。

当然，监管会影响龙一，但最最主要的，我认为是偏离。

什么是偏离呢?

我给大家讲个故事。

一次，一个顶级德州高手说到一个偏离策略。我追问什么是偏离。对方是这样解释的:

当走到某一步，按照最佳思考应该选择 A 策略，但故意避开 A，选择远离 A 的策略。这就是偏离。

特别是现在有了 AI（人工智能）。当 AI 投入德州，每一步都有一个最优解，这个最优解就是最优的策略。理论上，我们应该按照 AI 给出的最优解去应对。但是，如果你按照 AI 的最优解，一定拿不到冠军，因为对方也会按照最优解来应对你。

这个时候，就应该采取偏离 A 的对策，往往能够出其不意，拿到第一。

当然，偏离策略远远比这复杂，这个例子只能描述其中的部分神韵。当我听完这个例子后，我就立刻明白了为什么现在龙头经常切换了。

今天的龙头战法归于普及，特别是微信和自媒体的传播，让很多龙头选手的选择过于一致，甚至龙头脸谱化。而恰恰在这种情况下，龙头就自我偏离:本来顺博合金是龙一，但被顺控发展切换了;本来华银电力是龙一，但被长源电力切换了;本来新赛股份是龙一，但被美邦服饰切换了。

特别是美邦服饰的切换。按照高度、身位以及题材正宗性，新疆棉花和中伊合作，最有眼球效应、最有人气的应该是新赛股份，也正是因为如此，新赛股份被各位大佬用通道顶一字，而美邦服饰在 PK 中一度被摁到跌停板附近。

但此时此刻偏离发生了。

也正是因为新赛股份被大单顶一字，请问想参与这个题材的人能拿到筹码吗? 既然拿不到，那就偏离它，于是美邦服饰在 2021 年 3 月 31 号——当时新赛股份还大单封一字的情况下，偷偷玩起了偏离，尾盘搞了一个骚操作。

图 7-19 美邦服饰分时图

这个骚操作当晚，我还写了文章提到。也就是这个骚操作，让人气偏离向了美邦服饰。

美邦服饰与新赛股份的新疆概念 PK 中，经典地展示了一次偏离策略。

这种偏离在以前也有，但是没有 2021 年这样频繁。该年几乎达到龙头必偏的程度。

比如：第一个标示龙头本来是天山铝业，后来偏离到章源钨业；金牛化工本来可以引领龙头，但被仁东控股拐走了人气；核电中的很多高位股本来可以走出来，但被台海核电偏离了；中材节能也计划大干一场，后来居然在碳中和中掉队，还不如华银电力；当大家以为是华银电力的时候，长源电力来一次偷袭；顺博合金一度以为是万兴科技，但关键时候被顺控发展偏离了；新疆概念出来，大家以为新赛股份无懈可击的时候，美邦服饰悄悄摘走了果实。

如果说没有偏离的，只有一个——顺控发展，但它也是从偏离中上位的，类似玄武门兵变登基的。

看到这些变化，不禁让我感叹，偏离何其常也！

所以，今后再做龙头战法的时候，在拥有龙头信仰的同时，也要留意龙头的切换，用好"偏离策略"，以偏制偏，以变应变。

而偏离策略这样顶级的博弈智慧的到来，也宣告龙头战法进入一个新的、更加灵活和复杂的生态。

—— 龙头跑全场，补涨跑一段

很多股票，如果仅看 K 线和分时图，仅仅从图形上欣赏的话，好像是一样的。

但，如果深入其内在逻辑，则完全不一样。

比如，领涨和补涨，就完全不一样，也不是一套逻辑。

某个主题开始，带领板块横冲直接的是领涨股。而领涨股休息间隙，那些因踏空领涨股而自己挖掘的各种小作文股，就是补涨股。

领涨往往是破局资金，是先知先觉，是造势者。而补涨则是跟随资金，是后知后觉，是蹭势者。

什么人做什么类型的股。

领涨股的发起人和参与者，往往是市场的探索者和最新方向的最初觉醒者。当领涨股攻城拔寨的时候，喜欢做补涨的那批人往往是踏空的，因为他们不会去"试探"一个方向，必须等领涨龙头打出空间了、方向和主线确定了，他们才去挖掘上下游相关的股票，然后去套利它，于是补涨就产生了。

当然，这没有高下之分，补涨做得好，善于挖掘的人，也能赚大钱。

我这里要强调的是，我们必须把这两个类型的股区分开来，区别对待，用不同的思路去参与。

对于领涨股，可以狂野地去追高；而对于补涨股，追高一定要慎重。

因为领涨股是合力打造的市场标杆，而补涨股则是各自倾向者挖掘的各自"内部股"。

领涨股做的是市场总的 β，补涨股则是挖掘的各自偏好。

对于领涨股，市场往往还不完全知道炒什么；而对于补涨股，因为是挖掘的人有备而来，哪怕你不知道炒什么，小作文也一定会通过不同的途径、通过你不同的朋友或者朋友圈来告诉你炒什么。

对，补涨股的小作文一定是多于领涨股。或者这样说，小作文最多的，往往是补涨股而不是领涨股。

不信，你们看看，佰维存储和剑桥科技才有几篇小作文，你们看看后排这几天启动的那些补涨，小作文都多到什么程度了？

为什么？

驱动力量不一样。

领涨股是大的赛道总体 β 驱动，参与其中的人，最初都是走一步看一步，没有谁一揽子买个饱，逻辑是一点点地释放，它依赖的不是信息驱动。而补涨股，挖掘属性的资金，选好标的，一揽子几乎买个饱，买好了生怕外人不知道炒啥，必须反复用消息刺激来发散逻辑。

当然，身份也不是终身制，补涨股有时候也能跨越做成领涨股，但，这必须等到一次大的洗盘或者一次剧烈筹码交替之后才能完成，必须等到挖掘资金分歧之后，剩下的愿意继续格局且与市场其他资金共振之后，才能嬗变其身份。

这个时候，补涨也会成为下一批补涨眼里的领涨股，以此类推。

这就是市场逻辑演进。

不过，补涨挖到最后，往往是一蟹不如一蟹，到最后回头看一轮行情，真正涨到最后，还是那几个面孔，它们也往往被称为穿越者，其实它们就是最初的领涨者。

而真正愿意做龙头的人，其实是一直守在这批股票身边的人。

这些股票，也会反复洗盘，也会有迷茫和分歧，但是它们一直贯穿一轮行情。

在 2006—2007 年那轮牛市，其代表是招商银行、万科、中国船舶、吉林敖东；

在 2015 年那轮行情，其代表是中国中车、东方财富、全通教育、乐视网；

在 2020 年那轮行情，其代表是英科医疗、振德医疗；

在 2021 年，则变成了天齐锂业、江特电机；

2022 年呢? 该年是熊市，震荡居多，但某轮行情依然有一个贯穿者，它们分别是浙江建投、中国医药、中通客车、中交地产、以岭药业和竞业达。

也就是说，龙头是那种全场陪跑者的存在，而补涨则是局部参与的存在。用句俗语来说：

龙头跑全场，补涨跑一段。

我们每个人都要想清楚，你是做跑全场的选手，还是做跑一段换一个项目的选手。

因为二者的注意力和聚焦事物，完全不一样。

前者聚焦最核心的那几个或者那一个，而后者挖完一个去接着挖下一个。他们拥有不同的盈利模式和交易之道。

无高下之分，有套路之别。

从南宋南明的历史存亡谈谈龙头战法

　　南宋和南明经常被拿出来比较。南宋存续了很多年，算是相对成功稳定的政权，熬死了立国之初最大的劲敌金国，也跟当时世界上最强大的蒙古帝国对峙了很多年，甚至干死帝国的蒙哥。而南明则内斗不止，很快覆亡，令人唏嘘。

　　为什么?

　　里面可以谈的因素太多了，我这里只谈其中的一个：龙脉的唯一性。

　　南宋跟南明最大的不同是，南宋的赵构没有竞争对手，因为金国几乎把赵姓皇族一窝端，全部掳到北方，只有赵构一个漏网之鱼。赵构建立南宋政权的时候，没有任何一个亲王可以跟赵构竞争。于是就形成一个局面，只要你恨金国，只要你有家仇国恨，只要你爱大宋，赵构政权就是你的唯一选择。

　　而南明则不然。

　　崇祯皇帝死后，他的亲儿子定王、永王在混乱中下落不明，没有唯一的正统来继承帝位。

　　而姓朱的各路亲王们，并没有被农民起义军和清军杀光或掳走，相反还留下一大批姓朱的各路亲王。这就埋下龙脉多起的混乱性。

　　不同的利益集团和党派，在各自利益的驱使下，选择拥立不同的亲王。就在弘光政权建立时，其他利益集团又拥立潞王、益王、靖江王等人称帝或宣布监国，搞得你死我活，互相争斗。可以这样说，南明没有一个权力核心，没有唯一的龙脉体系。

切换到我们龙头战法的话语来说，就是太内卷，龙头无法确立唯一性。具体到一个主题和赛道，就是互相踩，没有一个凝聚各方力量的总龙头。这是最麻烦的事情。

我们可以回想一下，凡是龙头战法最幸福的时候，无不是龙头具有唯一性的时候，比如中国医药、九安医疗、顺控发展、天保基建、浙江建投。

凡是反复内卷、互踩对方的时候，无不是龙头战法黑暗的时候。

力量宜聚不易散，龙脉宜专不宜多。南明的失败就在这里，而南宋的存续也在这里。

我们的龙头战法也是同样的道理。一段时间以内，最好只能有一个核心。如果多龙并存，互相不服，那么很容易导致力量分散。

这与龙头的宽度是有区别的，龙头的宽度是建立在不互相踩的基础上，特别是，宽度是指一个龙头炒完后，再来下一个，轮流来，而不是踩着来。

同一段时间区间内，龙脉必须具有唯一性。这个区间可以是三五天，也可以是两周，但其龙头"任期"内，最好只有一个"太阳"，最好能凝聚所有共识、统率所有力量、垄断所有皇权，而不是各自为王，军阀混战。

这就是我从南明和南宋的历史中读出的龙头智慧。

从米芾书法谈龙头：美丑与风骨

右图是米芾的书法，怎么样，是不是神之一手？

米芾是我极为推崇的书法大家，我对他的喜爱，甚至超过王羲之。

在整个书法长河中，米芾、王羲之、颜真卿是我最喜欢的三大家。

毫无疑问，米芾的书法很漂亮！

但，他曾经因为过度追求漂亮，被批评没有"魏晋笔法"之风度，也突破不了古人。

当然，一般人不敢批判他，因为他很狂傲。宋徽宗曾让米芾点评本朝书法，米芾毫不客气地说：蔡京不得笔，蔡卞得笔而泛神韵，蔡襄勒字，沈辽排字，黄庭坚描字，苏轼画字。

宋徽宗问他：那你呢？

米芾似乎觉得把别人贬了一通不好意思，便回答道他是刷字。

不过，还是有人敢批评他。到底是谁呢？

是苏东坡。

苏东坡说："彼元章但知好之为好，而不知陋劣之中有至好也。"

苏东坡当头就说：米芾呀，你只知道漂亮的是好的，不知道鄙陋的、粗粝的东西也是一种美。

艺术不能仅以漂亮为宗旨，太漂亮容易流俗，会成问题，会影响艺术的深度和力度。

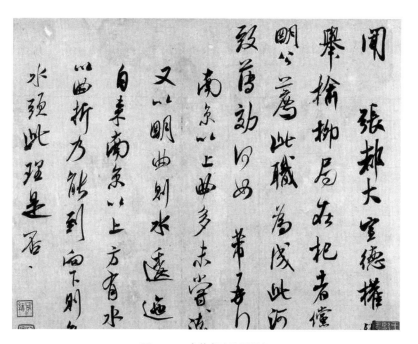

图 7-20 米芾书法作品局部

　　米芾是出了名的狂傲，如果是别人批评他，他肯定不听，但苏东坡说他，他不得不掂量一下，关键是米芾意识到苏东坡说的在理。后来米芾一改以前的风格，不再琢磨名家字帖里那些漂亮的字，而是到反面去寻找突破。

　　一个明显的例子就是他暂时放下学习王羲之，去研究其子王献之。

　　王羲之的书法登峰造极，想要超越，王献之只有另辟蹊径。经过探索，王献之终于找到一条路：保持用笔和结体的规范，打破漂亮的表象，不再延其父绝美的呈现，而是加入一点不平衡，制造"似奇反正"的表达。

　　米芾极为聪明，立即参考了王献之的艺术思路，果然找到了他自己，成功"出帖"，离开古人，形成自己。

　　米芾的变化，让他达到极高的艺术程度，苏东坡也不得不夸赞："风樯阵马，沉着痛快，当与钟、王并行。"

　　就像是在飓风之下的船布满了帆，嗖嗖地驶过去；像一群战马雄赳赳地跑过去，威风凛凛、不拘一格，率性洒脱。笔法酣畅淋漓，如大江奔腾，气势如虹。

　　无意于佳乃佳！

　　后世之人，几乎没有不推崇米芾的。

　　后来，一代大家董其昌也高度赞扬米芾：如狮子捉象，以全力赴之，很是精彩，给人一种雄健奇强的快感，甚至有一丝野性。

　　有时候我想，我们选股票、选龙头也可以参考米芾的书法过程。

提起龙头股，每个人心中的样子不一样。我发现，今天绝大多数人是从美中选龙头。

什么意思？

就是图形很美，分时图很美，形态很漂亮。

很多人喜欢把这类的选为龙头。举个例子大家就明白了。

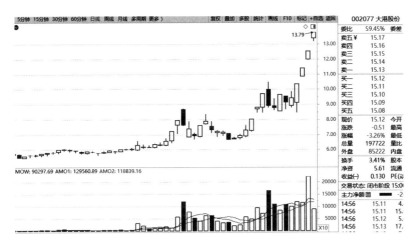

图 7-21　大港股份分时图

图 7-21 好看吗？

当然好看。

它是龙头吗？

这是大港股份某一天的图，后来确实成龙头了。于是很多人就在内心树立了牢固的龙头美学，漂亮者就是龙头。

可是，大港成为龙头，我认为最根本的不是美，而是彼时彼刻，以及那个时候的芯片法案等的综合。大港只不过是个载体而已。

如果抛去这些，仅仅从图形漂亮的角度认识龙头，就太俗了。

最关键的是，如果仅仅认识到"美之为美，不知陋劣之中亦有至好者"，那么对龙头的认知就仅仅局限在外表层面。

一旦你把外表的美当成龙头的定义，就容易被"好事者"做图所害。我们看图 7-22（1）。

图 7-22　罗曼股份分时图（1）

这个图美不? 像龙头不? 如果那个时候有接龙选股，我想一定有一半的人选它为龙头。第二天什么样大家想知道吗?

答：核按钮。从涨停板摁到跌停板，如图 7-22（2）所示。

图 7-22 罗曼股份分时图（2）

这样的案例还有很多，我们再看看下面的图 7-23 所示的三幅图。

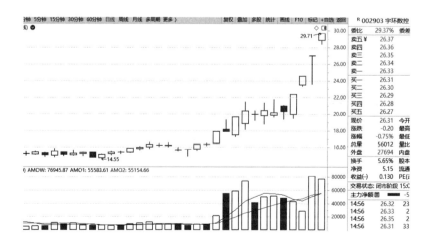

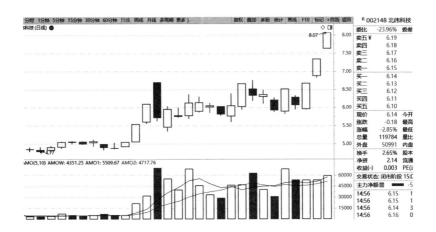

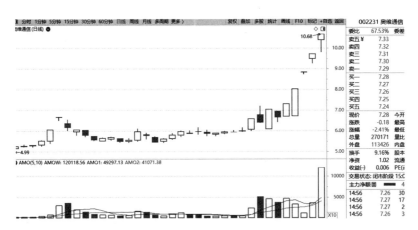

图 7-23　宇环数控、北纬科技、奥维通信的走势图

这些图漂亮吗? 美吗?

我可以告诉大家, 这些也都是接龙选出的几乎得票最高的龙头。

它们第二天, 也几乎都是核按钮!

所以呀, 不能通过图形的美丑来定龙。

有时候图形越美，越有可能是"请君入瓮"。如果不把图做这么好，别人能来吗？

我们并不否定图形美的价值，谁都喜欢好看的形态。

但，我们要透过图形看本质。

如果没有赛道的价值加持，没有风起云涌的板块情绪，没有精满气足的势头，这些图形就是待宰的羔羊。

图形用钱都可以画出来，关键是本质。

今天，大量的 90 后 00 后加入龙头大军。很多朋友选龙头，就喜欢看图形，一看图形好，又连板，就问也不问直接将其定义为龙头。

这类朋友，我希望看到本文之后，能够重新思考龙头的定义和本质。

我在《龙头信仰》里多处写过，龙头要破技术之执，其中一个重要的方面就是不要被图形的美丑迷惑，要看到它后面的势力。

一个真正的龙头，不拒绝漂亮的图，但它骨子里代表的绝对不是图，而是一种一呼百应、百鸟朝凤的局面。

这种局面里，龙头可以漂亮，也可以不漂亮。甚至，在图形的世界里，最漂亮的往往都是补涨，因为补涨比龙头更善于"经营"漂亮的皮囊。

特别是抖音和自媒体时代，补涨、卡位、后排，其图形要比龙头漂亮得多。如果你仅仅是看图，则正中他们下怀。

但，他们能制造图，制造不出大势，所以，我们要透过图形看有没有势。

明白了这层道理，我想大家就再也不会轻易被股票的"美貌"所诱惑了，而是全心全意思考一个股票图形之外的东西了。

如果对这方面很有兴趣，想更加深入地探究这个问题，大家不妨去读读《龙头信仰》关于龙头真假的那部分内容（105—122页），读完之后再来看看本文，感受绝对不一样。

写到这里，大家应该明白我写本文的初衷了。书法和股市，虽然领域不同，但在某些地方道理却相通。米芾放弃外形追求，成就了最高风骨："风樯阵马、狮子捉象。"而我们要想真正突破自己，不妨也从放弃形式开始，多去深究它"皮囊"之外的东西。

—— 分时审美: 什么才是龙头该有的样子

一写分时图, 很多人就兴奋。

但, 我其实是不想让大家在分时上花费太多的精力和才情, 因为这太微观、太易变、太零碎, 深陷其中会让人丧失大局观和该有的定力。

我曾经有很长一段时间把注意力浪费在这个上面, 虽然过程很"充实且激荡人心", 甚至每天都有惊喜和发现, 但这对我的伤害也很深, 后来花费很长时间去摆脱它的影响。至今, 来自分时上短视的幽灵还时不时干扰我的定力。

所以, 不要过于在乎分时。

尤其是龙头股。

特别是, 不要过于把龙头的分时臆想成所谓的"硬气"、"霸道"和"强"。

这一点, 是很多人的误区。

相当多一部分人把龙头的强理解为分时的强, 不信大家打开各种自媒体看看。这种理解其实是肤浅的。

为了把这个误区破除, 本来不想谈分时图的, 这里又不得不跟大家谈谈分时。

不过, 接下来我要谈的是分时图审美, 而不是所谓的分时图绝招, 更不是分时图模型。

所谓分时图审美, 就是什么是好的分时图, 什么是坏的分时图; 什么是对的分时, 什么是错的分时。

一句话：什么样的分时才是龙头该有的样子。

在很多人印象中，龙头的分时应该最霸道、最凌厉、最快速、最生猛，特别是那句"打最硬的板、骑最快的马"的口号在江湖上流传之后。最硬的板，就代表大家对龙头盘口的认知。

其实，这是不正确、不全面的。

龙头会有最硬的板的时候，但却不是天天有。甚至，它大多数时候不是最硬的板。

那种最硬的板，往往是补涨股的特点。而作为领涨股的龙头，它天生就是探索者。既然是探索者，它的分时图应该以粗粝、厚重、绵延为主要特征。探索者不可能一日千里，补涨才可能一日千里。因为补涨不需要探索了，可以恃宠而骄。

有时候，龙头的分时图应该是"以丑为美"。这里的丑是一种探索感、斗争感甚至是钝感。相对于动辄秒板和一字板，它显得有点慢，有点丑。但这种慢和丑，不能理解为落后、掉队、弱，应该理解为一种独特的龙头审美，这种审美类似于人的"大智若愚""重剑无锋"。

这个道理要怎么说呢？记得我曾写过一篇关于米芾书法的文章，其实那个时候我就有意引导大家去思考龙头审美了。

在那篇文章中，我曾写道，早年的米芾就是喜欢漂亮、潇洒的字，以"漂亮"为美，就类似于今天的很多人把高开秒板和瞬间涨停当成最美。

股票审美也是同样道理。我用那么长的文章，"跑偏"那么远去写书法和米芾，不是为了艺术，而是为了"远取诸物，近取诸身，更相问难"，把股票的道理讲透彻。

很多人对股票的审美，特别是对龙头分时图的审美，仅停留在"好之为好"的层面，认识不到粗粝、陋劣有时候也是一种美。

于是乎，用分时图的美丑来确定龙头，对真正具有连绵不绝精神层面的龙头视而不见。

我曾看到一篇文章，说竞业达之所以成为龙头，是因为它的分时图模仿上一个龙头彩虹，都是分时图换手。并说，龙头就是模仿上一个而来的。

这种认知不得不说，还是没有摆脱比美，还是没有进入精神层面。

龙头模仿不模仿暂且不说，就历史上超级大龙头而言，其分时本质就应该是换手的样子。也就是说，只要是超级大龙头，分时走换手应该是它的常态，应该是共性，而不是模仿上一个。

当然，这其中不排除龙头会在某段也很漂亮和硬气，但，龙头更能容纳的是分时的折腾和缠绵。特别是当一个股成为总龙头的时候，它就更能海纳百川，任其分时千姿百态。东方通信如此，贵州燃气如此，道恩股份如此，小康股份如此，中青宝如此，润和软件如此，中通客车亦如此……

下面是一些龙头的分时，它们千姿百态，换手本来就是它们该有的样子，如图 7-24 和图 7-25。我经常去拿龙头的分时图对比同一日其他股的分时，我发现，龙头很少去夺取当日分时图最霸气榜首，它对日内谁最强没有那么在乎，相反，它对千里之外志在必得倒是很在乎。

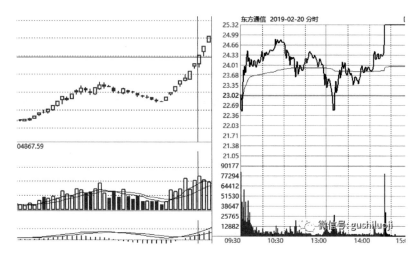

图 7-24　东方通信分时图

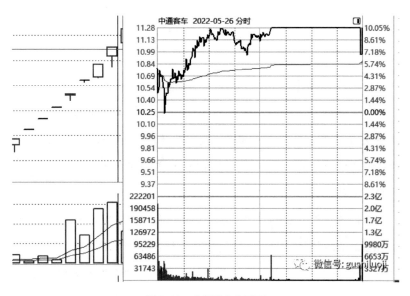

图 7-25　中通客车分时图

越是超级大龙头，越是总龙头，越是如此；

越是一个龙头晋级到总龙阶段，越是如此；

相反，越是小级别龙头，越是还没有晋级到总龙头阶段，越是分时紧张刚硬。

就短线而言，龙头与其他股相比，更表现为接力性，更志在千里，不争一时。

这倒不是说龙头不争，而是争的东西不一样。

龙头争的不是日内分时，而是多日分时。龙头争的不是刚劲，而是韧劲。

即使在相对一个狭窄的空间和周期内，龙头也尽量去争大不争小，争长不争短。

这才是龙头该有的审美和样子!

人往往会高估过去一年的变化，低估五年的变化

　　有大成就的人不经意说出的话，往往透露出不一样的智慧。我想，也许是他们先有不一样的智慧，然后才有大成就吧。

　　我在《龙头、价值与赛道》里，曾带领大家领略过比尔·盖茨的一句话：

　　人们总是高估新技术出现的第一个五年，低估第二个五年。

　　这句话，让我深刻悟出了一个新产业、新技术的第二波应该怎么做，也对我做龙头第二波有了很大的触动和提升。

　　今天，我们再带大家来领略一句很有智慧的话：

　　人往往高估过去一年的变化，但低估五年的变化。

　　这句话有人说是比尔·盖茨说的，也有人说是彼得·德鲁克说的，很多大佬都引用过，吴伯凡的《冬吴相对论》里也提过。这句话有不同的版本，华与华的老板就引用过另外一个版本：

　　人们总是高估了一年所能取得的成绩，而大大低估了三十年所能取得的成就。

大概的意思差不多，就是，人们往往过于从短期看一件事，而忽略了用连贯性的整体去看一件事。或者说，人们总是割裂地去用某一年来看待问题，而不是把若干年贯穿起来去看问题。

这句话是充满大智慧的，当我听到的一瞬间，立即就怔住了，醍醐灌顶呀！这话怎么这么有水平！

回想很多年以前，那个时候还是诺基亚、摩托罗拉的天下，当时国产手机也开始发力，但我们身边见不到华为手机。我就纳闷：华为那么厉害，为什么华为没有手机？连国内杂牌都把手机做得风生水起，华为怎么不做手机呢？

我就去问权威人士。

你猜那个权威人士怎么回答我的？

他说：华为做呀，但很垃圾，没有人用它的手机。华为主要是给电信移动做一些定制机，类似贴牌。

我又问：那定制出来的手机跟 ××× 比怎么样？

对方答：没得比。

我又去问卖手机的那些人，华为手机怎么样，回答都是差评。

好几年都是这样。

但没有想到，五年后，十年后（两个五年），华为一骑绝尘，居然让苹果都惧怕。

如果时间倒回那个岁月，你随便挑选其中的任何一年，去看华为手机，去评价华为手机，得出的答案都是：难用得要死。

但，如果你整体连贯看，几个五年之后，华为手机已经跻身山之巅。

所以，我们看一个事物，不要太在乎过去某一年，更不要把每一年单独断裂起来去给它定性。

看人，看事物，都是如此。

过去某一年很好，不代表连贯起来的多年很好，比如 HTC。

过年某一年很差，不代表连贯起来的多年很差，比如华为。

不要用过去某一年、某一段来评价一个东西，而是整体地、连贯地看。

这类事情上，我感受最强烈的还有新能源汽车，特别是特斯拉和比亚迪。

特斯拉早年在我的印象里，几乎全部是负面的。一会不安全，一会着火，一会爆炸，一会是作秀，甚至巴菲特和段永平都出来说：特斯拉的投资价值为 0。

如果孤立地回看过去的，特别是早年的马斯克和特斯拉，总有一个感觉：

特斯拉要完蛋了！

特斯拉明天就破产！

特斯拉怎么这么差！

特斯拉不行了！

特斯拉就是一场秀！

如果割裂地特别在乎过去某一年，用过去某一年的成就去看特斯拉，特斯拉早就应该扔进垃圾桶了。

但神奇的是，马斯克无论遇到什么问题，都一直坚持，结果连续很多年后，成了最大的电动车企。

外人太在乎某一年或者某一件事情上马斯克和特斯拉怎么样，而忽略了马斯克和特斯拉过去若干年一直的坚持。

当然，既然是外人，谁关心你的一以贯之呢？大多数都是看个热闹而已。既然是热闹，当然是掐头去尾地看，怎么轰动怎么看。

但，历史可不是一个个的点，而是一条线。

比亚迪的待遇也差不多。

在我过去的印象中，比亚迪着火的事件几乎经常看到，提起比亚迪，我本能地会想：这么一个不顾车主生命安全的公司，怎么会有前途？郭台铭也曾经就这一点向投资比亚迪的巴菲特发难。

但几年后，比亚迪成了巨无霸，车的质量和安全性也站上一个新的巅峰。而我对比亚迪的认知，早就被比亚迪自己超越。

两岸猿声啼不住，轻舟已过万重山。

当你还在盯着他们的缺点看时，他们早已经用连续创新、连续胜利，引领整个汽车时代。

当我回顾这些事情，正在反思的时候，突然看到上面那句话：

人往往高估过去一年的变化，但低估五年的变化。

一下子就全明白了。这句话还可以这样讲：

人往往过于看重短时间内发生的事，而过于低估长期整体发生的事情。

或者说：

人过于用割裂的方法去评估一件事，而不是用连续整体的方法去看一件事。

看人也是如此。

大家还记得你小时候的同学吗？也许他在你的印象中还是一个差等生，还是一个落后的被人看不起的人，但，那只是你跟他同学的那几年。

而五年后、十年后，也许他是你们班最有成就的。

那些高考落榜的，那些第一次创业没有成功的，也许被你笑话过，也许被你贴过标签，但，那一年又说明什么呢？也许五年后、十年后，你去跟他打工都不好意思说。

关键不是看人生的某一段，而是把他们的一生连起来看。

要连贯地看问题，不要割裂看。

看人要看一条线，而不是一个点。

人最宝贵的品质是沿着正确的方向一以贯之，坚韧不拔，万千险阻不改其志。

我还见过三五年前，炒股很差的一些人，曾经被人看不起的人，去年再一见面一年做到本金的二三十倍，碾轧一堆龙虎榜股神。

而去年可能还没有开悟的人，也许今年见到他，他都甩你很多条街。这种人太多了，我就经常遇到。

而那些躺在某个辉煌点不再用功的人，虽然在那个点上，被人封神，被人称为股神，其实他的理解力早就被别人超过，泯然众人矣！

所以，我们要一以贯之地看，而不是"断章取义"。

赵四小姐 16 岁去大帅府跟张学良。她去一年，是作风问题；去三年，是瞎搅和；一去三十年，那就是爱情。

我们不能逮住赵四小姐某一年某一次，对她大加批判，要看她的"一以贯之"。

当然，我们聊这么多，不仅仅是跟大家在谈人或者谈事，而是谈一个整体观的问题。带着这个整体观，跟大家谈谈投资，也就是如何看股。

很多人看龙头也好，看趋势股也好，喜欢看过去一天，就拿这个股的一天去跟另外一个股去比，看看谁的分时图强，谁先上板，然后就给谁贴个龙头标签。

其实，这是典型的"过于在乎过去一年、而低估过去五年"的思维。看一个股，关键的不是某一天，无论那一天是今天还是昨天，而是看整体。

就是把一个股过去若干天连续起来看，看它的整体气势和韵味，品味它的连绵不绝和节节贯通。

我经常看到一些朋友选择龙头的时候就是数板，而断板或者阴线就当成弱了，如果抱着这个思路，很多龙头都会被排除在外。

就拿某药来说，它连续几天都领涨，就某一天出现一个阴线、断板，难道它就不行了吗？难道它就可以被贴上掉队的标签了吗？

显然不是。

2021 年底，我们写九安医疗的时候，就反复强调过这个问题。

特别是那一篇《纷纷万事，直道而行》的文章。

很多人喜欢比较法，就是用 A 股票去比较 B 股票，每天看看谁的分时图更好。这种看法表面对，但根子里不对。因为它只比断裂的每天，而不比连起来的整体。

整体加在一起，其"一以贯之"之意最强烈、最坚韧、最不妥协，才是强的核心，而不是一天天地掰开看。

不信，你把九安医疗掰开，把中国医药掰开，把历史上很多大牛股掰开，你会发现它们很多时候都不是某天最强，而是加在一起最强。

这才是识别龙头的正确方法，也是识别强弱的正确方法。

不懂这个方法的人，天天去做最强板，美其名曰：

打最硬的板；

喝最烈的酒；

骑最骏的马。

殊不知，当天最硬的板，也许是整体上最弱的股。而当天磨磨叽叽的板，也许是整体上最强的那个股，怎么能用某一天来轻易判定某个股呢？

所以，龙头思维的人和打板的人，其思维深处是不一样的。

打板的人打的是当下最强，龙头思维的人做的是这一段的最强。

谁说龙头就是超短？

那是因为你只看到了短。

——也许，昨天没有你想象得那么重要

我曾经写过，人往往会高估一年的变化，但低估五年的变化。

当时是从相对宏观的角度思考这个问题。过后，我发现从微观上来看，也是很正确的。

比如，很多人复盘，过于在乎昨天盘面的变化，而忽略过去5～10天连起来的变化。

什么意思？

我这样说吧，很多人收盘后，会根据当天涨跌和盘口强弱来判断市场如何。如果涨就容易乐观，如果跌就容易悲观。不但散户如此，就连大V、机构投资者也喜欢如此。

一旦某一天涨了，一旦某一个股涨了，就去找它强、它好的证据和解释。而一旦跌了，又去找它不好的证据和解释。关键是，很多人找证据和原因的时候，根本不想多回顾几天，只根据当天涨跌就去找原因和解释。这种复盘或者研究盘面的方法，说得好点叫"工笔"，说得不好叫"低空复盘"，就是过于在乎短期表现，没有形成俯视的观大略。

不信，大家看看很多自媒体甚至机构文章，是不是有心无意之间，陷入了对过去一天进行解释的"低空复盘"。比如，刚刚根据昨天盘口得出结论谁比谁强，结果第二天就反过来了。其实，主要原因是只比较了昨天，而没有把昨天的昨天综合考虑进去。

这种做法最大的危害就是过于在乎过去一天的表现，而不是把

过去十天连起来看。

如果只看一天，容易形成墙头草，容易变成对盘口解释的工具，无法形成一般规律。

在统计学上，有一个陷阱叫近因效应，就是过于在乎最近的样本，而忽略前段时间的样本。

我们如果要真正看透市场，就要跳出近因效应。

也许，昨天发生的事情没有你想象得那么重要。

—— 最好的强不是"最强"，而是"持续强"

短线江湖经常有人说，要做"最强"的股票。

这句话对不对呢？

作为一种口号，这句话原则上是对的。

但如果再往下深思，我认为这种认知是不够的。因为最强的认知，可能千差万别。

比如，我们看下面图 7-26 中国海油的例子。

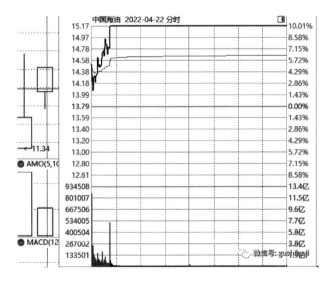

图 7-26　中国海油分时图（1）

这个股够不够强？算不算当天最强股？回到当时市场盘面上来，几乎算是最强。那么它第二天怎么走的呢？看图 7-26。

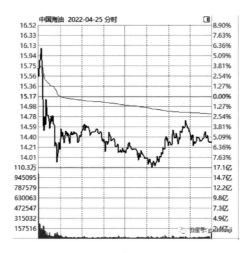

图 7-26　中国海油分时图（2）

开盘不久就跳水。除非前一天就进去，否则，只要你是第二天接力，就是灾难。

还有比中国海油更极端的例子，见图 7-27。

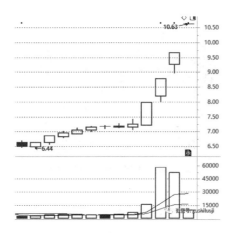

图 7-27　某股分时图（1）

这种走势强不强?

当然强。你知道它接下来是什么样的吗? 见下图:

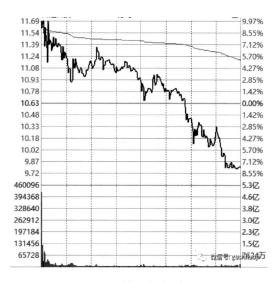

图 7-27　某股分时图（2）

对不起，是核按钮。这一天后面，也是核按钮。

它在前一天可是市场最强的，第二天却是市场最大的坑。

这个类型的股，除非你在它"最强事实"之前进入，否则对你没有任何意义。

当然，这类的最强，也许是打板选手最喜欢的，但是对于龙头选手，它未必是好朋友。因为龙头的本质是"接力"，是"继续"干。而这类的股，往往它刚呈现最强的一面，就开始从最强转为最弱。

也许，它故意用"最强"的一面示人，然后在"最强"的伪装下完成砸盘和出货。此时，最强不但不能理解为好现象，反而是坏现象。

那怎么办? 我们不要"最强"了吗?

非也。

我们对最强的理解要深化。

我相信，市场绝大部分人理解最强，往往是从盘口去理解，特别是从封单、竞价、盘口硬气，还有所谓的人气。

但，这些是不够的，他们缺少一个最核心的维度，那就是: 敢不敢接受换手的检阅。

如果能够换手检阅一次，检阅后能够继续强，那它才是强。

否则，这种盘口"窒息感"的强，就是一种假强，它们配不上最强的名号。

我们干脆这样说吧，真正的强，不是很多人理解的"盘口最强"，而是持续的强。

一切的核心在于"持续"二字。

什么叫持续强? 就是能够接力强，反复强，特别是在情绪资金走了之后还能强，这才是真正的强。

持续强的核心不在盘口，不在封单，不在一日两日之人气，也不在谁给它贴什么标签，而是力道的一以贯之，而是如石头下面的小草一样充满韧性的不屈不挠，而是多日走势综合起来看能否感受到一种暗流涌动。

前文《也许，昨天没有你想象的那么重要》，就是表达: 一个股票昨天的盘口是否"硬朗"、是否"最强"，也许没你想象得那么重要。

重要的是，N 个"昨天"的走势总体来看才重要。

我曾经引用过比尔·盖茨一句话：

人往往会高估一年的变化，但低估五年的变化。

其实，股市上也经常出现这种情况，人往往高估昨天的盘口和分时走势，而低估或忽略过去 5~10 天连起来的变化。

什么意思？

就是，我们对强、最强的认知，不能割裂在某个微观层面，而要统一在"持续"的若干天的层面。

也就是，持续起来的整体强，远远大于局部的"最强"。

什么样的股容易成为龙头：力道贯通

什么样的股容易成为龙头？

答：力道贯通的股。

什么叫力道贯通？

就是一脉相承，一气呵成，一以贯之，一泻千里。

就是力道中间不歇火，连接不间断，一处发力，处处通达。

相对于贯通，它的对立面就是不贯通，就是各种闪躲腾挪。

表现在股市：力道贯通就是连板，就是主浪，就是主升，就是主线。

不贯通、闪躲腾挪的表现就是：忽而反包，忽而断板，忽而回首掏，忽而骚操作，总体表现就是用艺不用力，用巧不用势。

当然，龙头并非贯通一种形式，有的龙头也喜欢断板和折腾，比如2021年的爱康科技、2020年的省广集团。

但，从操作的难易程度、成龙的概率、龙头的路径来说，贯通连板式更符合龙头的力道。所以，我在"龙头宪法"中曾写道：

有连板龙，就不好做反包龙。

有主升龙，就不要做反抽龙。

其本质用意，就是追求贯通、追求龙头最大的最大范式。

曾经有一段时间，我也迷恋各种套路拆解、各种术和技巧，特别是迷恋断板龙怎么反包。后来我发现，那根本就不是上乘的龙头玩法。那本质是躲闪腾挪，是见招拆招，那种技巧练习得再高，再巧夺天工，也不是天纵英才境界，也没有泰山压顶之势。

至高的龙头境界，应该是势的滔滔不绝，而不是术的鬼斧神工。

一力降十会，才是龙头的至高段位。

这个一力，应该是连绵不绝之力，是势大力沉之力，宛如长江大河一般，节节贯通，浩浩荡荡，行云流水，奔腾不息，不舍昼夜……

而唯有主升、主线且领涨，才有这种感觉。

而唯有这种感觉，才最容易成为龙头。

观大略

很多人看股票，喜欢反复比较 K 线图或者图表。我们把这种行为，称为对比分析。这样做对不对呢？

当然对，但不够高级，或者说，不够接近本质。

拿 A 股与 B 股进行比较，看看谁竞价高、谁板硬、谁洗盘、谁炸板等等，是可以看出谁比谁更龙头，但太流于见招拆招，容易出现两个缺点：失去整体；失去内因。

什么叫失去整体？就是拿某一天或者某一处的"细节特征"去比较，过于放大某一处而失去整体。

什么叫失去内因？图形的比较未必是主力的本意，可能是臆测上的，也许主力自己都不懂那个细节。

见招拆招最大的问题是"疲于奔命"，疲于用一个一个"细节"去每天验证谁比谁更龙头。

这是选强选龙的第一重境界，我称之为灵巧，虽也重要，但不够厚重。

第二重境界就是厚重。什么是厚重？厚重就是定性，就是看透骨髓，通过整体，一眼看穿它，不用每天去比较谁比谁如何如何。

竞价的高低、盘口的好坏、炸板的时间，虽然具有可比较性，但也有很大的偶然性和随意性，不能因为某个动作不符合你的想象就轻易动摇定性的认知，因为整体永远大于局部。

只有看透了整体，观大略，才能真正拿住龙头，才能在"风雨飘摇"的盘口动荡之中，不轻易丢掉筹码。

分时决策：也许是最艰难、最大的一段弯路

我想，很多短线朋友，都喜欢看所谓的盘口。而盘口中，分时猛烈拉升，分时旱地拔葱，估计最被喜欢。

根据分时的拉升和强弱去交易，应该是很多人都绕不过去的行为。或者说，过于在乎分时图的强弱和拉升的猛烈度。

我把这种情况称之为"分时决策"。

当然，分时决策并非 100% 是由分时图一项来决定买卖，而是指分时占买卖决策的比重过大，特别是内心对分时的涨跌过于依赖，容易被分时图牵着跑。

我们每个人，特别是刚开始炒股那几年，都经历过这种情况：分时一拉升就激动得不得了，恨不得马上追上去；分时一砸就吓得哆嗦。这是典型的分时决策。

随着炒股的深入，慢慢地摆脱了分时决策，或者说注意淡化了分时决策。

但，这里的摆脱和淡化不是说不在乎分时了，而是说更在乎综合了。

回想起我自己犯过的错误和走过的弯路，分时图决策几乎是最大的一个。而摆脱分时牵鼻子，能够站在一个更高的高度上去看分时，被我视为最大的进步之一。

这个道理本来很浅显：局部再完美，如果没有整体发力，都是

白搭。

所谓高手谋势不谋子就是这个意思。

但，我看还有很多人居然有意无意、话内话外，还在宣传最强分时图这种价值观。当然，对于过了整体观，已经有大局观的高人来说，他宣传最强分时图对他自己没有问题，因为他已经有"前提"。不过对于没有"前提"的受众者来说，这种观念及其产生的习性也许是他一生最大的弯路。

分时图重不重要？当然重要。但，如果不在大局观的前提下，不在选股选时的前提下，也许最不重要。甚至分时最嚣张死得最惨，那种天地板有很多在没有炸板前，都是当天最硬气的板。

很多人打板失败了，或者追高失败了，总是继续在分时图上总结原因。事实上，跟当天的分时图没有关系，跟股不对有关，或者跟节奏错了有关。这么一说，很多人就觉得很容易理解，好像很简单。

但，事实并非如此。

很多人一到开盘后，大脑就指挥不动眼睛了，分时一拉，手就乱抖，眼睛冒绿光。本质原因，还是分时决策留下的病根太深，弯路太弯。

身不由己呀。

一拉升就想买，一下跌就害怕。

你别以为这种情况只有散户有，高手也有。因为高手最初的成长，也是从看分时开始的。与分时决策的斗争，没有人轻松。很多人已经戒掉多年，也许某几天还会老病复发。

越是局部的，短期的，规律和招式，大家越容易迷恋。不信大家看看，只要写分时图和盘口，点击率和打赏量都是最高的。也正是因为人性喜欢这个，所以超越分时决策，走出局部审美的弯路，才如此艰难和漫长。

但，无论再难，这个弯路必须走过。

因为不走过，就永远鼠目寸光！

第八章

一层功夫一层理

——— 态度

前段时间，我曾看到过这样一个观点：

什么才是一个人的本质？
是他能输出什么，创作什么；
但更加本质的是他的态度。

初听，猛然一怔，但觉得说服力不够，接下来这句话彻底征服了我：

一个人的态度、一个人的意图，一个人对世界万事万物的态度，引领着他走完这一生。什么智商、情绪，都无所谓了。

非常认可！

当时我就想把我的感受分享给大家，但苦于没有思考透，也苦于没有特别应景的场景和贴切案例来恰如其分地传达其中的韵味。后来发生了几件事，我觉得可以分享我的感受了。

最近发生的大事，莫过于俄乌事件，各大微信群掀起很激烈的讨论，支持谁的都有，甚至互骂。我就特意从"态度"的角度去观察群里和网上关于这个事情的讨论，我发现一个有意思的现象：态度压倒一切。

对于一个持支持俄方态度的人来说，无论任何证据、逻辑和推理，最后的结论都是支持俄。而对于粉美粉乌克兰的人来说，任何证据、逻辑和推理，最后的结论都是粉美粉乌克兰。（特别申明，我没有贬低或者颂扬任何一方，我只是用这个现象举例子来说明态度影响下的观点和争论，下同。）

其实参与讨论的很多都是高素质的人，学历很高，在社会上地位很高，见多识广。但一旦持有了"态度"，一旦"态度"先行，任何有利于自己的证据，都会被无限放大，而任何不利于自己的证据，都会视而不见，甚至当作没有。

我突然明白，其实证据和辩论过程不重要，态度才重要。你无法叫醒一个装睡的人，你也无法用证据和逻辑去改变一个已经有"态度"的人。

不但俄乌战争是这样，很多社会热点事件也是这样。每当一些热点事件讨论的时候，我就喜欢去观察争论的过程。我发现，是态度决定一个人的观点，而不是新证据、新思考和新逻辑。

我甚至有一丝悲观，对理性悲观，对逻辑推理和人的反省精神悲观。态度之下，人们往往不是去寻找"真理"，而是去寻找巩固自己"态度"的证据。

不过转念一想，如果有一个人，能够突破这点，他不就是勇者吗？而我们每个人，如果能够突破这一点，不就是进步吗？

进步的本质是什么？不就是在态度上前进吗？

无论我们看什么书，听什么观点，如果"态度"没有变，基本上等于白看白听。因为你不会上心。只有态度变了，才算真正"看懂听懂"。

这里，我又想到了投资，想到了股市。

众所周知，我是一直呼吁做龙头，倡导龙头战法，有些朋友也接受我的观点和逻辑，但是一到市场上，就不自觉地把手伸向杂毛。这到底是为什么？

后来我看了本文开篇的那些观点，才突然明白，其实很多人只是接受了龙头的观点，但是没有从"态度"上接受龙头。

举个例子，有次我在一个大学做讲座，分析龙头思维。席间，有个人指着电脑跟我说一个股，我一看正是中科信息，就是这一天：

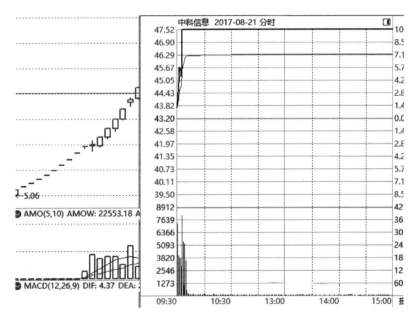

图 8-1　2017 年 8 月 21 日的中科信息

他边指着边跟我说：他妈的，它还涨！

边骂边咬牙切齿，好像这个股上涨跟他有仇似的。

他说，他前一天就把它删除自选股了，他觉得太高了，昨天都涨不动了，我看了一下前一天，如图8-2。

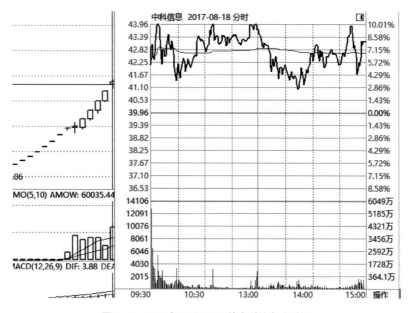

图8-2　2017年8月18日的中科信息分时图

我看了看他的眼神，瞬间明白他做不好龙头的原因。他并非不懂技术，而是内心已经不接受这个股了。他的态度抵触它。如果态度不改变，无论学再多的术，也做不好这样的股。

"态度"其实一个类似"心法"的东西。这就是为什么我的书很多地方写心法。心法不改，内心底色不变，战术再强大也是枉然。因为在某种程度上，人是态度引领的，而不是知识引领。

为什么举这个案例，因为最近的一个股，再次让我想起了它，大家看图 8-3 浙江建投 2022 年 3 月 15 日走势。

这一天，与中科信息的那一天，虽然技术上区别很多，一个是第一波，一个是第二波。但，这两个股加速的时候，需要的"态度"是一样的，那就是——做市场风眼。

做龙头最需要的是什么? 为什么同样一个股，有人看涨有人看空? 是观点之争吗? 是认知之争吗?

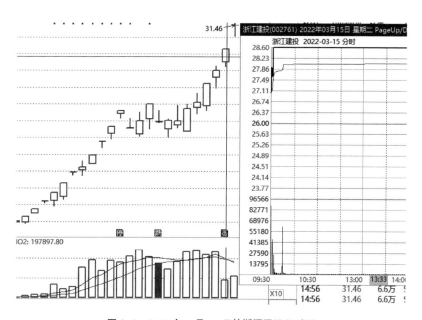

图 8-3　2022 年 3 月 15 日的浙江建投分时图

当然是。

但最根本的还是态度之争。还是态度的差异。

有人见到市场最强物种，视为妖孽，甚至骂一句瞎炒，更有甚者直接删出自选股不看。而有人见到最强物种，喜欢迎面赶上，与之共舞，分一杯羹。

是态度的差异，造就了行为的差异。

当然，这还是表层的态度差异。还有深层的态度差异。

比如，见到龙头：

有人总是怀疑，总是恐高，总是找它的缺点，总是去盼望它哪一天暴跌，然后到那一天真的下跌了，去弹冠相庆；

而另一些人，却想着去亲近它，研究它，寻找这类股的最佳介入策略。

一旦在态度层面上定性了，市场的走势就不重要的，甚至基本面、技术面、情绪面也不重要了。

所以，投资最大的进步其实不是突破技法，无论这种技法是来自于基本面的，还是技术面、情绪面的。

破山中贼易，破心中贼难。

突破原有的态度，才是最难的，也是最重要的。

对龙头的态度，

对风险的态度，

对空仓的态度，

对钱的态度，

也包括——对态度的态度。

—— 念头

很多人做龙头遇到的最大的魔咒，

不是技术，

不是方法，

不是水平，

而是念头！

这些念头往往在他想买龙头的时候突然闪现，比如：

某一次追高被套的画面一闪，

某一次核按钮恐慌场景的一闪，

某一次别人吹票被坑的痛苦记忆一闪……

这些闪来闪去的东西，活生生地浪费了一个龙头。

我想，凡是真正实战的交易者，都有这种感觉。真正阻拦我们的并不是我们的技术，而是在关键的时刻，大脑中的念头闪到哪里了。

如果大脑里的念头闪到九安医疗、顺控发展，那么就很容易下手买下龙头；如果闪到杂毛让你亏钱的过程，就下不了手。

关键是为什么龙头出现时你会闪到的是痛苦和失败的记忆，而不是闪到与龙共舞、酣畅淋漓的记忆？

带着这个问题，先来看看我跟很多朋友的交流。

我有很多游资和操盘手朋友，大家经常交流龙头战法。很多人知道我潜心龙头，就喜欢跟我聊龙头战法。有支持龙头战法的，当然也有反对的。反对的声音中最大的就是龙头战法容易吃面，或者说不买的龙头就涨，买的龙头就跌，结果遇到龙头不敢做了。

这个问题，跟我们今天要讨论的核心问题，其实是一样的。

因为被非龙头伤害，结果真龙来了，怕伤害，不敢做了。

他们问我这个问题该怎么办，我说：

这样吧，你们把龙头伤害你的所有交易记录和失败案例发给我，我来看看是怎么回事。

于是，他们就把做龙头失败的案例都发给了我。

然后我细心地一笔一笔地分析，得出一个让他和我都震惊的结论：

> 他做失败的案例，其实不是龙头，而是普通的技术分析买的股，或者是打板买的股，或者是听信小作文买的股。

他们看到这些案例，自己都承认不是龙头，而且，当时市场明明有龙头且他们能识别，因为各种原因就是不去做，然后一定要用各种战术去做一些非龙头股。结果，失败之后，吃面之后，却把这个账记在龙头名下。

也就是说，他们内心留下的很多痛苦的记忆和念头，比如追高容易被套，打板容易吃面，大热容易死掉，利好见光死，等等，其实不是在龙头身上落下的，而是在非龙头身上落下的。

这样我们就明白了，为什么当他们遇到一个龙头时，本来有技术能力做得到，但大脑中总是浮现过去追高亏钱的念头了。

诸位朋友，你们是不是也经常这样？

问题到底出在哪里？

其实主要原因有三个：

第一，过往没有做龙头特别成功的经历，没有享受过龙头的快意恩仇。

去年年底，做九安和三羊马时我就跟一些朋友说过，遇到这个类型的龙头，哪怕你买 100 股，也要去格局它，去享受它的全过程。因为每做成一个龙头，那种参与感和积累的心理记忆，将是一笔重要的财富，远比赚多少钱重要。当你成功全程做过一个龙头，下一个龙头就再也难不住你。

第二，不纯粹，不干净。

龙头和非龙头一起做，赚钱了和亏钱了原因一起总结。把本来杂毛亏的钱、追高亏的钱、听信各种小作文亏的钱、技术分析亏的钱，都记在龙头的账上。然后龙头来了，用普通股的记忆去污染龙头的心念。

龙头也会洗盘，龙头也会波动，在龙头晃荡的时刻，特别是当大盘洗盘的时候，人面对盘面，可谓"兵荒马乱"，此时此刻，人最先启动的一定是直觉思维和画面回忆，也就是过往念头的自动检索。如果你非龙头做得多，或者龙头和杂毛混着做，你的直觉和记忆画面里，一定是浑浊不堪的，一定是不纯的。如果前段时间杂毛让你亏了，你一定会把这笔账在下一个龙头身上，然后呢？

然后，就跟龙头没有缘分了。

第三，错误归因。

龙头战法并非最好的战法，任何一个战法做到纯粹，都可以登顶。所谓文无第一，武无第二。

但，任何一个方法，当我们分析其成功和失败时，都要精准找到其原因。最害怕的是，杂毛失败了，总结其失败的教训，却去套在龙头上。龙头成功了，总结其成功经验的时候，却推广到所有普通股票上。

你还别以为这是散户行为，很多投资高手也会犯这个错误。但高手之所以是高手，他会反省这个问题。

所谓反省能力，就表现在这里。

心念乱闪的问题，根本原因就是把本不属于龙头股的心念，闪在龙头的头上。这个问题涉及历史体验，涉及纯粹性，更涉及自我反应和正确归因。

为了解决这些问题，我也想了很多办法，其中有一个办法就是给龙头制定宪法。这就是我当时做"龙头宪法"的最大意义。在这里，我重新分享一遍，我想，大家今天再看，应该有全新的感受，不信，你看看：

（1）你的自选股里，应该只放龙头，谁符合条件买谁。凡是非龙头，放在备选栏，放在次要栏。

（2）早盘前30分钟，聚焦龙头的一举一动，非龙头不要消耗战略注意力。如果要看非龙头，等半小时过去再说。

（3）强制自己只与龙头发生关系。

（4）有总龙头，就不要做分龙头。

（5）有连板的龙头，就不要做反包的龙头。

（6）有主升的龙头，就不要做反抽的龙头。

（7）有主线的龙头，就不要做支线的龙头。

（8）有明牌的龙头，就不要去挖什么暗线的龙头。

（9）有市场选出的龙头，就不要自己去挖掘龙头。

发生关系

在"龙头宪法"里，有重要的一条：

强制自己与龙头发生关系。

如果非要加个限定，我希望是以下三条：

只与龙头发生关系；
越早越好；
用最笨的方式。

很多人错失龙头，或者无法知行合一，最大的问题是没有意识到"与龙头发生关系的重要性"。

如果你认可龙头是天降宝物，是交易世界里最好的品种，那么与它发生关系就是这个世界上最美妙的关系。

为了实现这个关系，最需要做的是排斥与其他股票发生关系。因为只要你与其他股票发生了关系，可能在时间上、精力上、仓位上，就影响与龙头发生关系。

为了那些糟糕的关系，而失去最美好的关系，绝对是最大的损失。

所以，必须从内心到行为，强制要求自己只与龙头发生关系。

交易的世界里上最"短视"的事情就是，当一个龙头在你面前晃来晃去，你却对它视而不见，却努力用术和技巧去维护和其他股票的关系。

当你回头的时候，突然大叫一声：

这个股涨那么高? 某某某一天，它也符合我们的模式和买点。

关键是，那一天你去哪了?

是不是把它当成一只普通的股票等闲视之，而没有意识到那是最重要最美好的关系?

所以，"与龙头发生关系"是一个至高无上的信条! 我之所以把它写入"龙头宪法"，就是因为多年的龙头实践经历告诉我，这种关系很重要、很紧迫。

越早越好。晚了，会因为各种原因而失去。

而失去，就意味着暴殄天物!

其实，与龙头的关系不怕晚，就怕无。只要你长期做龙头，总会了解它的性格和脾气，总会在"晚"之前与它一见钟情。

很多人失去与龙头关系还有一个心理障碍——总希望找到最佳的方式，比如：

成本最优;

位置低点;

回调之后；

……

可是到最后发现，没有"最优"。为了最优，往往失去了关系本身。

所以，我认为，与龙头的关系不需要用最优的方式，相反，应该用最笨的方式，最傻的方式。

我们必须意识到，当关系本身最优时，方式就不要选择最优。方式的选择，不能影响到关系本身！

为了把这种不影响降到最低，我们最好选择最"笨"的方式。什么方式最笨？

答：你能看得到它的那一天，用最不利于自己的价格去做。（这一条不解释，大家各自去悟。）

此种做法，看似最傻，却最能让关系不流失。

其实，说一千，道一万，就关系本身而言，所有的文字和解释，都是为了不失去这种美好的关系。

因为龙头具有很大的交易价值，也具有天然的稀缺性，一旦失去，也许很久才能再来一个。当有一个龙头存在的时候，我们千万不能因为各种理由和借口失去它。

很多人喜欢龙头，只是喜欢回忆和研究以前的龙头，面对过去的某个龙头，总是说，如果再来一次，我会如何如何，而当真正的龙头到来时，又不能把握住。

所有的当下，都会成为过去。

看着今天的龙头，它也会成为过去，也许在未来的某一天，当人们回顾它时，看着一根根的 K 线，领略它的风采，会吟诗道：

我吹过你吹过的风

这算不算相拥

走过你走过的路

这算不算相逢

我可以明确地回答：不算！

除非，你们真的曾经拥有过。如果这次没有拥有，你已错过它，但请不要错过一个至高无上的心法：

强制自己与龙头发生关系!

孤身迎敌

如果你是一个孕妇，你会发现大街上很多孕妇。

如果你带一个小宝宝上街，你会发现街上很多宝宝。

并非真的很多，只是你的观察和留心变了。

甚至精神病院里的精神病人，也会觉得这个世上精神病人真多。而事实上，只不过是很多同类病人聚集在一起形成的狭窄群体错觉而已。

物以类聚，人以群分。同类的人相聚形成群体，很容易叠加和强化认知，也很容易形成错觉，觉得天下都是某某某。

比如，三个女人如果在一起聊天，恰好这三个女人都刚刚被甩，她们互相交流之后，很有可能得出天下都是负心男的结论。

这种现象在股市中更典型。

比如，当一个人对某个股看好后，如果遇到七八个"高手"都看好某个股，他们对某个股可能从普通的看好瞬间上升为绝对看好。

而事实上，一个股好坏往往是它自身决定的，另外七八个人对它的影响微乎其微。

当然，短线人气股，其他人的看法会影响情绪。但，这个"其他人"也应该是所有想参与和已经参与的"其他人"，而不是你遇到的那七八个人。

微信普及后，我们经常会看到一种现象——个股群。看好某个股的人，他们私下建立一个小群，在群内交流，不看好这个股的人，一个都不拉进来。

这样容易形成一个问题：你本来只是看好，但是一进去发现"大家都"看好，于是就"更加"看好。

而事实上，不看好的人，大千世界不同观点的人，根本就进不了这个群。

即使市场走坏了，即使个股出现了问题，由于有"大家都看好""那么多人看好"的氛围，也容易降低智商和判断力，对新的信号，特别是市场本身的信号，视而不见，甚至负面信号当正面解读。

如何克服这种情况?

答：反着来。

投资最不需要的素质就是扎堆。

如果你真看好某只股票，顶多与三两个顶级高手交流就可以了，不要去"打群架"，搞一堆看好的人去交流。

人多了，反而会失去独立判断的能力。

想到这里，我记得曹山石老师写过一段话，非常好，这里分享下给大家：

如果真的找到一个特别重大的机会，应该少与人讨论或者争论，最多和极少数几个真正的行家讨论。一般来说，重大机会的基本逻辑靠常识就可以判断。验证也最好自己亲自下手。大多数和你泛泛讨论的人群，缺乏与众不同的想象力，缺乏相信常识的能力，也缺乏挑战共识的能力。即使走势已经摆在眼前，也缺乏理性客观地认可并追随的能力。把自己的偏见当成有主见，是人类天生的缺陷。

我的结论是，对于重大机会，不发表观点避免为自己反复辩护，也不和大多数人反复讨论避免被影响。这两种行为只是为了给自己寻找一种被别人认可后的安全感，在这个领域，这种认可带来的安全感毫无价值。

曹老师的这段话，让我想起了最近看的《雪中悍刀行》，里面有一句话说得好：

在命运面前，我们每个人都是孤身迎敌。

在股市，又何尝不是?

—— 真正做龙头的人，是孤独的

有这么一则故事。

20 世纪 50 年代末，有一次毛主席和周谷城谈论古今，就谈到汉武帝时期的名将赵充国，他说：

赵充国这个人，当年主张在西北边疆屯田，很能坚持自己的主张。他的主张开始时，赞成的人不过十之一二，反对的人达十之八九。后来，显现成效后，他的主张渐渐被人们接受了，赞成的人达到十之八九，反对的人却只有十之一二。真理要人接受，总要有个过程，无论过去还是现在，都是如此。

我在想，早期赵充国一定是很孤独的。

由此我又想，孤独也许是常态。

最近做龙头股，我最大的感受就是真正做龙头的人，其实是孤独的。当龙头降临时，敢于同行的人并不多。

当然，投资流派众多，文无第一，武无第二，做投资并非一定要做龙头。

但，如果以龙头为主要交易模式，见到龙头不做，却说不过去。

龙头的江湖，好者众，从者少。

很多人其实是叶公好龙。没有龙头时，到处埋怨龙头战法失灵了，没有龙头了。当龙头出现时，却无动于衷。这种情况太多了。

这些年，我见过太多的当年龙头选手，都转为小作文选手了。见到龙头，其心念和思维方式已经钝化，再也提不起龙头之刀，非常可惜。

纯粹的龙头选手，十个指头伸出去，已经可以数个遍了。

也正是如此，纯粹的龙头者，不好找交流对象，大都是孤独的。

而孤独中，真正的宽慰也许只有一种感觉，那就是面对一个龙头：

你凝视者它，它凝视着你。

相看两不厌，存乎一心间！

———— 真正的龙头战法是寂寞的

武侠小说中，我们会发现：真正的英雄是寂寞的，但凡受不了寂寞，喜欢喧闹的，绝大多数都是群雄。

确实如此。

凡是经常寂寞到无龙可做的，可能是真龙选手；凡是满大街都是龙头在做的，大多数可能不是龙头战法者。后者眼里的龙头，很可能是群雄，而不是英雄。

中医界有个段子：刚学中医不久，会觉得天下没有难治的病，也没有难开的方子。而学中医久了，反而经常开不出方子来。并非没有方子可用，而是想到一个上乘的绝佳方子，不容易。

凡是没有在开方子上苦恼过、寂寞过的，往往不是中医大家。我记得曾经看过一个中医名家的故事，好像是关于岳美中的。有一次他遇到一个棘手的病情，想了半天不知道哪个方子好，总觉得开任何方子都没有把握。后来他下班了回家翻书柜，突然翻到一页，顿时眼前一亮，暗喜得自语道：我能治好那个病了！

做股票我也经常发现这种现象，某些刚入门者，往往眼里全是牛股，而股价波动之处，到处是头点。

而真正在股市待久了的人，都会有一种感慨：找到一只好股票真不容易呀！

龙头战法尤甚。

因为龙头的稀缺性远超其他股。

就拿 2022 年来说，从春节到现在，真正意义上的龙头也就是那么几个，但很多人一个星期就不只选出那个数目。

选出那么多也无可厚非，但非说这些是龙头，那就是自欺欺人了。

当然，那就看你怎么定义龙头了。如果把江南七怪定义为龙头，整个江湖皆是龙头。如果把王重阳定义为龙头，或者至少把五绝定义为龙头，则整个江湖该多寂寞呀。

张无忌刚出道遇到朱九真，就引以为女神下凡，而我却以为，当黄衫女子登场时，整个江湖才真正可以谈论女神。

今天，龙头一词满天飞，而真龙头又有几个？

真龙头，应是那种曾经沧海难为水、五岳归来不看山的感觉。

而过江之鲫的连板股，哪里能轻易说是龙头？

没错，龙头往往喜欢连板，但连板的至少 90% 以上不是龙头。

很多喜欢把龙空龙挂在嘴边，如果真的是龙空龙，那得是喜欢寂寞的呀。没有寂寞感，哪来的龙空龙？我见过太多自诩为龙空龙的人了，有的真的是真龙选手，但大多数只不过是热衷殷野王、韦蝠王之群雄罢了，连灭绝境界都没过，遑论张三丰、张无忌。

当然，我并非说一定要是龙头，非龙头就不能做。八万四千法门，任何一只股票，任何一种方法，如果深入骨髓，都可以摘叶成剑。但，如果要做龙头，就应该把审美定高。

群雄就是群雄，英雄就是英雄。

当我把九安医疗、顺丰发展定义为龙头后，我很难接受把一些补涨股定义为龙头。因为它们实在不是一个物种。

朱九真怎能跟黄衫女子相提并论？

当然，我不反对做普通股，但做普通股的时候，我会告诉自己，这是普通股，是套利来的，不是龙头。

虽然套利也能赚钱，但会精神上寂寞。

恰如《雪中悍刀行》里老黄，除了去跟王仙芝打一场，其他胜利再多也终归寂寞!

任何一个真正的龙头战法选手，其实都应该是寂寞的。

观念

人类最大的进步是什么?

是观念的进步!

是看问题的眼光和价值观跟以前不一样了。

其实投资也一样,一个人投资路上最大的进步,就是维度突破和观念创新,并不是那些业务层面的精益求精。虽然很多人最渴望的是眼花缭乱的精益求精的术,但对不起,那并不是最要紧的。

当然,我从不轻视术。在战术上,我可以做到毫米级别的分享。不信,你们去打开我的《香象渡河》看看,看我如何从战术和细节上深入浅出地分析"仙人指路",可以说那是迄今为止关于仙人指路最详细、最细腻的战术文章。

但后来我就很少分享那种类型的文章了。为什么? 主要是我发现,如果思想武器不过关,很多人根本驾驭不了战术,反而会陷入战术的泥潭不能自拔。

很多人以为是买点和技巧的问题,但根子里根本不是那回事儿。

反复思考后,我明白了:

战术模型的创新不是一个人最大的创新和突破,观念和思想的创新才是。

所以,我的大量文章都聚焦在观念上。

什么是观念?

我讲个真实的故事大家就明白了。我认识一个大佬朋友，他跟我说，有一次他在书店看到一本书，就在他瞥到那本书名字的瞬间，他说，仅仅看到书的名字，他就觉得值了。因为那个名字就是一个观念的创新。

这让我想到有的科学家仅仅提出一个猜想，甚至仅仅提出一个概念，就让那门科学有了巨大进步。为什么? 因为他改变了后来者对那个领域的研究角度。

今天，我们专利保护领域，据说还有保护"想法"的专利，也就是说，有些技术实现起来本身并不难，但是能够有那个"想法"，能从那个角度去"想"反而很难。

人类的很多进步，其实都是观念先突破，然后才有行为突破。观念革命要比业务层面革命重要很多。

很多人根本不明白什么是真正的创新，什么是最大层面的启发，也根本不明白我用心写的文章应该怎么去用。总是盼着所谓的干货，而不知最大的干货就是观念的创新。

战术层面分享是干货，难道观念层面思考就不是干货? 不，那是更大一个层面的干货。因为，观念的革命，才是最大的革命。

不同层面的痛点，需要的东西不一样。当你的痛点足够大时，战术层面的突破一定是无法解决的。这个时候，观念突破才显得很重要。

体验

很久以前我就注意到一个现象：有的股每次买都赚钱，而有的每次买都容易亏钱。

我记得在《龙头、价值与赛道》和《龙头信仰》中，都写到这种现象。当时我举的例子是中国中车。记得在 2015 年的时候，我每次买中国中车都赚钱，任何一次交易中车，都没有在它身上亏过，以至我把中国中车当成福气股，遇事不决，买中车。

还有几个股也是这样，比如茅台，我每次买它也都赚钱，2021年的三峡能源、小康股份和江特电机也是，我任何一次交易它，都会在它身上赚钱。

而有些股则相反，每一次买它，都亏钱。

很奇怪。

我想诸位也可能遇到过这种现象。

我曾经用八字相合来解释这种现象。

有人八字缺水，那么买带水的股票就容易大赚。有的人八字缺火，那么买带火的股票，比如煤炭和火电，则更容易赚。如果八字相克，比如有人喜欢火，偏偏总是买带水的股票，就比较容易亏了。

我有一个朋友，喜欢买埋在土里的股票，比如稀土、锂矿；还有一个朋友，只买金融股；曾经有一个大学老师，只买科技股。

这种买法，我不知道他们是不是合过八字。好像香港那边有一些券商，比如里昂证券，就专门有专家从这个角度来分析市场。

今天我们换个角度，不从八字上看，从龙头上看、从龙性上看。

很早之前，我就反复做九安医疗，那个时候还是第一浪。一个朋友问我为什么反复做它，当时我就说：这个股跟我有缘分，我每次做它都赚钱。

其实第二浪的时候，我心里也是这个念头。当时很多股的第二波启动比它更早，比如陕西金叶、中锐股份，但我偏爱九安。

虽然有很多价值、股性等理由，但我内心总有一个声音：既然前几次做它都赚，那么这次来个行情，我当然会毫不犹豫地做它了。

诸位，你们知道这是什么吗？

这是持股体验！

曾经跟它战斗过，体验过它的性格与好，当再次出征时，当然愿意再次选择它。

如果你总是做某个气质、某个类型的股，你也会慢慢积累这种体验。

很多人，总是将总龙头作为观赏、研究的对象，甚至作为参考指标，往往看着龙头做其他。如果你也总是这样，你永远无法在总龙头上获得体验感，更无法建立亲近感和信任感。

哪怕你对龙头的每一步看法都是对的，你也无法体验到持股的感受，更无法体验到当龙头波折时，你的内心是牵肠挂肚还是泰然自若。

这就是我在《龙头、价值与赛道》里写的，一定要强制自己与龙头发生关系。

凡是没有发生过关系的，无论你看得再对，顶多是看客。

只有当你跟它发生过关系，你才真的了解它，才能建立体验感。

看过和做过，完全是两回事儿。

持有它、做过它，在它身上赚过钱，就会拥有一种无形的持股体验，这种体验就是每当市场来行情，不自觉地就把眼神瞟向它。

一个好股之所以是好股，就是因为它反复让你赚钱。而一个反复让你赚钱的牛股，你一旦做顺手了，每次做它，也都会有惊喜。

这种互相成就、彼此呼应久了，就会形成正循环。这种正循环也可以用八字相合来解释。

但，我更愿意用总龙头的优势来解释。

总龙头是天选之股，具有无限流动性，只要符合某个买点，它的成功率总是出奇地高。

即：同样的买点，同样的模型，用在龙头身上，其性价比要比用在其他股身上好很多。

这种认知不是简单的理性总结，而是长久以来我对龙头最大的体验。

这种体验还告诉我，什么股与我们最八字相合。

就是那种能让我们反复赚钱的股。

而那种无法让我们赚钱的股，伤害一次还不够吗？

所以，凡是能让我们赚钱的股，我们反复去做，反复与它发生关系。而那种无法让我们赚钱的股，一次就够了。

下次，没有再见。

精力和情感，应该全部倾注在龙头上。

最好，次次见！

炒股的"四重境界"

炒股层次不一样，境界也不一样。把股票炒好，至少应该有四个优势，或者说四个领先。每个领先，都代表着突破了那层境界。

一、技术境界

技术优势所达到的境界是指在技术、方法、硬知识方面要超过其他人，能够在基本功上"技压群芳"。

因为股市是零和游戏，扣除税费甚至是负和游戏，这就注定了100个人只有三五个人赚钱，你怎么保证你就是这三五个人呢？至少你应该在技艺上超过其他95个人，形成技术优势。

这里的"技术"并非仅仅指技术分析，而是指炒股的所有基本功、硬知识，比如：什么是周期股，什么是非周期股，怎么理解周期；怎么看市盈率；怎么给公司估值；怎么做仓位风控；等等。

如果你是技术类选手的话，当然它也包括技术分析，比如：如何看K线，波浪理论怎么用，换手率怎么理解，成交量在不同位置有什么意义，缺口的价值和意义，等等。

随着时代的发展，你还必须与时俱进，理解博弈和情绪，理解情绪周期，知道如何识别身位龙，如何做接力，如何识别套路庄，懂得不同游资、不同席位的不同套路，等等。

总之，技术优势就是指在基本功上，你至少要超过95%的人，这些东西一点都不能马虎。

技术优势也是所有炒股人的必备条件。我见过很多朋友，连一点技术优势都没有，就天天骂股市，骂上市公司，骂这个骂那个，其实这是不公平的。一万小时定律是谁也绕不过去的。如果连技术优势都没有建立，连勤奋和学习关都没有过，任谁都帮不了你。

技术优势拼的是勤奋，是态度，并不是拼智商。正常的人，只要勤奋，善于学习和总结，应该能建立一定的技术优势。

那么，有技术优势就一定能炒好股吗？

过去可以，或者说过去很多股神都是靠技术优势积累第一桶金。但现在不行，因为现在竞争很残酷，仅仅是技术优势，顶多能保证你活下来，或者小富。如果想出更大成就，还必须有下面一种优势，达到更高一层的境界。

二、信息境界

信息境界就是信息优势，就是别人不知道的你知道，别人晚知道的你先知道，别人知道得浅你知道得深。

有人说，这不是搞内幕吗？

非也！

当然通过内幕能获得信息优势，比如去年的王府井免税牌照，大豪科技被二锅头借壳重组，某公司 10 送 10 前被人大量买入，等等。

但，内幕方式获得信息优势太 low，无法作为盈利模式，而且非法。我们这里讲的信息优势是指：

深度调查与研究；

信息加工与信息联系；

人脉与圈子，包括资本圈，更包括实业圈、产业圈；

订阅研报、付费资讯。

我认识很多大佬，其信息优势大多数是通过上述几种方式建立起来的。需要提醒的是，很多炒股不久的人特别依赖技术优势；而炒股有些年份、资金量大的人，就特别注意信息优势了。因为术已经无法承载体量。

这里还要反复申明的是，信息优势很多也是通过勤奋建立的，比如大量阅读上市公告、新闻、研究报告等。

其实，信息优势很大一部分是我们自己储备了多少信息，并非所有的信息优势都是最新的信息和新闻。当然，最新的信息和新闻我们绝不能忽视。

那么，经常拥有技术优势和信息优势，是不是就一定能成功？基本是。至少是股市的赢家。

但，如果要再前进一步，还必须进入第三层境界，建立第三种优势。

三、哲学境界

哲学境界，也叫思想优势的境界，或者叫认知优势的境界、理解力优势的境界，它是投资的软实力。

同样一只股票，大家技术差不多，同样一种估值体系，同样一种技术分析方法，获得的信息差不多，为什么有人看高一倍，有人认为有泡沫呢？

这就比拼理解力了，或者比拼各自的投资哲学。

这个东西说起来比较虚，但是很致命。

哲学优势是凡人和大佬之间差异的根本。个人通过努力、勤奋以及乐善好施，能获得技术优势和信息优势，建立良好的人脉圈、信息圈，但是如果缺乏哲学深度的加工，再好的硬件条件，也无法助其成为人中龙凤。

这往往与对人性和市场的深刻理解有关，也与个人的独特经历有关，还与阅读量，特别是内涵深刻的著作阅读量有关。这个优势往往靠沉淀，靠眼界。

如果能做到拥有哲学优势，就是人中龙凤了，基本上就能呼风唤雨。但投资还有最高一层境界，那是什么呢？

四、最高境界：性命境界

性命境界是指股市里的性命双修。

性命双修本来是道家词汇，性乃指精神世界，命乃指肉身世界。我这里引用过来，是指性格、运气、福报以及品行修为。

投资有时候还与个人的秉性、性格、习性有关。有人就是急躁，有人就是受不了波动，有人就是嗜赌如命，这些东西肯定影响投资业绩。这些东西是先天带来的，后天能不能弥补，那要看修行了，或者说看福报。

何为福报？品行和修为自然的结果就是福报。

一个人超越了金钱，办事情多想着社会和别人，总会有福报。现在不报，将来报。今生不报，来生报。

投资做到最后，就是修个人的福报。

如果只想着自己，那么无论如何，也是达不到最高境界的。投资做到最后，和其他行业的巅峰一样：心系天下！

尽量让自己的思想和行动，对别人有益，谦卑，慈善！

以上，就是我理解的炒股的四重境界。要想把投资做好，纵使无法要求自己达到最高的第四层境界，但至少要达到第一层境界，获得足够的技术优势。如果连技术优势都没有，技术关都没有过，尽量不要在股市里混。因为这里是一个零和游戏的战场。

即使有了技术优势，也不一定能成功，因为后面还有人有信息优势。

即使你有了信息优势，甚至建立了哲学优势，也不要骄傲和满足，因为你从股市里获得的财富越多，意味着上苍交给你的使命越大，责任越大！

搂底浆

最近看《功勋》，最有感触的是袁隆平篇，印象最深刻的是袁隆平时常挂在嘴边的一个词：

搂底浆。

当千辛万苦找到一个神奇的雄性天然不育株时，袁老惊呼：搂到底浆了。

当栽培的种子被救下三株时，袁老感叹：搂住底浆了。

教育学生的时候，袁老反复说：做人要搂底浆。

同事朋友沟通的时候，面对客套话，袁老说：要搂底浆。

研究问题，面对千头万绪，袁老还是说：搂底浆。

搂底浆可能是一个方言，但这三字在袁老那里，就是做人的原则、做事的原则。

其含义应该是挖掘本质、根源、真理、根本规律、最底层的东西。但这些词都不如搂底浆听起来有冲击力，特别是从袁老嘴里说出来的时候。

这部电视剧详细讲述了袁隆平研发杂交水稻的全过程，看完后让我思考良久。

杂交水稻要研究成功，需要天缘，即老天爷要赐给你一个最强大的"野种"，即雄性天然不育株。但这个野种哪里去找？大家不妨脑洞大开，去想一想，全国那么多稻田，每亩稻田那么多稻穗，你怎么从无限的稻穗中找到雄性天然不育株？

所以，一些科学家说，做杂交水稻研究，需要天缘。就是在穷极所能去找的时候，老天爷赐给你这个缘分，让这个最好的雄性天然不育株出现你的视野里。

袁隆平早期最重要的事情就是去找这个雄性天然不育株，这就是为什么我们看到袁老的照片，他喜欢带个放大镜，因为需要用放大镜去田间一株一株地看。

为此，袁老的手臂得了严重的皮肤病，因为接触了太多稻谷，严重被花粉刺激。可见，这背后的工作量有多大！

但袁老坚信，一定有一株稻谷在等着他。这是信念，也是直觉，更是意志。最后，这个雄性天然不育株终于被袁老被找到了，于是就有了本文开篇所写的袁老惊呼：搂到底浆了！

你如果以为就此事业大成，那就太简单了。那个时代，恰逢各种运动，还有身边人嫉妒，袁老用那个雄性不育株栽培的稻田，曾经在一夜之间被破坏分子连根拔光。

但，最强大的基因之所以最强大，天缘之所以是"天缘"，就是超级神秘的生命力。最后袁老在井里面找到几株被破坏分子扔掉后还幸存的秧苗。我们可以认为，最后的这几株秧苗，是天的意志，是强大生命力最不屈服的表现，也是物竞天择自然的筛选。连根拔起后，别的秧苗都泡在水里烂掉了，就那几株还活着，岂非天意乎？岂非生命力乎？

接下来，还有很多曲折，但最终袁老成功了。整个过程比我文字描述的复杂得多。我不是学生物遗传的，也许我描述的过程有硬伤，但从大体的过程中，我看到了科学的不易，也看到了伟人的不易。

寻找，发现，培植，磨难，破坏，天选，反复，最后成功！

当然，你也可以把他看作励志故事，但这个过程之所以能坚持到最后，就是袁老的价值观：做人做事要搂底浆。

也许换一个人，就坚持不下来。或许，换一个不够搂底浆的人，老天也不会把这个天缘给他。

所有做研究、做大事的人，仿佛都有用自己的精神感动天地的一面，而天地也似乎在用自己的方式去选择能承担它使命的人。

世有非常之功，必待非常之人！

我们常常都在想做非常之功，做生意成为企业家，炒股成为股神，但，我们首先应该问的，自己是那个非常之人吗？

能搂底浆乎？

——— 前提

我发现一个现象：很多人做股票，无论是追高还是低吸，都喜欢按照"模型"来做，按照"绝招"来做。

比如，龙头上涨中的首次分歧，可以买入；

比如，龙头不惧调整，每次调整都是买入的机会；

……

诸如此类的东西，有的以大 V 和游资大佬背书之后的金句形式来传播，有的甚至形成了定律和格言。

于是乎，我见过很多人每次都按照这种"定律"来无脑做股票。

比如：某个股分歧了，大胆买入，结果第二天跌停；某个股调整了，给自己壮胆不怕，结果第二天大幅低开，完蛋了；等等。

为什么?

原因当然很多，其中最本质的就是所有这些东西的使用，都有"前提"，如果你不去死磕前提，而是直接当结论和定律来用，会很受伤。

有人会问：有哪些前提?

我们先不说有哪些前提，我们首先强调，能有"前提"意识，能够高度重视"前提"、死磕"前提"，本身就是一种极其重要的价值观和投资心态。

菩萨畏因，众生畏果。

对前提的追问和一丝不苟，要比所谓的"知行合一""头铁"重要得多。上述提出的那些问题，都有一个极其重要的前提，那就是：你得是龙头。

分歧介入也好、首阴也好，这里面最大的前提是你得是龙头。如果你不是龙头，根本没有这个资格谈首阴，洗一下盘就能把你趴下。

说到这里，又回归一个最根本的问题：龙头是谁？

今天我们不正面回答这个问题，因为要回答龙头是谁，需要若干篇文章，需要多年的实战经验，并非三句话能够说清楚。如果感兴趣可以去看我的历史文章以及书（特别是《龙头信仰》这本书）。

今天我们从反面去想，有时候，虽然我不知道谁是龙头，但我一定知道谁不是龙头。

因为它明明白白的是补涨，是后排，是跟风，如果你已经很明白，它就不是龙头，那么你再去跟它谈分歧、谈首阴，你觉得它会成功吗？

龙头战法流行了很多年，不同的前辈和高人留下不同的金句、格言，散落在不同的帖子和论坛上。其实它们都有前提。有时候是这些大佬没有写明白前提，有时候是把前提散落在其他段落和语句中。作为使用者，我们必须死磕前提，须臾不可大意。

古语有云：

君不密，则失臣，臣不密，则失身。

说的是什么意思呢？

皇帝如果办事情不周密细心，则可能失去大臣的拥护，失去人才；而如果大臣办事不周密，那么可能会失去性命，特别是在伴君如伴虎的君臣关系中。

我第一次看到这句话是《大染坊》里面，家驹他爹对小六子说的。

其实，我们面对市场也要有这个心态。

各种游资大佬也好，各种"定律"格言也好，如果它流传的时候，没有说明前提，没有周密，顶多失去粉丝和受众。但，作为操作者，如果不把其中的"前提"找到，不去把事情想周密，可能"失身"——金钱和财富的损失。

在各种投资理论、投资模型以及战法中，估计没有几个人有我这样对前提这么在乎。大家看我在《龙头信仰》一书中，对龙头都设置了多少前提。为什么这样？因为不希望给大家带来前提上的"不密"。前提太重要了！

有太多的人，只要见到连板的股，不加识别就定义为龙头，然后就去用所谓的分歧战法、首阴战法。

请问：谁告诉你连板就是龙头了？

当然，这与数板战法和自媒体的流行有关，与舆论的引导和利益有关。有人买了某某股，只要连板，就广为宣传是龙头。可事实上，它们只是情绪股而已。

要成为龙头，你至少得过群雄关，至少是个英雄。

所谓英雄，你得九死一生，你得多一条命。

所谓英雄，至少不能是颜良、文丑。

如果没有，不要轻易定龙头。因为这一定，就是给接下来的操作下定了"前提"。

而前提，是操作的根本。

其实，本文的重点，以及我的初心，还不是谈龙头，而是以龙头为例，谈交易的关键其实不是模型和操作，而是对"前提"挖地三尺的考量。

不要见到什么就一股脑冲进去，凡事要问：它有"前提"吗?

—— 我对钻石不感兴趣，我只想看它戴在你手上

忘记了是哪一部电影，曾看过这样的剧情：

男主送女主一颗鸽子蛋一样的钻石，女主看了很开心。于是问了一句：你喜不喜欢这颗钻石？

男主说：我对钻石不感兴趣，我只想看它戴在你手上。

女主听完，甚是感动。

那时我阅历尚浅，对人生很多事情的理解只局限于事情本身。现在想来，这句对白说的何止是情感本身。

钻石确实是宝贝，但很多女生不知道的是，大多数男生可能并不喜欢钻石，他之所以买来送给你，只是因为他喜欢你。

如果换个他不喜欢的女生，哪怕身上戴着绝世的钻石，他都未必会正眼看一下。

也就是说，真正让男人迷恋的是人，而不是钻石这种宝贝。

这个道理人人都能从情感的角度体会到，也很容易理解，但换个角度，很多人可能就会犯糊涂。

比如在股市上，很多人魂牵梦萦的"宝贝"是什么？我想大多数人的答案都是"绝招"，比如某个独特的买法、某个秘而不宣的指标、某个一剑封喉的模型等等。

我非圣贤，我当然也渴望招式和战术的技压群芳。但，我总是认

为，所有的绝招都不能称为"至宝"，都不是最高境界。

沉迷于招式最多能达到"见招拆招"的"指玄"境界，无法达到"无招胜有招"的"天象"境界。只要招式还被奉为圭臬，就无法进入"天地共鸣"的天人感应之境。

这么说可能比较玄，那我就通俗地说吧。

任何招式，只要它还以"招式"的形式存在，它都是解决某个具体问题的。如果问题的对象选错了，或者说"某个具体问题"没有太大价值，那么招式本身就没有了价值。但，如果沉醉在招式里，把招式本身看作至宝，就有可能为了招式而出招。也就是管理学上说的，手里拿个锤子，到处都想去找钉子。这就是我前面说的"见招拆招"。

这种情况下，招式越是登峰造极、臻至化境，越有可能被招式绑架。

比如，有人学了弱转强，太喜欢这一招了，见到华丽的弱转强就想出手。

比如，有人学了仙人指路，积累了大量的细节案例，痴迷其间，到处在市场上找仙人指路的图形。

比如，有人喜欢均线回踩，喜欢支撑位，喜欢低位低吸，刻苦练习其中奥秘，然后见到此类的机会就想出手。

诸如此类。

这种做法在很多人看来，是勤奋和努力的表现。但，很多人都忘了一个最大的问题：这些都是在"法"上努力。

如果股错了，这些法还有什么意思？

或者说，如果股不值得，那么这些战术还有什么值得的？

这个境界层面上的努力，顶多让人不亏钱，但要想大赚，一定是在正确的股上去做。

我不否认法本身也有高下，也有绝密性和技巧性，也是至宝，但这种至宝必须不能"喧宾夺主"，不能影响到股的正确。或者说，只有在股票正确的基础上它们才能发挥威力，才能天地共鸣。

这个道理既容易明白，又难明白。

说其容易明白，就像本文开头的电影剧情一样，再宝贵的钻石也要看谁来戴。戴在心爱的人手上才值得去看。如果你不爱她，你哪里会管她手上的钻石多宝贵？

重要的不是珠宝，而是人。

但这个在感情世界很容易明白的道理，一到股市上，很多人却犯着同样的错误。再好的战术和法，也要看在什么股票上。

如果某只股票价值已经被证伪，明明白白地开始呈下降趋势，你非要去看某一天有没有仙人指路干吗？

对于一只毫无吸引力的股票，你非要去看它回踩到均线了没有干吗？

如果某只股票明明白白地竞争失败，明明白白地证明它不是龙头，你非要用你的战术去在它身上低吸追高干吗？

说到这里，大家就明白了，我想表达意思是：再好的宝贝，无论是绝世的钻石，还是绝世的招式，如果离开了它的"主人"，都意义不大。

是主人的身份，决定了宝贝的"人间值得"。

绝招、模型、买点、战术，这些东西最大的价值，就是找到一只轰轰烈烈的股票，在这只股票上翻云覆雨，与这只股票天地共鸣。

如果股票本身不值得你留恋，那么，招式越绚丽，越容易出问题。因为招式会"绑架"你去耍一耍。

我写本文，就是希望能警醒大家高度注意这个现象。

我们交易的是股票，而不是招式。我们爱的，理应是某只好股，且是它的主升浪阶段，而不是某个招式。

我理解很多人总结一招半式来之不易，有的招式甚至屡试不爽。但，这些招式再好，都不要把它放到最高境界去"供养"，它只是工具。而且，这些工具只有在正确的股票上做，才能发挥它的威力。

同时，更应该警惕招式如果过于华丽，会绑架决策，会让我们为了招式而进行交易。这个时候，应自觉抵制招式本身的诱惑。

投资的最高境界是无情。这个无情，首先应该表现在不与花招谈恋爱，无论这个花招怎么宝贝。

我们交易的是一只绝好的股票，或者绝好的机会，而不是绝好的招式。

这就是我写本文的初衷。

对了，行文至此，我想起本文开头讲的那个电影了，那是汤唯和梁朝伟主演的《色戒》。

如果把钻石比作投资中的招式，有人可能奉为至宝，但今天我却要说，比起选股来，我对它不感兴趣。

如果说我喜欢它，那一定是因为它恰好出现在正确的时候、出现在正确的股票上。

我们爱的是人，而不是钻石；投资的是股，而不是招式！

切莫本末倒置!

注

我见过太多的人，每天在市场上寻找符合他买点的股票。如果股票具有核心地位，还能理解，但是有的股票明明是套利股、是价值证伪股、是情绪用尽股、是药渣股，这样做就值得反省了。

我不反对在战术上努力，我也是喜欢研究和总结各种模型的人。但，如果大的方面不对，这种模型给我带来的伤害远远大于受益。所以，我更能感受到什么才是股市里真正的宝贝。

那就是战略的正确、大局的正确、谋势的正确、选股的正确、主升区的正确。

如果没有这些，仅仅看模型、招式，甚至仅仅看盘口和分时图，结果一定得不偿失。

有感于此，我写下本文。也许本文有点用力过猛，矫枉过正。一服药肯定有偏性。偏性，也就是它的药性。

归因: 唱歌跑调其实是耳朵的问题

好像是郭德纲的相声:

郭: 唱歌跑调不是嗓子的原因, 是耳朵的问题。

于: 嗨, 听着新鲜, 为什么呢?

郭: 耳朵不好, 听力有问题, 接受不到正确的旋律。按照自己接受的残缺旋律去唱, 于是就跑调了。

最开始, 我把它当成段子去听, 就是一乐。

但, 随着时间的流逝和阅历的增加, 我发现这不是笑话, 这是真理!

前段时间, 看一个大佬分享他的东西, 他说他有段时间发现自己卖得不好, 于是刻意去练习卖。结果练习了很久, 收益率也没有太大变化。后来反复思考, 发现问题不是出在卖上, 而是出在买上。

什么意思?

大佬接着说, 那些让他卖起来很不舒服的股, 是本来就不该买的股。也就是说, 如果股票买错了, 会反复去琢磨着怎么卖, 结果还赚不到钱。

于是他又开始重新在买上努力, 提高买的质量, 结果很多卖的问题就自然解决了。

我自己也有类似的经历。早些年, 当交易出现问题的时候, 总是在某个地方打转, 总觉得某个细节没有处理好。

后来某一天突然闹明白，问题根本就不在那里，换个维度思考，问题马上解决。

比如，很多买点出错，问题不是在买点上，而是在选股上。

比如，很多股票亏钱，不是因为追高，而是因为不敢第一时间追高。

比如，低吸失败不是吸得不够低，而是把情绪股当成龙头来做。

凡此种种，其实都应该从归因上去思考。归因问题对投资的重要性无论如何强调都不为过。

至今，我都清晰地记得自己手拍大腿的情形，悔不该在一些错误归因的弯路上浪费时间呀。

我们研究股票，都喜欢去总结原因。比如某次成功了，原因是什么；某次错了，原因是什么；历史上出现哪些牛股，经验教训是什么。

表面上看，这样没有问题，但仔细深究，这里面藏着一个巨大的陷阱和漏洞：

归因能力！

不同境界和维度下，归纳出的原因和结论可能五花八门，甚至大相径庭，也有可能完全不同。

很多人遇到问题，总以为自己勤奋不够，细节没有处理好，其实根本原因很可能是归因方向错了。

不要用战术上的勤奋来弥补战略上的错误。

那么，我们该怎么匡正归因呢？

我认为，有两个途径：

第一，现实刺激。当你认为什么是真理或者是原因的时候，但现实不承认，操作的结果总是事与愿违。这个时候，你不要总是怀疑自己的勤奋，而是要怀疑你是否一直在错误地归因。不仅仅要改变细节，而是要改变维度。

第二，外力碰撞。现实刺激能够让人觉醒，但顶多是让人放弃旧细节和旧归因，无法保证新的归因能力的到来。这个时候，外力的碰撞就成了必然的选择。不知道大家有没有一种感受，就是无论你读多少书，看多少高水平的文章，只要是你一个人静静地"吸收"，结果你还是原地踏步，总是在自己的圈子里打圈。因为，一个人无论看什么，总是看他认为"有道理"的东西，或者"愿意看"的东西。那些他认为"错误的"东西，他会自觉屏蔽，或者视而不见。但跟人交流的时候就不一样，别人不会刻意迎合你。人的很多进步，其实在于"听"，在于"现场"，哪怕是抬杠。

人最宝贵的是"听"到不一样的观点，"看"到不一样的东西，而且你还无法屏蔽。

我建议多去找比自己水平高的高手去面对面交流，这要比看文字性的东西有用得多。

不知大家有没有这种感受，就是在唱卡拉 OK 的时候，有人明明唱得不好听，但他总是自我感觉良好，陶醉在自己的"旋律"里。

如果你不指出他跑调，他一辈子都以为自己很好。

这其实不是嗓子不好，而是听力不好。

这种情况如果发生在唱歌房，伤害的仅仅是听众；如果发生在股市，那伤害的就是自己的真金白银了。

所以，走出来，多听听不同的声音，多面对面跟一些高手交流，读万卷书，行万里路，让自己化茧为蝶，脱胎换骨！

—— 归因：凡是基于眼前得失做的归因，都没有未来

看历史剧的时候，经常看到皇室斗争失败的一方说：

下辈子别生在帝王家。

好像失败的原因是投错了胎，什么无情最是帝王家。难道生在下层穷苦人家就安然无恙?

事实上，下层的苦难和命运的多舛，比上层的多得多。

黄河泛滥、洪水滔滔的时候，

蝗虫灾难、颗粒无收的时候，

兵匪祸害、强盗横行的时候，

饥荒来临、食不果腹的时候……

受苦受难最多的，永远是下层的穷苦人民，而不是帝王家或达官显贵。

所以，才有诗人写道：

兴，百姓苦! 亡，百姓苦!

而帝王家族和达官显贵因权力斗争带来的杀身之祸，比起民间的疾苦，其概率也不知道要小多少。

其实，熟读史书后，我们会知道，身为帝王或者达官显贵，在权力角逐中杀身的，毕竟是极少数，更多是那个王爷、这个贝勒，那个公主、这个驸马锦衣玉食。而穷苦的下层人民，那苦难就多了去了。

那为什么还有"下辈子再也不要生在帝王家"的"教训"呢？

答：无他，归因错误而已。

论起杀身，老百姓非正常死亡的概率要高很多。而帝王家族的杀身，更多的是参与皇室斗争，并非身份本身。

参与皇室斗争被杀身，其"归因"应该是"斗争失败"，而并非那层身份本身。

这是一个典型的归因错误的案例。我在这里举这个例子，是通过大家喜闻乐见的宫廷剧，来说明很多人常犯的一个错误：归因错误。

就是一件事情失败了，或者成功了，总结原因的时候，往往会去感性总结，而不是严格的逻辑拷问。

这个问题不但普通老百姓容易犯，精英大佬也经常犯。

君不见，某些成功的企业家总结成功的时候，总是说自己多厉害多厉害，好像他的成功没有一点运气成分和时代背景似的。每当这个时候我就想问：你把他扔到非洲试试？你让他出生在 20 世纪 50 年代试试？或者，你让他重复一下自己试试？

所以，张瑞敏说，没有成功的企业，只有时代的企业。

但，很多人总结原因时候，常常陷入"庸俗成功主义陷阱"：只要结果对了，好像所有的过程和方法都是对的；而一旦失利和失败，又把过程中所有的方法和流程打为错误。

这其实很不对。

举个简单的例子大家就明白了。

一个人瞎蒙一只股票，有时也会赚钱。难道"瞎蒙"是对的方法吗？我就有个深圳的朋友，有一次开车经过深交所门口用手机下单买股票，当天股票涨停了。他后来总去深交所门口下单。还有一个朋友因为带着某位女秘书去调研一个公司大赚，后来就天天带上女秘书去调研。

荒诞吧！

当然，这只是很容易理解的例子，不过，我们从这些哭笑不得的例子中，经常会看到一种常见的错误，我把这种错误叫"归因错误"。

股票投资之所以难，有一个重要的原因就是很多人经常在"归因"上轻率、庸俗和功利。

只要成功了，只要某个股变成龙头了，好像所有的决策过程都无懈可击，全部正确。而如果买了某个股失败了，好像所有的决策都是臭狗屎，一无是处。

其实，如果不急于下结论，而是等到一个月，乃至半年一年后再去归因和总结，一定会发现赚钱的交易也可能藏着错误的方法，只是当时运气好而已；不赚钱的交易、失败的投资，也并非一无是处，可能在某些地方已经突破，只是没有"全功"而已。

若能理解到这个层面，一个人的"归因"能力就跳出了狭隘的"个例总结"，跳出了情绪化、肤浅化的"表层总结"。不会因为一个案例的成败，就否定或者肯定大多数个案例提炼出来的定律。

关于这个方面，我也经常跟很多机构和游资朋友交流。再厉害的操盘手，面对变化无常的市场，也会有失手的时候，但他们失手之后，不会轻易否定自己恪守的规则和价值观。

有时候，失手不但不是因为某个东西，而恰恰是因为没有坚持某个东西。如果因为失手和某个东西同时存在，就轻易把某个东西否决掉，那像把洗脚水和孩子一起倒掉一样。

有些规律和心得体会，是我们辛辛苦苦在若干个年头里从若干个案例中反复推敲提炼的，它的价值超越单个案例而存在。

某些时候，即使我们失误了，如果静下心来仔细一想，往往是我们没有早点坚持它，甚至早一天坚持它，而不是它本身出了什么问题。

这些东西包括，但不限于：

- 如果我们要出手，尽量去做龙头。不能因为龙头也会跌，就放弃龙头而投入杂毛的怀抱。不信，你去看看跌幅榜，后排跟风的更多。
- 如果我们要出手，就尽早去做龙头。不能因为做了后手，就否定龙头本身。不信，你用后手做杂毛试试，可能跌得更惨。很多时候是节奏错，后手错，而不是龙头错。
- 如果我们要出手，就尽量独立思考。不要成功了就沾沾自喜，都是自己悟的道；失手了就做巨婴，把责任推给别人，"总有刁民误导朕"。

前几天看到一句话，是这样说的：凡是基于眼前利益做的决策，都没有未来。在这里，请容许我稍微改动一下，作为本文的结尾：

凡是基于眼前得失而仓促做的归因，也往往没有未来。

因为你的内心没有超越利益和时空而超然存在的定律和价值观！

—— 不是"原因"的原因

经常看到这种情况:

某个股暴涨或者暴跌,大家去找原因,找到一个所谓的公认的"原因"。但,这个的"原因"又很快被澄清、被证伪。

于是,有人说,"原因"没有了,就不用担心了。

但,没有想到,第二天继续,该暴涨暴涨,该暴跌暴跌。

为什么?

人家不是澄清了吗?下跌的"原因"没有了,怎么还跌?

当然,解释有很多。

但我认为这其中有一个最重要的,那就是:

找到的原因不是原因。

涨跌形成价格趋势以及导致的悲观或者乐观本身,才是最大的原因。

一句话:价格本身的连锁反应,才是原因。

价格的惯性、价格形成的趋势、价格带来的情绪变化才是原因,而不是基本面。当然基本面也是原因,但此时此刻不是最主要的原因。所以,当股价剧烈变化的时候,你以为基本面没有变,或者基本面澄清了,股价就不再继续下跌了?

非也!

因为价格的惯性和连锁反应没有消失。这才是原因。

这就涉及归因学思考。

一件事情，当你找到一个不是原因的原因去解释的时候，就容易自我麻痹。

我也曾经有过这种惨痛的教训。

某个月，某个特效药股价开始破位下跌，很多人找到的"原因"是说特效药研究失败，我则通过研究觉得这个"原因"不存在，它的特效药研究没有失败。于是我狠狠地"驳斥"了对方，并拿出证据。

没过多长时间，"事实"证明我是对的，该公司公告特效药研究成功。

但，股价跌得稀巴烂。

我赢得了"事实"，但输了股价。

为什么?

就是一开始大家的讨论把我带入一个错误的归因维度：股价破位与特效药研究成败的关系。

其实，那个时候特效药赛道已经走下坡路，药品研发成败都阻拦不了股价。也就是说，那个时候股价与整个赛道大趋势有关，而与它自己药品研究成败的关系没有那么大。

但，所有人，包括一些顶级大佬，都在讨论药品研发成败，无形中给我一种归因维度：药品成败就是股价的决定因素。

而当我能找到药品研究不失败的端倪和证据的时候，我以为我的"独立研究和独立思考"能帮我取得胜利，没想到这恰恰成为拴住我的因素，导致我没有在第一时间止损。

实足痛也!

这是我2022年最大的教训之一! 今天我把它写出来，希望我的读者朋友能够不要再犯类似的错误。

这个错误的根，就是错误归因。没有找到股价涨跌的根本原因，在一些不是原因的"原因"那里纠缠。

一旦一个人把不是原因的原因当原因，那么他就会倔强，特别是当他证伪那个"原因"的时候，他就会有一种取得胜利的快感和坚持。而这种坚持越牢固，越容易对股价的变化视而不见。

自以为真理在握，没有想到，原因的原因根本不是原因。

该涨涨，该跌跌。

写到这里，我就想到一个故事，这个故事很俗，但其寓意很能启发人，希望读者朋友别介意，我今天把它分享出来，作为本文的结尾：

> 某富翁选妻，有三个人参选，富翁给了三个女孩各 1000 元，请她们把房间装满。
>
> 这几个女孩子各自发挥自己的想象，都想打动富翁。
>
> 第一个女孩买了很多棉花，装满房间的 1/2。
>
> 第二个女孩买了很多气球，装满房间 3/4。好浪漫！
>
> 第三个女孩买了蜡烛，让光充满房间。不但浪漫，还很温馨。
>
> 请问，富翁选了哪个做老婆?
>
> 结果是富翁选了胸最大的那个。

流动性

为什么，同样的两个股票，外在形态结构和 K 线图，甚至味道都一模一样，一个走出了主升龙头（或者主升第二波），另外一个却趴下，甚至被核？

很多人思考这个问题的时候，总喜欢从"技术"上找原因，比如：量如何，MACD 如何，均线如何……

还有一些人，则喜欢从"基本面"上找原因，比如：业绩不够过硬，受益程度不明显，不够硬核……

这种分析和思考问题的方式对不对呢？

你不能说不对，至少有一定的合理性。但，我觉得应该有更高维度的思考。什么维度？

答：流动性维度。

两个"外形"一样，甚至"基本面逻辑"类似的股票，其命运的差别，很可能是在关键"渡劫"的窗口，面对流动性的命运不一样。

什么叫流动性的命运？

就是关键的时候，有没有人来赠送流动性，或者瓜分流动性。

比如，某只股票具有龙头相，正在春风得意地晋级，如果这个时候政策的东风不断刺激，消息升级，手下小弟一大堆，板块呈现风起云涌，那么，此时此刻，这个股就一定会成为龙头，不成都难。

但换个画风，另外一个同样具有龙头相的股，也同样晋级得春风得意，假如这个时候，自己阵营的股票一只只趴下，没有一个争气的小弟来扶持一下。甚至偏偏此刻，其他板块和热点春风不断，消息不绝，风起云涌，另起炉灶，那么，对它来说，无异于流动性被釜底抽薪，你让它怎么继续前进? 任何一个游资哪怕轻微的抛售，它都有可能是在推倒多米诺骨牌的第一张。

而图形和后来的走势，只不过是记录仪而已，哪能当成决策的前置因子?

根据图形决策，显得就非常可笑。甚至根据基本面来解释，也会很苍白无力。

是流动性的增强或减弱，在决定一个股的未来命运，而不是其他。

错配：投资中最自欺欺人的误区

我们经常见到两种错配现象：

（1）明明是做长线的，却天天去讨论情绪和技术，甚至被分时图级别的波动搞得一惊一乍。

（2）明明是做短线的，有的是三五日卖，有的甚至隔日卖，却热衷于挖掘基本面，甚至去写小作文，去讲宏大叙事。

如果是长线，持股至少是几个季度，甚至几年，有必要在乎市场短期的情绪吗？至于分时图，更没有必要去关心了吧。

而如果是短线，你又不去赚业绩的钱，每股收益与你有关吗？不信，你看看竞业达，什么小作文都不跟你讲，就是继续涨。短线哪里是比谁的基本面更好，而是比谁更有地位、谁更得市场青睐。

交易就要纯粹，这里的纯粹除了方法，还有逻辑的一致性。

这里有一个最容易犯的错误：明明是做短的，却在挖掘宏大叙事的过程中，把自己说服了，自己真的相信这个故事了。

比如，怡亚通，我见过很多短线高手深陷长线泥潭。

再比如，豆神教育、海兰信，明明是短线资金启动的，却到处给你讲长线的小作文。这不就是典型的错配吗？

错配有时候是被人带节奏，但更多的时候，是自己内心没有理清楚一个重大逻辑：你是选老婆，还是选情人……

前者就要用前者的眼光，后者就要用后者的标准。

千万不能错配！

—— 利好是朋友吗？

到底是市场发出的信号和产生的数据重要，还是基本面发出的信号和产生的数据重要？

这个问题非常重要。

前者的关键是读懂市场，后者的关键是读懂企业。

对于一个投资者，应该是风格决定取向。

读懂市场，对于中短线很重要。读懂企业，对于长线者很重要。读懂人心和周期，对任何一种风格都很重要。但，错配最麻烦。比如你就是一个短线，天天去读企业，去看信息，就是不看市场，这怎么可以？如果你是做长线，你完全可以不鸟市场，直接读懂企业。最可怕的不是懂与不懂，而是错配。什么风格，应获取什么数据。

我们经常可以看到明明是做中短线的人，却天天跟着消息走，什么国家又出台什么政策啦，哪个企业季报又好啦，哪个企业又有什么新项目啦。按理，中短线也可以关注这些，但如果市场发出的信号已经告诉我们大势已去，越是相信信息面的信号，可能亏得越大。因为中短线最在乎的是市场的信号。

我们经常可以看到某些人说：这么好的利好，不涨才怪，猛十！结果一路猛跌。

其实，短期股价不是基本面和信息面的函数，如果气势已经到顶，预期打满，哪怕再多的信息刺激，股价也不会涨，反而在一路下跌中麻痹自己。

长线也是同理，长线其实最大的因子是企业本身，但很多做长线的却去关注短期什么情绪、什么波动。

这是典型的数据错配。

在这个市场上，最害怕用错配的方式去获得自己的数据。明明被套住了，却天天找利好麻痹自己。明明是模式外，却用不属于自己模式的利好去寻找心理安慰。

短期关键是懂得市场，长期关键是读懂企业，二者千万不能反着来。

也就是说，短线的朋友是市场，长线的朋友是企业。虽然二者有时候会出现交集，但心安何处，还是有界限的。

如果市场走坏，利好越多，越麻烦，因为它以朋友面孔跟我们说：

老乡，别走！

"断事宜早"是投资路上最容易犯的毛病

在所有最容易犯的错误中，我觉得"断事宜早"是炒股最容易犯的毛病。

断事宜早也可以说是断事宜草，就是很容易、很轻率根据局部特点和少数案例，得出一个结论。无论这个结论叫方法、模型、规律、认知还是所谓的悟道。

2022年我见过太多人，在中通客车上赚了大钱，然后就得出结论：龙头不过如此，从此知道龙头怎么做了。

那意思就是说：悟道了。

我还见过有些人，在浙江建投上大赚之后，突然像变了个人似的，见人就是股神的感觉。好像从此之后，天下再没有能拦住他的事儿，更没有能难住他的股票。

那意思是说：洞悉股市天机了。

太多太多这样的了。

还有一些朋友，刚刚做成几笔低吸，就突然得出低吸定律了；刚刚买对了几个板，马上就得出打板模型了；刚刚做成几笔分歧转一致，马上就出炉分歧心法了。

这些都属于断事宜早。

轻易根据最近几笔成功的交易，得出一个普世的规律和模型。

当然，这在其他领域也存在，但股市更明显，特别是入市不深的股民。

前天赚 8000 元，昨天赚了 5000 元，今天赚了 6000 元，他就敢得出他适合炒股的结论，然后哭着闹着要辞职，搞什么全职炒股。

岂不知，股市远非那么简单。

其实，断事宜早不仅是散户的毛病，机构和高手也容易犯此类的毛病。

2022 年年初，妖股横行，趋势股下跌，很多人就断言，今后只能做妖股了；年中，趋势股横行，妖股被监管，于是很多人又断言，今后只能做价值股，短线股没办法做了。

我不知道这些人得出结论前，是否进行过深入思考。我只知道，一个规律和认知，必须建立在至少 N 年数据的基础上，或者至少一轮牛熊的基础上，怎么可以以过去一两个月甚至一两个星期的感受，来轻易得出结论呢？

前段时间还发生一件搞笑的事情，某券商的一个大咖，非要打电话见我一面，说发明了一种新模型，可以完美做牛股。

后来我去了他的办公室，他给我展示。

看完，我问了一句话：你这个模型运作多久了？

他说：三个月。

我又问：你亲自去做的这个模型吗？

他说：现在是模拟。

我听罢说，好好，等你多跑几个月吧。

其实我是够给他面子了，因为他展示的时候，我从话里话外听得很明白，他就是从过去的几个龙头上得出一个共性，然后建立了所谓的模型。这种模型太脆弱了。

股市浩如烟海，任何人想在里面找个铁律或者真正有效的模型，都不容易。并不是说建立模型难，而是说让这个模型经受住时间冲刷难。但，很多人根本没有那个耐性去等待时间的冲刷，就迫不及待地把模型"真理化"，这就是最大问题所在。

随着炒股年岁增加，我越来越不敢轻易地去"下定论"，特别是战术层面的某个模型、某个买法、某个技法。所以，我在文章里，也更多地谈个人心得体会。我并不觉得哪个术是坚不可摧的，哪个模型是至高无上的，既然如此，我为什么还去写那么多术呢?

在市场上，亏的最多的，一定是术最多的。

因为术最容易受"断事宜早"的伤害和冲击。

有的人，炒股年限都不到两年，就轻易说市场上所有的龙头他都做过，所有做龙头的方法他都懂。还有一些人炒股不到两年，就开始到处普及各种小作文和估值模型了。

断事宜早多么普遍呀，根本没有把市场的凶险领略够。

当然，我说这么多，并不是说别人，而是说每个人，包括我自己。我们每个人身上都有断事宜早的毛病，特别是当我们刚刚炒股的时候。

随着股龄的增长，我越来越觉得断事宜早是做投资的大忌。

那些看起来很华丽的战术和模型，其实在时间长河面前，都会千疮百孔。

我不是反对总结模型和方法，而是说股市里任何模型和方法，都具有挂一漏万性。你以为你抓住了它的精髓，殊不知随着时间的推移和案例的增加，你会发现遗漏的更多。

只有无尽的时间，无尽的岁月，千锤百炼，对模型进行无数次的拷问和敲打，那个模型才能称为模型，那个认知才能称为认知。

没有脱一层皮得出的结论，都不能称为结论。

没有差点丢半条命得到的方法，很难称为方法。

—— 一山放过一山拦

股市存在很多局部特征，再笨的人，只要肯用心，都会发现属于他的局部特征。

有的人把他发现的局部特征绝招化。确实，这些绝招在某些时候很管用，甚至屡试不爽，于是悟道满天飞。如果股市的特征一直保持在那个阶段，绝招肯定一直是绝招。

但，真实的残酷性在于，每当你刚刚要把这种悟道出的绝招绝对化的时候，市场就变了，绝招就不灵了，悟道也就变成了误会。

这就是股市相对其他领域之难。

它总是在变！

而其他领域，比如烹饪、开车、刻印、书法……只要你真的开挂，不可能明天它就变了。

其他领域存在一招鲜，股市很难存在一招鲜。

其他领域悟道也许只需要一次，而股市要悟道无数次。

它并非否定你悟道那次的成果，而是它有多面。你仅仅在那一个阶段、那一面悟道而已，悟出的也仅仅是那个类型的股、那个局部阶段该怎么做而已，这是远远不够的。你还需要知道无数个场景、无数个情况下应该怎么做，才可以。

股市的悟道，是一个动态的过程。

怎么去形容呢？就像宋朝诗人杨万里的诗《过松源晨炊漆公店》云：

莫言下岭便无难，赚得行人错喜欢。

正入万山围子里，一山放过一山拦。

凡是登过山的朋友，都应该能体会到该诗写的情况，特别是最后一句话：一山放过一山拦。

但我要说，凡是用心炒股的人，更能体会到该诗的意境，特别是最后一句话：一山放过一山拦。

你以为一个难题解决了就一马平川了吗? 你以为发现一个绝招就悟道了吗? 非也! 后面还有无数个呢。

前段时间，很多人在中通上做得很好，就沾沾自喜，觉得自己悟尽天下龙头之道，仿佛 A 股装不下他了，从此绝冠昆仑。

再之前，很多人中交地产、浙江建投、天保基建做得好，也以为龙头战法不过如此，什么清华北大不如胆大。

再之前……

无数个无数次呀。

而后来呢? 后来还是市场它老人家亲自出来告诉各路神仙，一山放过一山拦!

这也是为什么，越是宗师级的股神，越是那些历经多轮牛熊更替的人，越低调。

他们不是对我们低调，而是对市场低调，对一山放过一山拦的认可。

所以，股市比我们想象的复杂，不要轻言悟道，更不要把某个阶段性的局部特征，轻易上升为普世的绝招。

—— 悖论与诡辩启示录

上部分

最近读吴国盛的《什么是科学》和熊逸的《思辨的禅趣》，读到几个诡辩故事，也可以说是悖论，还是先来看故事本身吧。

有这么一个悖论故事，名字叫《阿喀琉斯追不上乌龟》。

阿喀琉斯是《荷马史诗》中的勇士，健步如飞，但如果让乌龟先跑，阿喀琉斯追不上乌龟。当然，这是按照以下论证和思维：

让爬得很慢的乌龟先行，如行至点 B，再和阿喀琉斯赛跑。阿喀琉斯若想要追上乌龟，必须先从点 A 到达乌龟所在的点 B，而当阿喀琉斯到达点 B 时，继续前行的乌龟势必会到达点 C；当阿喀琉斯到达点 C 时，乌龟则会继续前进至点 D……

如此这般，虽然 AB、BC、CD 之间的距离会越来越近，阿喀琉斯追乌龟所使用的时间也会越来越短，但无论如何阿喀琉斯是追赶不上乌龟的。

这个悖论也叫"二分法"。

二分法认为，从 A 到 B 点的运动是不可能的，因为，为了由 A 到 B 点必须先经过 AB 中间的 C；为了到达 C 点，必须先经过 AC 间的 D 点；为了到达 D，还有一个 E…… 这样会有无穷多个点，找不到最后一个。

这样的故事还有一个"飞矢不动"版本。

古希腊哲学家芝诺有一天问他的学生："射出去的箭是动的还是静止的？"

学生们说："这还用说，当然是动的呀。"

芝诺问："那么，这支箭在飞行的每一个瞬间里都有一个确定的位置吗？"

学生们说："当然有呀。"

芝诺问："那么，在这样的一瞬间里，这支箭所占据的空间和它自己的体积是一样大吗？"

学生们说："当然一样大呀。"

芝诺问："在这样的一瞬间里，这支箭既有一个确定的位置，又占据着和自己的体积一样大小的空间，这支箭此刻是动的还是静的呢？"

学生们说："是静止的。"

芝诺问："这支箭在这一瞬间里是静止的，那么，在其他的瞬间里也是静止的吗？"

学生们说："是的，在每一个瞬间里，这支箭都是静止的。"

芝诺嘴角一笑："所以，这支射出去的箭其实是静止不动的。"

上述两个悖论故事本质上是一个故事，就是关于运动的。要回答这个问题，需要深入思考时间和空间的连续性和无限分割性。

稍有生活常识和经验的人都会知道上述结论的荒谬性。

但，就是这么结论荒谬的问题，希腊哲学家讨论了 2000 多年。

明眼人一看就是错的结论，却可以以"诡辩"的思维论证得"天衣无缝"，甚至让人无从反驳，至少西方哲学界和物理学界为这个问题讨论了 2000 多年。

多么不可思议呀!

这让我想到生活中的很多例子，有的人的观点明明是错的，但是你却一时无从反驳。

大家感觉这种例子哪里最多?

对，是股市。

股市中充满各种各样的理论和术，单纯从推理来看，好像都很有道理，但是"有道理"未必是"对的"。

这里的"有道理"是你从他给定的维度来思考，恰如上述故事中，你从诡辩者给定的维度来思考。但，事实却荒唐得很，特别是你换个维度来看。

这对我们的启发是很深的。

我遇到很多人，有人说:"我不屑于跟别人交流，我喜欢独立思考。"我想，所有人都有这个阶段。

如果你是人成者，事实已经证明你大成，你可以这样。但是，如果你还在成功的路上，这些想法就害死人。因为，你也许在自己的思维里打转，闭门造车，你也许把自己的方法论证得天衣无缝，但又怎么保证自己不是上述故事的主角? 你不是从你自己的维度证明"阿喀琉斯永远追不上乌龟"?

有时候，一种错误如果不换个维度去居高临下思考，永远不知道有多可笑。

当然，本文上述的故事给我们的启发是多元的，不止一个。再比如，我们永远不要陷入复杂的术里，也许术的推导让你觉得完美无缺，但术就是术，应该简洁且直奔本质，而不是花里胡哨。

其实本文还想表达一个意思，就是推理层面的事情哪怕再对，也不等于事实本身。我们不应该成为不同理论和推理的试验品，更不应该在不同的术里穿梭。有时候事实层面不给力，再多的理论也是枉然。

有人会说，可能你说的理论不够科学，不够高端。

哎，这个事情怎么说呢，我再给大家讲个故事吧。

大概八九年前吧，具体哪一年忘记了，好像是诺贝尔医学奖颁给一个发现癌症治疗新方法的医学家，当时所有的媒体都高赞，仿佛人类找到了克服癌症的方法。那时，恰好我跟一位从日本东京大学回来的医学博士在一起聊天。他跟我说过一段话，至今难忘（原话忘记，我只能意引）：

> 过不了几年，你会看到很多根据这个诺贝尔奖研发的新药，无数的病人又要接受新的治疗方案。然而，你会发现，这个病依然无法像媒体报道的那样治好。多年后，还会有一个理论诞生，还会有一个诺贝尔医学奖，就跟今天一样……

我知道，这个医学博士的话未必对，他太悲观了。但，我依然愿意把他的观点分享出来，和前面的诡辩和悖论故事放在一起，启发大家往更深刻的层面去思考。

下部分

诡辩最大的困局在于，如果你用它的思维过程，你就走不出来。只有你的理论武器和思维方式不一样，你才能走出来。这几个悖论，如果用近代高等数学和物理，很容易证明其荒谬性。但如果你一直用命题者给定的维度去思考，会永远被困在悖论里。

这对我们做投资有很大的启发。今天，我主要分析两个。

启发一：怀疑精神、反复自我革命。

这个怀疑不仅仅是指怀疑别人，而是有时候连自己也怀疑，即要有自以为非的精神。

为什么？

因为你很难确定你是在搞一种科学的方法，还是搞一种高深的诡辩。有时候你觉得方法无懈可击，但诡辩同样也是无懈可击的。

有时候你赚钱，你以为是你的方法赚的，但很可能与方法没有任何关系，仅仅是市场好，或者运气好。如果因为市场好你赚钱了，但你产生了对方法的崇拜，那么这种方法会在事后要你的命。

此时，就看你能不能具有怀疑精神，对自己进行解构。

当然，我并非说你的方法一定有问题，而是说，你要有重新审视方法的勇气。哪怕它是对的，也要经常检讨、检验、怀疑，它是否是错的。

这需要巨大的勇气，这是一种自我革命。

只有经过反复的自我革命，方法才能称为方法。这个过程，叫淬炼。没有这种淬炼，你也许一直活在诡辩和悖论里，只是你不自知。

当我看到这几个悖论的时候，我第一念就想到：所有的方法和理论，都值得重新思考一遍。要有这种反复质疑的精神。

启发二：维度革命。

人无法把自己举起来，一个人一旦陷入一个思维怪圈，很难自己把自己拔出来。

诡辩也好，方法也好，都是如此。甚至商业模式、企业家的致富模式、科学家的思维方式都是如此。所以，我们才看到，一代人有一代人的企业，一代人只能干一代人的事情。比如，张近东和黄光裕，很难干过刘强东，不是说黄光裕和张近东不厉害，而是他们不在一个维度上竞争。

无论诡辩还是科学，如果不是终极真理，都需要继续前进。但，继续前进说起来容易，做起来难。因为它需要的不仅仅是努力、勤奋和聪明，而是需要换个思维、换个维度。这个换，说起来容易，做起来何其难！

很多人一旦陷入一个思维胡同，会一直出不来。越出不来就有可能越勤奋，但同纬度、低水平、反复做无用功，就有了一个词的诞生——闭门造车。

举个例子，就拿均线理论来说，如果5日均线上穿10日不对，那你就提高上穿15日；如果15日不好用，你又改成上穿20日。表面上看，你很努力，但其实你是在重复建设，在同一个维度里打转。也许此时需要的不是反复修改均线天数，而是引入一个新维度。甚至，需要彻底放弃均线本身，刮骨疗毒，凤凰涅槃，不灭不生。（我这里只是举例子，没有攻击均线派的意思，你也可以把均线这个词换成波浪，或者缺口，等等。）

以前经常听人说一句话：不同模式，尽量少交流。据说这句话是赵老哥说的。其实，这不是老赵说的。即使是老赵说的，他现在应该早就不这样想了。因为如果赵老哥永远跟同模式的人一起交流，那他现在应该天天还在打板。而事实上，赵老哥应该遇到很多高人，来自不同维度、不同模式，大家切磋碰撞，所以赵老哥才能从纯打板选手变成一个投资大家，做起价值投机和波段来，也非常得心应手。

如果认真看了我们前文的诡辩故事，应该明白，交流就应该是"不同模式"，同一个模式有什么好交流的，都是那些东西。无论模式再难，一个人穷其一年的钻研，肯定能把这个模式搞得清清楚楚。最关键的是能不能把模式升维，能不能遇到不同维度的人，互相启发，最后一起"飞仙"。这里的飞仙就是维度升级。

黄光裕和张近东是同一个模式，他们天天在一起研究碰撞，也不如早年的时候，遇到马云、刘强东这个模式的人来交流。

我甚至认为，同模式交流容易互吹、互嗨，交流的深刻度远远不及不同模式。否则，你以为你在交流，其实你是在找另外一个自己。

大清王朝，如果一直跟其他封建王朝交流，永远进步不了。只有睁眼看世界，看到英国模式、日本模式，才能进步。

我见过很多早年纯打板的、纯低吸的、纯技术分析的、纯用量的，后来都变成了另外一个人，其模式也升级换代了。如果永远都在同模式、同纬度的人群中交流，哪里还能化蛹成蝶？

我们经常看到的龙虎榜大神，比如方新侠、赵老哥，你以为人家还在打板吗? 人家早就把价值维度、估值维度以及行业赛道融入模式之中了。

而市场上居然还流传他那句"不同模式,不要交流"的话,不是很可笑吗?

当然,也不能说同模式交流没有用,同模式的交流会带来术和细节的精进,对弥补自己的缺陷肯定也是有帮助的。但是,凡是质的进步和突破,特别是遇到困境之后,如果要有大的"飞升",必须求助于另外一个维度!

破坏性创造!

只有这样,你才能跳出阿喀琉斯与乌龟赛跑的悖论,也才能避免得出"飞矢不动"这种荒唐的结论。

—— 高级

看袁隆平的故事，我发现他在研发超级杂交水稻时，经常挂在嘴边一个词：

高级！高级呀！

注意，这里的高级不是更好、更优良，不是 better，也不是 best，而是全然不同。

我一直纳闷，为什么袁老一直喜欢用"高级"这个词？后来查阅了很多资料，才突然明白，这里有一段特殊的历史缘故。

很多年前，我国流行苏联的遗传学理论，苏联遗传学权威米丘林和李森科的"无性杂交"理论，被广泛接受，视为至高真理。

该理论否认孟德尔的基因说，并大肆批判基因理论，提倡无性培育。举个简单的例子，一只羊，如果把尾巴切掉，它的后代应该没有尾巴。可事实不是这样的。但人家是权威理论，袁隆平当时接受的是这种教育，对这个理论一开始也深信不疑。

他最开始就是按照这个理论去做实验。他在红薯上做实验，把月光花嫁接到红薯上，增加光合作用，然后得到一个大大的红薯。后来他又在马铃薯上做实验，把番茄嫁接在马铃薯秧苗上，甚至还在西瓜和南瓜上做实验。

这些实验结果是得到一个更"大"的果实，袁隆平实验出来的红薯曾经达到 17.5 斤，还得到一个"红薯王"的称号。

但，让袁隆平大失所望的是，除了"大"，并没有遗传学上的"种子优势"。当农民把嫁接了红薯的月光花种子种下去，只开花，根本不长红薯。实验全部失败！

为什么？

多年后，袁隆平说：不够高级。

实验失败后，袁隆平重新查阅大量资料，他发现，指导自己做实验的米丘林、李森科的"无性培育"理论不够高级，真正的"高级"的是孟德尔的遗传学理论，从分子结构和基因层面去做。于是，他重新启动自己的实验，后来果然在杂交水稻上取得巨大成功。

经历这么一个过程，袁老始终不忘，"高级"有多么重要。

理论高级、认知高级，才有结果的高级。

在动物和植物的遗传面前，人类一直想"插一脚"，以获得更大的收获。

苏联的米丘林和李森科，看到了生物个体受外界环境影响，于是他们坚持"获得性遗传"。他这个方法，我小时候也做过，比如把梨树枝嫁接在苹果树上，甚至嫁接在柳树上。米丘林曾亲自实践，自己探索了 60 多年，在试验园里采用无性杂交、环境引诱、风土纯化的方法，培育了很多果树新品种。

但，这个方法不够高级。因为这没有触及遗传基因的角度，没有深入到细胞，只是在物种的外部打转，从外部性状上去解决问题。

把一种植物的枝或芽，嫁接到另一种植物的根或茎上，对提高作物产量会有帮助，但这不是基于染色体、基于更本质的现代遗传学意义上的杂交。米丘林的方案，至死都在这个"外围"维度。

而以孟德尔为代表的另外一派则不然，他们看到物种遗传除了受到后天、外在环境影响，更看到了遗传内在基因。孟德尔派认为，有性生殖才是根本维度。

孟德尔流派发现了生物遗传过程中细胞层面的东西，更本质更内因，他提出了基于基因的遗传学理论——分离定律和自由组合定律。

该流派的约翰逊在《精密遗传学原理》一书中正式提出"基因"这一概念。

这可谓生命中最核心又最玄妙的东西，但在人类发现它之前，它一直处于隐匿的状态，不泄露一点秘密。

是基因在支持着生命的基本构造和性能，储存着生命的种族、孕育、生老病死过程的全部信息。

通过比较可以发现，米丘林、林森科是外因法，孟德尔、摩尔根是内因法。后面的结果证明，内因法、有性生殖才是更本质，也就是袁隆平嘴里说的"更高级"的东西。

其实，这里的高级，事实上是"高维"的意思。只是受袁隆平影响，我也喜欢用"高级"这个词。

今天跟大家分享这个故事，是想推而广之地阐述一个问题：面对一个课题，我们应该如何去解决。

很多人的解决方案，终其一生，是在同一个维度，这种解决方案无法取得质变。

比如，很多人无法突破性研究，总以为缺少一个招式，或者还有一些技术模型不够完善，于是反复去从技术上找原因。

其实，这跟米丘林、李森科遗传理论一样，总是求助于外在。

我本人也是在这个问题里打转了很多年，后来发现，再从技术上去解决龙头问题，已经无法获得质的突破。

本质不在于不够努力，而是原来解决问题的维度不够"高级"。

突破的根本出路不是增加一个招式、多用一些技术，而是甩开这个维度，从另外更高级的维度去思考。

就在我反复思考这个问题的时候，有一天突然看到袁隆平的故事，看到一大堆遗传学的科普文章，听到袁隆平一直说：

高级！

这很高级呀！

这不够高级！

瞬间，我产生了一种强大的震撼和莫名的共鸣，猛然一拍大腿：

吾得矣！

后来，我一直用"高级"这词来形容质变和突破，也用来记录心里的激动，还用这个词来提醒自己，当面临一个问题的时候，解决思路的高维性比完美性重要十万八千里。

维度的提高，才叫突破。能解决维度的，才叫高级。

人生最大的悲伤，莫过于将一辈子的聪明都耗费在战术上。当你抬头一看，却发现你精益求精的事情，只不过是在低维度上沾沾自喜。

——— 应然与实然

一只股票，按照你的认知系统，认为它应该上涨，或者说应该成为龙头，这叫应然。而事实上、结果上它最终的样子，叫实然。

当实然与应然统一，这叫吻合系统。

当实然与应然不统一，这叫脱离系统。

好的交易，一切都是应然。无论你是轻仓还是重仓，甚至无论你买了还是观望，都是应然。

但是，还有很多种情况，虽然是实然，但不是应然。比如，你不认为它会涨，结果它涨了；或者你不认为它能板，结果它板了。

对于这些情况，很多人直拍大腿，悔恨不已，觉得自己无能，把握不住机会。

而我恰恰觉得完全不必。

实然跟应然不一样的机会，哪怕再好，都应该放弃。

不能因为它涨了，我就妥协和投降。某个股，我看它就是不舒服，我的系统和经验告诉我，它不可能大涨，而结果它涨了，我被打脸了。此种情况，我宁愿接受打脸，也不去追。

因为它的涨，跟我格格不入。

这种涨，不能去羡慕，而应该去"批判"。

这里的批判不是反对，不是否定，不是睁眼说瞎话，而是跟我认识相反的涨，绝对不是好的机会，应该对这种机会进行批判。

这样说吧，我们最好只做应然且是实然的股票。

不能仅仅看实然怎么样就如何如何。

我之所以这样说，是因为：

其一，根据我的经验，我的大多数回撤都是在乎实然而不去想应然的操作。我眼红那些在我应然之外的机会。

其二，应然漠视的机会是哪怕它今天涨、明天涨，后来证明还是跌的。或者说，很多坏的不应该的涨，它也会因为各种原因涨，特别是那些东拉一个板、西拉一个板的机会。这种情况太多了。但后来的大多数事实证明，这种突然的涨，最终还是会跌的。

我们见的还少吗?

本来环境不好，却强行拉板。应然那么差，居然给我做个实然的涨停。结果第二天不还是核按钮?

本来退潮了，就应该顺势卧倒。结果它就是硬做。第二天不还是回归原形?

凡此种种，不胜枚举。这些是比较容易理解的，还有很多不容易理解的。

在这里，我并不是反对实然。股价最终的事实谁都尊重，但我要强调的是，如果不是你应然系统的实然，压根不是机会。

只有应然支持、实然呈现，这种机会才是好机会。

所以，到最后，我认为，应然之外无真理。

心中无花，世上再多的花，也非我之花。

注

写下本文并非为了说明我说的结论就是对的，而是开启一个探讨。希望能启发大家在另外一个深刻的领域去思考。因为现实世界很多人太墙头草、太实然，所以本文就"偏激"一点，"矫枉过正"地去强调应然。事实上，我内心想表达的是：应然和实然统一的机会才是好机会。脱离应然的"机会"是我们亏损的根源，不尊重实然的应然是空中楼阁。统一，才是问题的核心。

谁说市场喜新厌旧

江湖上有些传言，久了仿佛就成了真理，但是如果我们深入思考就会发现是个误区。此之谓以讹传讹。

比如喜新厌旧，为了增加这句话的真理性和权威性，有人托赵老哥之名来表达这个观点。原文如下：

有新题材，坚决抛弃旧题材。

只有新题材，才有凝聚市场里最敏锐、最犀利的那股资金。

其实，这句话并非赵老哥亲口所言，而是有人托名所写。当然，也有人说经过赵老哥追认。

我的观点是，即使这句话是赵老哥本人亲口所言，哪怕是徐翔所言，甚至索罗斯所言、巴菲特所言，我们也可以对其进行重新思考。

不唯上，不唯权威，只唯市场。

根据我对市场多年的观察，我发现"新旧"问题不能这样武断，不能一刀切。

有时候，市场是喜新厌旧，但更多的时候，市场并不是按照题材的新旧来运作，而是按照题材的大小和级别来运作。

也就是说，喜新厌旧连半句真理都不是。

什么时候市场喜新厌旧呢？两种情况：

一种是题材级别和大小差不多，所以只能按照新旧来划分；另一种是老题材、大题材周期走完，产生亏钱效应，这个时候出现个新题材才吃香。

为什么很多人会觉得题材总是新的好呢？那是记忆偏差，或者根本无法识别题材级别大小，总是从新旧去思考问题。

举个例子，2021 年，核心题材是什么？

是两个东西，一个是碳中和，一个医美。

按说，这两个都是老题材了，但是直到事后很久一段时间，它们都是市场的主角。

君不见：

哈三联、苏宁环球、融钰集团、朗姿股份一直在述说医美的故事。

长源电力、福建金森、顺控发展、华银电力一直在碳中和的赛道上奔跑。

多少所谓的"新题材"都消失在历史的尘埃之中，比如新疆棉花、中伊朗合作、计划生育、海南岛、日本核辐射……

当然，它们"新"的一刹那，是风光过两三天，但其赚钱效应和产生龙头的空间高度，远远不如碳中和和医美。

如果你要信了"有新题材，坚决抛弃旧题材"，那你就错过了医美赛道和碳中和赛道的很多牛股。

2020 年，市场最老也是最长的题材是白酒和疫情，它们的跨度几乎贯穿了一年，从来也没有因为题材老而失去魅力。甚至，其热点和跨度都已经到了 2021 年，乃至当下。还有大豪科技、舍得酒业、未名医药、复星医药等等。

一个题材，不能因为老就一竿子把它打死。只要它的级别够大，它的赛道够漫长，它就一直可以老树发新芽。

再比如，2014—2015 年的大牛市，市场最老的题材也成了最持久的题材，那就是"一带一路"和"互联网+"。其中"一带一路"这个题材从 2014 年开始炒，从中国南车、中铁二局开始，炒到中国中铁、中国铁建、中国远洋、中国交建等，后来都延长到了 2017 年，西部建设、天山生物都是在讲"一带一路"的故事。"互联网+"也贯穿整个牛市的首尾。

其实，这种现象可以归宿到任何一轮牛市，比如 2006—2007 年的牛市，整个市场围绕有色、房地产和银行，整整炒了两年多。

其中案例，不胜枚举，不再赘述。

追古溯今，至少说明一个道理：题材不怕老。

那怕什么？

怕没有级别，怕无法发酵。更怕成不了主线，无法容纳主力资金深度入驻。

只要一个题材能够发酵成主线，成长为赛道性的力量，再老再旧都不成问题。

在我的眼里，题材新旧不是关键，题材的发酵性才是关键。题材与主力资金互相对眼才是命门。

当然，我并不是反对新题材，故意就不喜欢新题材。相反，我也积极拥抱任何新题材，我每天都会阅读大量的新闻和最新资讯，积极寻找新东西。

但，我看新东西并非以"新"为唯一角度，而是看"新"能否被超级资金相中。如果无法相中，它新又有何干？

每天新东西多了去了，新的热点层出不穷，但大多数成了炮灰，而成长为赛道性力量的，寥寥无几。

有些朋友天天喜欢追逐热点，天天在新的新闻和字眼里过分解读，过多埋伏，结果一个个新热点都成了哑炮，而主线的热点们继续讲述着龙头的故事，继续奏乐，继续舞。

之所以如此，就是因为这些朋友误解了"喜新厌旧"，把过多的精力放在"新"的挖掘上，而忘记了"级别性""主线性""赛道性"。

更忘记了"新旧"只是浅层维度，主力资金深度入驻和相互合拍才是深层维度。

其实，不同级别和境界的玩家，对新旧问题的在乎程度也是不一样的。大级别玩家，在乎的是题材的持续性；小级别的玩家，在乎的是题材的新鲜劲。题材持续才能玩得大，玩得深。题材新鲜，纵然玩得刺激，但容易疲于奔命，浅尝辄止。大玩家怎么可能每一天都打一枪换一个地方？

深度，深入，才是大玩家在乎的东西。

所以，今后看市场，不要仅仅看谁是新热点，谁是旧热点，而要看谁是市场的主线，谁是大玩家深扎根的地方。

如是，你将看到不一样的市场！成为不一样的玩家！

宏大叙事: 一种别样的投资陷阱

多年以前，那还是上轮牛市的高光时刻，在广州的丽思卡尔顿，我听了一场某顶流投行的报告会。是关于中国南车的。这个股后来跟中国北车合并，现在已经改名中国中车。

那是一场特别"宏大叙事"的报告会，洋洋洒洒几个小时，核心就是一句话:

中国南车将成为连接陆上交通的最大受益者，海权时代将因为中国南车被陆权取代，中国南车的股价未来不可限量。

当时，听得我们热血沸腾，在场的也都摩拳擦掌。这太伟大了! 越想越伟大! 以前陆地国家之所以落后，就是因为陆地交通不如海洋。现在好了，有了高铁连接大陆，那么欧亚大陆将一体，海洋国家则是孤岛。而中国中车将是这件事情的最大受益者。听着就刺激。这真是了不起的宏大叙事。

然而，这个报告会结束不久，中国南车的股价永远站在历史的顶点，从此一路下跌，直到今天。

这样的宏大叙事不是第一个，之前和之后，还有很多。之所以选择用中国南车作为本文第一个案例，是因为这个股太典型了，给大家的印象也最深刻，用它做案例，容易产生共鸣，也容易长记性。

此事过去不久，市场又有一个宏大叙事出现，是关于 VR 的。

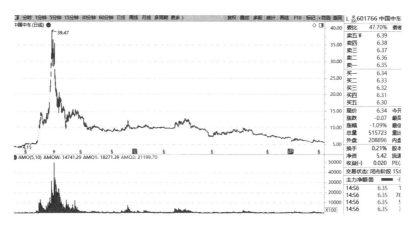

图 8-1　中国中车走势图

那个时候，VR 的声音大得很。我一个从不炒股的同学，都来找我了。他长期关注科技和产业未来。突然有一天，他跟我说：我想把全部的钱买一个 VR 公司的股票，拿它十年，你觉得如何？

并让我帮他参谋下 A 股哪个 VR 股票好，他自己备选的好像是暴风科技和易尚展示。当时这两个股是 VR 的当红炸子鸡。

我问他为什么要赌 VR ？

他说，他看了很多报告，发现 VR 代表人类的未来，符合科技的方向，而且，当时是 VR 刚刚兴起，他想做个长期的产业投资者。

听罢，我不知道怎么回答。因为无论怎么说，我 VR 知识都没有他丰富。后来只好说，你自己决定吧。

就在刚刚我写文章的时候，又查了一下暴风科技和易尚展示，好像有一只股票已经找不到了，退市了；而另外一只，也跌得稀巴烂。

时隔多年，这个故事又有了升级版，变成了元宇宙的故事。

2021 年，元宇宙大热，我见到很多很"严肃"的投资者，严肃到对价值都要求很苛刻的人（比如，茅台的铁粉），居然也突然对元宇宙的宏大叙事产生了兴趣。这帮人找了很多国外最先进的关于元宇宙的资料，然后重仓各路元宇宙股票，喊出 all in 元宇宙，all in 未来的口号。

后来呢，后来就没有后来了，现在已经没有人跟我提元宇宙了。

当然，我并不是说元宇宙不好，也不是说未来没有元宇宙的一席之地，而是说，现实世界的宏大叙事，和股票投资并不是一回事。

记得寒武纪即将上市的时候，我在杭州跟很多大佬一起交流投资。席间，有一个芯片专家，他也炒股。他说，过几天寒武纪要上市，他要开盘就全仓寒武纪，并建议大家跟他一起开盘就买。

我问为什么。

他说，这家公司很伟大，做的事情非常有情怀，然后就讲了一堆关于芯片的科普。我听得一愣一愣的。

最后他说，公司好，行业好，国家支持，为什么不买? 寒武纪对他来说，只有买点，没有卖点。

这又是一个拿"宏大叙事"来炒股的人，也许他关于寒武纪和芯片的认知都对，但是忘记了一个最重要的东西——估值和价格。

我曾把这个故事收录在《龙头、价值与赛道》，标题是"好公司并不等于好股票"。

宏大叙事的崇拜者，总是觉得某个公司在"大处"和"宏观的地方"无限高大上，所以投资就一定是对的。

其实，这是一个很大的误区，宏大叙事在投资史上，给投资人带来的伤害比比皆是。

因为投资是一个多因素的活动，而不是某一项的高大上。

再举个前两年的例子：中芯国际。

这个股上市正赶上芯片热潮，孟晚舟事件还是舆论焦点，芯片是一个全民关心的话题。而中芯国际是有基本面的公司，它的上市，同样是宏大叙事。关于中芯国际的报道和研究报告连篇累牍，赞誉也不绝于耳。

就在这个背景下，我的一个朋友被说服了。他说，中芯国际是定海神针，是国家钦定的，它一定不是中石油。这是国家意志，是科技股，它会暴涨，开盘一定要买。

他的分析框架同样是基于宏大叙事。后来，后来大家都看到了，中芯国际的股价一路下滑。

其实宏大叙事的故事还很多。我就有一个朋友，他买股喜欢看董事长，看创始人。如果这个老板特别牛，创业故事特别感人，这个企业家特别有情怀，他就觉得这只股票特别好，就喜欢去重仓这类的股票。

其实这也是一个类型的宏大叙事，是关于人的宏大叙事。这类的坑特别多。投资圈里，经常流传一句话：调研的时候见到董事长，基本会亏一半。为什么这样说？很多人的理解是，董事长亲自来接待投资者，说明董事长闲，说明公司不行，也说明老板亲自推荐股票，股票不好。

其实，我倒不是这样理解。我觉得，任何一家公司，其老板最大的特长就是展示理想和蓝图，善于造梦，也就是说，企业老板最善于宏大叙事。而宏大叙事最容易让人脑袋发热，忘记很多重要的细节，比如估值，比如价格，比如很多疑问。

宏大叙事是大处着眼，是高处造梦，是把一个公司融入时代去思考。这样做对不对呢？当然没有什么毛病。分析企业，分析股票，肯定要分析这个层面。

但，仅仅有宏大叙事，或者沉醉在宏大叙事里面，如果没有各种细节的拷问，甚至被宏大叙事感动得选择性忽视细节，那么投资一定是灾难。

再给大家讲个很大的宏大叙事的故事，那就是飞机。人类一直以来的梦想是能像鸟儿一样在天上飞翔，这是几千年来人的夙愿。突然有一天，有两个人，叫莱特兄弟，居然把这个梦想实现了。他们造出可以在天上飞的东西。够不够刺激？够不够宏大叙事？

如果你当时手里有很多钱，站在做股票的角度上，是不是很想去投资？

但你知道巴菲特怎么说吗？

他说，如果他当时在场，他一定会把莱特兄弟的发明打下来。这样做，虽然愧对于社会文明的巨大进步，但是对得起承前启后一波又一波对航空产业进行投资的人。

也就是说，发明飞机是一项伟大的宏大叙事，但是投资这件事的人，未必能赚钱。

股神对宏大叙事还是很警惕的。

综述，宏大叙事其实是站在现实社会的维度来看某件事，而投资是站在资本的角度去看某件事。二者有时候会重叠，宏大叙事会带来投资机会。但，宏大叙事只有同时符合投资原则的时候，它对投资才是有意义的。如果它不符合投资原则，则可能把人的投资推向一厢情愿。

就拿前段时间来说，有个叫博纳影业的股票上市，有个朋友重仓买它。问其理由，对方居然说：你知道《长津湖》是谁拍的吗？就是博纳影业！

天呀，我当时无语。又是一个宏大叙事的投资。

拍《长津湖》与博纳影业的股票之间，就这样被解读了？这种投资也太草率了吧？不看市值大小，不看是否是市场主线，不看对标股价，就看《长津湖》？

还有一次，我的一个朋友向我们推荐某某药品股，其理由是他的老板特别牛，为了研究新药，放弃了多少钱的收入，等等。就别说这个了，说说小米吧，多少人因为喜欢雷军，这就一个理由，去重仓小米的；还有学而思，也就是好未来，很多人因为这个老板的"人格魅力"一直重仓好未来；也有很多人因为看好干细胞就重仓某某股，还有很多人因为相信工业互联网而重仓某某股，还有那些重仓哔哩哔哩的，重仓快手的……很多都是宏大叙事的信奉者。

这样的故事还有很多。当然，有些也许不算很大的宏大叙事，真正大的宏大叙事是某个"产业前景"，某个"发明创造"、某个"国家意志"、某个"人类未来"。他们有一个共同的属性，就是从"梦想"的角度去思考投资，从"情怀"的角度去思考投资，把现实世界的"高大上"等同于股票市场的天然正确。而且，这种投资还因为过于"喜欢"、过于相信"宏大叙事"，而对其他角度的质疑视而不见，甚至置投资本身的原则于不顾。

这种宏大叙事，如果在牛市周期，或者恰好遇到一个伟大的公司且恰好在估值低的时候，会成就一段佳话。但，这段佳话本身不是宏大叙事带来的，而是时运带来的。

而很多人总结这段佳话的时候，总是把功劳记在宏大叙事上，甚至美其名曰有格局，有情怀。

殊不知，一旦"运气"周期结束，这种宏大叙事就会出现灾难。

因为它思考的初衷不是投资的原则和关键细节，而是"梦想层面"的东西。它更容易让人陷入激动人心的一面，而不是超然冷静的一面。

为什么宏大叙事容易吸引人，因为宏大叙事不需要专业性的思考，只需要激荡人心的讲述。而很多做投资的人，一开始都是其他行业转行过来的，给他们讲宏大叙事，最容易获得"共鸣"和"知音"。

还有很多企业家和高级知识分子，他们本身就是宏大叙事的行家里手。其思维方式和学术研究，很多都是宏大叙事式的。前看500年，后看500载。宏大叙事最符合他们的胃口。

但，现实世界的宏大叙事，未必符合股市的逻辑。无论长线还是短线，股市都有其自身的叙事逻辑。当然，这个逻辑里，有宏大叙事的一席之地，宏大叙事也是投资的一部分，但，绝对不是全部，宏大叙事也绝对取代不了其他叙事。比如：

细致精微的业绩分析；

与时俱进的政策分析；

灵活的周期分析；

竞争格局中的产业结构分析……

宏大叙事只是这里面的一环，是背景分析那个层面的一环。

那么，为什么本文特别强调要警惕宏大叙事? 因为宏大叙事有一种特殊性，即一旦陷进去，容易忘记、忽略其他环节。甚至有的人，明明投资错误，还在用宏大叙事安慰自己。

宏大叙事有一种强大魔力，它容易让人的荷尔蒙上升，一旦被宏大叙事说服，其他的东西就容易视而不见。

所以，本文提醒大家，投资中的宏大叙事，不是不能去相信，而是不能独信。

特别是那些没有经历过系统投资思维训练的人，以及那些在生活中就喜欢宏大叙事的人。

宏大叙事的故事，也不是不能去听，但不能仅仅根据宏大叙事就草草做出投资决策。因为股市和现实世界，还是隔着一层逻辑的。

辩驳

很多问题的争论容易引起撕裂。

观点的撕裂倒还其次，更可怕的是关系和感情的撕裂。比如：多年老友之间、同事之间、同学之间、老乡之间，甚至兄弟姐妹亲戚之间。

因为对某个问题的看法差异巨大，激烈争论，互相批驳，轻则"割袍断义"，重则反目成仇、互骂脑残，乃至拉黑删除对方，有的估计还会老死不相往来。

这里，我最感兴趣的不是大家对问题的观点，而是大家在争论和辩驳问题的时候用的方法论和逻辑。

特别是批驳别人观点的时候，是怎么展开的。

这个话题很有意思，我们先从商鞅与孟子的辩论开始：

一开始，是法家代表人物申不害与孟子辩论，孟子抓住申不害的法家"术派"言论，猛烈攻击。然后商鞅拍案而起，有了下面这段精彩的辩驳：

夫子大谬，凭据有三。

天下学派皆有分支，夫子断章取义，以术治派为法家全貌，此其一。

法家三派，其根同一，皆以认同法治为根本，而在推行中各有侧重。

夫子无视法家根本，攻其一点不及其余，此其二。

法家术治派，是在行法根基之上着重整肃吏治，强化查勘官吏，与搬弄权谋有天壤之别。夫子有意抹杀根本，其论断之轻率无以复加，此其三。

这里，我们不对孟子和商鞅谁对谁错进行评判（因为实事求是地讲，我们的境界很难当孟子和商鞅的裁判），仅就辩论中的逻辑和技巧来看，商鞅更无懈可击。

当然，这只是电视剧，这里只展示编剧和导演剪辑后的片段，历史上，商鞅跟孟子也不可能这样辩论。

但就影视文学作品来说，这段内容还是很有分析意义，特别是从辩驳的逻辑和技巧上来看。

商鞅辩驳的三点用现在的话来说，就是：

（1）断章取义，以偏概全；

（2）避重就轻；

（3）歪曲本意与轻率定性。

这三点可是非常掷地有声的，能写出这样的台词，我也佩服编剧强大的逻辑能力。（不过，需要说明的是，导演和编剧明显偏向商鞅，历史上的孟子是雄辩大才，真实的孟子如果在场，其雄辩滔滔之才，绝非电视剧上的那些台词。）

今天，我们就围绕这三点，来分析当下互联网上一些争论。可以肯定地说，我们今天网上的很多争论，特别是一些大 V、自媒体的文章，很多都容易犯这三个错误。

一个人的观点、一种现象或者政策，通常由五个部分组成：

根，精神实质；

重要组成与支柱；

技术细节；

细枝末节；

乱传的、误传的、甚至以讹传讹与高级黑的。

我把上述制作成下图，并标示 ABCDE。

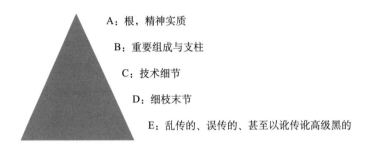

A：根，精神实质

B：重要组成与支柱

C：技术细节

D：细枝末节

E：乱传的、误传的、甚至以讹传讹高级黑的

那么，我们要向批驳倒一个东西，最主要的是批判倒 A，最不重要的是批判 E 和 D，批判 BC 也比较重要。

同样，当我们对一种"批判"进行批判的时候，对"质疑"进行质疑的时候，也要把"批判和质疑"分解为几个部分：

根本批判，质疑本质；

关键批判与质疑；

技术细节批判与质疑；

对无关紧要处的批判与质疑；

喊口号、乱喷与高级黑。

我们也制作成图，如下。

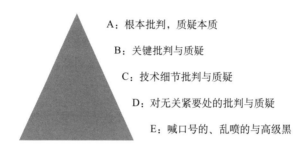

A：根本批判，质疑本质

B：关键批判与质疑

C：技术细节批判与质疑

D：对无关紧要处的批判与质疑

E：喊口号的、乱喷的与高级黑

同理，也是 A 最重要，DE 最不重要，BC 比较重要。

如果真的是理性和高尚的争论，我们应该做的是：

（1）准确地概括对方观点的本质，然后在本质层面进行交锋。不能避重就轻。

（2）全面看对方的观点，也就是把对方观点的几个组成部分整体看，不断章取义。

（3）最下的是，无视 ABC，在 DE 上进行纠缠且洋洋得意和混淆视听。

其中的核心是第一条，抓住本质进行辩论。

最"无耻"的是故意歪曲对方观点，进行虚假辩论。

最"阴险"的是"断章取义"，避重就轻。

最无力和最"下作"的是，在无关紧要的地方和以讹传讹的地方辩论。

上述一拆解，我们再进行问题分析的时候，就轻松得多。

每一种观点的底层，都有很多无关紧要的东西，这些东西虽然无关紧要，但是叽叽喳喳，很庞大。如果你满足在这个层面进行争论，你的观点将永远抓不住本质。

很不幸的是，互联网上很多声音都是在这个层面发出的。

每一种观点，最最没有意义，甚至是负面意义的，是它的乱喷部分、误解部分、以讹传讹部分和高级黑部分。

对于任何一个理性辩论的人，我们首先要无视、回避、跳出这个层面。因为你在这个层面纠缠，说明你的级别和档次也是这个层面的人。

但是，在互联网上，最容易产生流量，最容易吸引眼球，也是很多自媒体最喜欢的，恰恰是在这个层面搞事情。

比如，某个大V或者某个现象，当出现一批人去支持或者质疑的时候，里面其实是充满ABCDE的，有的是在本质上去争论，有的是在专业上去争论，也有很多喷子乱骂乱喷。

这个时候，对于一个完全以流量为目的的自媒体来说，它通常的做法是直接对某个观点或者质疑的DE层面进行攻击，然后高喊一堆口号。

诸如：请讲科学，请让专业人士讲话，讲真话天塌不下来，自由大于一切，不要剥夺人讲真话的权利，等等。

特别是，这种自媒体一旦逮到对方阵营里一个无关紧要的细节或者喷子甚至高级黑的一句话、一个失误，就大加嘲讽，大肆张扬，并高举正义的旗帜。

其实，它根本没有智商和胆量，对对方观点的精神实质和重要支柱进行辩驳。

不信大家可以去看看一些自媒体，是不是经常用三板斧：

首先，用 DE 层面的言论总结对方观点。

其次，对这种观点嘲讽，并引用一系列高大上的案例和名人去证明自己。

最后，喊口号，这些口号都是天然正确的，来拔高自己的观点。

当然，我们也可以理解，如果对一种观点进行精神实质层面的交锋，也几乎没有那么多流量。老百姓喜欢的，其实是快餐式、通俗的争论。

但，如果人人都在这个层面交锋，思想何来进步？问题何以解决？

比如，法家对儒家的争论，从来都不是围绕着儒家的细枝末节进行的，也不会对儒家无关紧要的言论进行质疑，比如"唯女子与小人难养也"等等，而是直接攻击"人性善恶"的基本假设。如此，法家才有气象。

比如，爱因斯坦对牛顿理论的质疑，从来都不围绕牛顿的细枝末节，更不去管牛顿的苹果、表妹、神的言论以及其他花边，而是直接挑战牛顿体系的核心，在时间和空间上，对牛顿经典力学发难。如此，相对论才高山仰止。

真正的大家、大智大德，从来都是直奔根本进行交锋。而投机取巧者，总是反其道而行之，故意围绕对方下三路进行攻击。

写到这里我也经常为龙头战法鸣不平。龙头战法的精神本质是第一性，擒贼先擒王，万物之中抓主要矛盾。其核心构成是一花三叶，股权龙头、价值龙头与黑马龙头，其技术细节有竞价、打板、半路、低吸等等，其流派有周期派、价值派、打板派、形态派、波浪派等。但，龙头战法也充满杂音和各种口号，也被人简单地喊口号为无脑打板、数板、捉妖、瞎炒作和追高。

如果真的要质疑龙头战法，最根本的是在第一性层面去讨论，不能仅仅去骂打板、数板，或者仅仅因为某段时间白马龙头失效或者黑马龙头失效就轻易去否定龙头。

不能茅台、宁德时代不涨了，或者东方通信和天保基建不涨了，或者江特电机、北方稀土不涨了，就轻率地宣布龙头战法失效了。因为它们只是龙头的表现形式，而不是龙头思想的本质。

至于核按钮、打板失败、无脑追高，更不是龙头战法的精神。

总之，无论是投资领域还是社会现象之中，无论是捧着护着某个人，或者质疑某个人，我们都尽可能地在其最高本质上去交锋，减少在无关紧要的细枝末节层面的避重就轻，抵制乱喷和高级黑的纠缠，特别是不要动不动高喊一些价值观正确的口号，因为这无助于辩驳任何观点。

如果真的有勇气、真的想做个大智大勇的人，你选择的"敌人"和"敌对观点"应该是高级的，你眼里的对手应该是"专业观点"和"专业质疑"，而不是对细枝末节发难，更不是柿子专挑软的捏，置对方观点的核心于不顾，专门回应对方阵营中乱喷的、高级黑的，草草了事。

注

敢于回应专业的内容，就是专业认识。

专门迎敌细枝末节的内容，就是投机人士。

精于周旋乱喷的、误传的、自办自演高级黑内容的，则多是自媒体蹭流量的人士。

而永远在根处思考，且永远与关键问题交锋的，则是大智大勇之士！

如果人生有惊蛰，如果股市有惊蛰

二十四节气中，我最喜欢两个节气，一个是惊蛰，另一个是小满。

惊蛰是诸物醒，
惊蛰是春雷乍，
惊蛰是春风十里，
惊蛰是万物生。

一年之计在于春，其实就是说大事谋之端就在惊蛰。

惊蛰是一个美妙的节日。于国于人都是。

国之大事，是两会，我们国家的两会大多就在惊蛰前后，可以说是非常应景的。因为一年之初商谈国是，正好可以大展宏图，恰如春播。

如果人生也有二十四节气，那么惊蛰是什么阶段？

我觉得应该是 14~18 岁。

初懂人事，懵懵懂懂，各种生命特征刚刚表现出来，对未来充满无限理想和希望。

对于我们每个人，这个阶段恰恰处于高中之末，大学之前，这是每个人最美好的一段时光。此时的努力和决定，将会对人生产极大影响。

如果一天有二十四节气，那么惊蛰是什么阶段？

我觉得应该是早上5点到7点，即卯时。太阳刚刚露脸，热量还稚嫩着，举目望去，可以直视。

其实，最应该起床的时间就应该是这个时候。我听过好几个有名老中医的观点，他们都说，惊蛰起床（5点）最有利于身体健康。

很多人喜欢熬夜，喜欢感受夜的气氛，其实这是逆天道的。如果按照二十四节气，人应该早起。因为惊蛰了，大自然的万物都醒了，你还睡？

所谓合天地而起居，《黄帝内经》里说的"法于阴阳，和于术数，食饮有节，起居有常"，就是要我们惊蛰起。只可惜，5点起来感受天地的人太少了。

几年前，我遇到一位师父，我问几点起来好，他说是早上4点半。我做不到4点半，就推迟一个小时，5点半起来。那个时候，每天早上起来，可以清晰地看到东方天空的鱼肚白，那种感觉仿佛回到童年的乡间看自然，美妙极了。

今天早上，惊蛰起来，我围绕几个街区散步几圈，突然觉得日光和空气都特别不一样。以前每天早起就是看新闻、看股票，当心里全没有这些，感受清晨，是最惬意的。

只可惜，散步到最后，又想到了股票。

如果股票也有二十四节气，那么惊蛰是什么阶段？

这些年，A股流行情绪周期理论，其实我觉得，中国的二十四节气比任何周期理论都好。

中国的三元九运，完美地诠释了周期。中国的二十四气节，完美地诠释了情绪。只可惜很多人舍近求远，去另起炉灶，而不是求法于自然。

我本人喜欢用二十四节气来划情绪周期阶段。惊蛰在我的体系里，是最美妙最有魅力的阶段：周期初动，龙头初现，见龙在田。

这个阶段，龙头还不是很高，情绪也没有过分发酵，但新周期已经开启，新题材正初现峥嵘，对于先知先觉的人来说，已经可以看出龙头的端倪。

如果说大自然的惊蛰是惊醒虫儿和春风，那么股市里的惊蛰就是惊醒最聪明的游资，他们此时布局龙头，然后等着散户来发酵。

衡量一个人龙头战法水平的高低，有一个很重要的标准，就是看他是否能在惊蛰阶段发现龙头。

如果等到立秋了再发现龙头，那就太后知后觉了。如果夏至发现龙头，往往是买在山顶。当然，小满发现龙头，是最后一个窗口。最好，还是惊蛰发现龙头。

这个时候，龙头不是绝对确定，但它的气质和神韵已经开始招手。对于长期做龙头的人，应该能感觉到：就是这个眼神，就是这个味道。

此时，往往是456板的时候。没有89板熟透的顾虑，也没有12板瞎猜的鲁莽。456板正值惊蛰，恰当其时。

既非先手，也非后手，而是正手。

总之：

惊蛰，

就是冬眠的动物开始醒来，

就是春风开始敲门，

也是机会开始来临。

对于人生来说，最幸福事就是在惊蛰阶段就明白人生的方向；

对于一年来说，最重要的事就是在惊蛰阶段能布局好全年的事；

对于一天来说，最好的习惯就是惊蛰能起来，开始谋划一天；

对于股市来说，最关键就是惊蛰阶段就能看明白谁是主线谁是牛股。

惊蛰是大自然智慧。

你我，何不用好这个智慧？

最爱是小满

今天是二十四节气的小满。

二十四节气是中国古人充满智慧的发明。在二十四节气中，我最喜欢的节气有小满。小满是一个非常特别的节气。

特别在哪里呢? 特别在有小无大。

二十四节气的其他节气中，有小必然有大，比如小暑之后是大暑，小雪之后是大雪，小寒之后是大寒。唯独小满之后，不再有"大满"。这是中国人独有的智慧! 因为中国古人认为，做人不能太满，要时刻保持谦虚和忧患，所以二十四节气到小满后，就不再设一个大满的节气了。

其实这个道理，在《周易》也有表述，八八六十四卦中，最好的一卦是谦卦。

劳、谦。君子有终，吉。

谦卦的客卦部分是坤卦，是地。主卦是艮，是山，山隐藏在地底下，说明山很谦虚，把自己的锋芒都隐藏起来。

谦虚，谦逊，大成若缺，大盈若冲，保持低姿态，高筑墙广积粮缓称王，这就是谦卦，这是周易的智慧，也是小满节气的智慧，小满即是圆满。

那么，小满过后是什么呢?

是芒种。

芒种也称忙种，前虽有小满，后还需继续耕耘，预示人生的另一层深意。奋斗无止境！

其实，我喜欢小满，除了上述哲学意义外，还有小满节气本身的迷人与浪漫。

小满小满，麦穗渐渐饱满，
阳光铺满思念，风景漫山看遍。

这个节气，风光是最美的，不信，大家周末去郊外、去农村看看，去景区看看，去大自然看看，一定满是喜悦和希望。

小麦和其他庄稼即将成熟，但还没有完全到收割的时候，这种感觉是最充满希望的。也是大自然最有"青春躁动"的感觉。

以前小的时候，在农村生活，每到这个节令，都能闻到空气的香味，泥土的香味，也能采摘到那种属于乡下才有的果实，比如桑葚。而且，这个时候也是我们逮泥鳅、黄鳝乃至青蛙的时候。

总之，小满从名字到实质，都是让我着迷的。

这些年我也在琢磨股市的周期，我习惯用二十四节气来类比股市的周期。在股市中，大家都害怕高潮，因为高潮容易被收割。高潮是什么？如果用二十四节气来比拟，我认为高潮是夏至到立秋那一段。那个时候，是待收割。高潮之后，也就是立秋之后，便是秋后问斩了，一场秋雨一场寒。散户再赚钱就难了。

所以，赚钱也要看阶段，看节令。

小满对于股市是什么意义呢？

小满是高潮之前难得的黄金期。周期走到小满，市场的牌还没有打光，大家还充满希望，主力也没有收割的冲动。这段时间是难得的散户和主力抱团赚钱的美好时光。

如果小满过了，进入芒种了，周期就离高潮近了，至于夏至之后，就是明牌了。就像这几天的华为汽车概念，一会小康，一会长安，一会北汽蓝谷，连消息人士的传言都用上了，说明是真明牌了。这个时候，大家才知道处于小满的阶段是多么幸福。

小满是似明非明，

小满是似熟非熟，

小满是一半丰收一半希望，

小满是一半春的气息一半夏的狂想

——今生最爱是小满！